이 개만도 못한
버러지들아

이 개만도 못한

버러지들아

정약용 지음 | **노만수** 엮어옮김

머리말
"나는 조선의 리얼리스트다"

1

다산茶山은 소동파의 시〈여산진면목廬山眞面目〉을 떠오르게 한다.

가로로 보면 산마루, 옆에서 보면 산봉우리	橫看成嶺側成峰
멀리서 가까이서 높은 데서 낮은 데서 저마다 다르네	遠近高低各不同
여산의 참모습 알 수 없는 까닭은,	不識廬山眞面目
오로지 몸이 이 산속에 있기 때문이네	只緣身在此山中

중국 강서성 구강현에 있는 여산은, 삼면이 물로 둘러싸여 있고 서쪽 천애의 바위들이 늘 안개에 휩싸여 있다. 그래서 '여산진면목廬山眞面目'은 너무도 깊고 그윽하여 그 참모습을 알기 어렵다는 말이 되었다. 모든 학문 분야를 통섭한 다산 역시 저마다 보는 관점에 따라 달라 보이는 여산진면목이다.

일찍이 매천 황현은 "우리 동방에서 이런 학문은 이전에도 없었고 앞으로도 없을 것"이라고 했고, 위당 정인보는 "다산 선생 한 사람에 대한 연구는 곧 조선사의 연구요, 조선 근세 사상의 연구요, 조선 심혼의 명예明翳(빛과 그늘) 내지 온 조선의 성쇠존멸에 대한 연구"라고 말했다. 시인 김남주는 다산을 "조선의 자랑" "한 시대의 거봉" "조국의 별"로 바라보았다.

200년 전 그대는 / 한 왕조의 치욕으로 태어나 / 조선의 자랑으로 살아 있습니다. / 가슴속 핏속에 살아 흘리고 있습니다. / 귀양살이 18년 혹한 속에서도 그대는 / 만 권의 책 담으로 쌓아 놓고 고금동서를 두루두루 살피셨습니다. / 그 위에 다시 압권壓卷을 올려 / 한 시대의 거봉으로 우뚝 솟아 있습니다. / 나라 걱정 백성 사랑 꿈엔들 / 한시라도 잊으신 적 있었으리오마는 / 때로는 탁한 세상 하 답답하여 / 탐진강 강물에 붓대를 휘저었습니다. / 애절양哀絶陽이여 애절양이여 애절양이여, / 그러나 어떤가요 그 후 200년 지금은 / 여전히 농민은 토지로 밭을 삼아 땀 쏟아 일구고 / 여전히 벼슬아치는 백성을 밭으로 삼아 등짝을 벗겨먹고 있으니…… / 아, 다산이여 다산이여 / 그대 어둔 밤 조국의 별로 빛나지 않는다면 / 내 심사 이 밤에 얼마나 황량하리요 / 어느 세월 밝은 세상 있어 그대 전론을 펴고 / 주린 백성 토지 위에 살찌게 하리요.

— 김남주 〈전론田論을 읽으며〉

우리 시대에도 다산에 대한 수식어는 매우梅雨의 빗방울 수만큼이나 많다. 전방위적 지식경영가, 실학의 집대성자, 뛰어난 서정시인, 전무후무한 통합적 지식인, 절세의 편집기획자, 경세치용의 경세가, 의약학자, 언어학자, 유능한 행정가, 탁월한 논변가, 거중기로 수원 화성을 쌓은 과학자, 지리학자, 민주주의의 선구자…….

공산주의 토지 개념인 '여전제'를 주장하고 "천자를 추대하는 것도, 그를 끌어내리는 것도 민중"(《탕론蕩論》)이라고 일갈한 다산을 '혁명가'라 정의하는 이도 있다.

다산에 관한 책들도 1차 번역서에서부터 2차 해설서에 이르기까지 여러 가지 각도에서 조명한 책들이 많다. 그런데 '다산의 진면목'을 보여 주는 또 하나의 렌즈인 참여작품에 초점을 맞춘 책은 없다.

다산은 어떻게 조선의 참여파(혹은 '사회파') 작가로서 불멸의 업적을 세울 수 있었는가? 그 철학적 바탕이 늘 궁금했다. 다산이라는 '거대한 산'에 내재된 실존주의는 무엇일까? 이를 알아보려면 '다산이 인간의 본성本性을 어떻게 바라보았는가'라는 가장 근본적인 문제부터 따져 볼 필요가 있다. 다산은 논설문 〈오학론五學論〉에서 말했다.

> 본성과 도道의 본체를 참으로 잘 알아서 줄기와 가지를 조리 있게 분석하고 다스린 것은 《맹자孟子》이다.

맹자가 '인간의 본성'을 놓고 고자告子와 자못 치열한 논쟁을 벌였다는 사실은 고등학교 철학 교과서에 나올 만큼 유명하다. 맹자는 "사람은 누구나 나면서부터 선한 본성을 지니고 있다"고 했다. 성선설性善說이다. '누구나'는 보편성, '나면서부터'는 선험성先驗性이다.

맹자는 우물가를 어슬렁거리는 갓난아이를 '누구나' 측은하게 생각하듯, 사람은 착한 마음을 '나면서부터' 지닌다고 믿었다. 맹자에게 성선性善은 마치 물이 위에서 아래로 흐르는 것과 같은 이치다. 그래서 사람이 악해지는 것은 본성이 악하기 때문이 아니라, '이미 있는' 선한 본성을 지키고 기르는 노력을 하지 않았기 때문이다.

맹자는 인간의 착한 본성을 갈고 닦는 실마리로서 네 가지 마음을 제시했다. 곧 '사단四端'이다. 불쌍하게 여기는 측은지심惻隱之心, 부끄러워하는 수오지심羞惡之心, 겸손하게 사양하는 사양지심辭讓之心, 옳고 그름을 가리는 시비지심是非之心이다. 맹자에게 사단지심은 지적 탐구나 외적 강제로 얻어지는 것이 아니라, 이미 모든 인간에게 선천적으로 내재한 자연적인 마음이다.

반면에 순자荀子는 성악설性惡說을 주장하며, 옛 성현들의 가르침에 따라 끊임없이 행실을 닦아 "악한 본성을 변화시켜 선하게 만들어야 한다"고 생각했다. 악한 성품을 교화하는 방편으로 '예禮의 실천과 교육'을 강조하였다. 여기서 예란 인간의 질서 있는 생활을 외적으로 규제하는 도덕규범을 뜻한다. 순자는 사람에게 예가 없으면 생존할 수 없고, 꾀하는 일에 예가 없으면 이룰 수 없으며, 예가 없으면 사회의 안정을 도모할 수 없다고 주장했다. 때문에 정치도 '예치禮治'여야 한다.

법가를 대표하는 한비자韓非子는 순자의 영향을 받아, "인간은 이기적이며 간사한 지혜로 차 있어 믿을 수 없고, 오로지 상과 벌로써만 다스릴 수 있다"고 생각했다. 국가가 철저하게 형법에 의지해 통치해야 하는 이유다.

이에 반해 고자는 성무선악설性無善惡說을 주장했다. 사람의 타고난 본성은 없고, 오로지 객관적 환경에 따라 악해질 수도 착해질 수도 있다는 것이다. 다시 말해 인간의 본성에는 선도 없고 악도 없으며, 인간이나 동물이 다 함께 지닌 식욕이나 색욕 같은 생리적 욕망이 곧바로 본성이다. 때문에 그 자체를 선하다거나 악하다고 할 수 없다.

다산은 《맹자요의孟子要義》에서 말했다.

인의예지仁義禮智는 반드시 '실천'을 한 후에야 이루어진다. 어린아이가 우물에 빠지려 할 때 측은지심이 생겨도 가서 구해 주지 않는다면, 그 마음의 근원만을 캐 들어가서 인仁이라 말할 수 없다. 한 그릇의 밥을 성내거나 발로 차면서 줄 때 수오지심이 생겨도 그것을 버리고 가지 않는다면, 그 마음의 근원만을 캐 들어가서 의義라 말할 수 없다. 큰 손님이 문에 이르렀을 때 공경지심恭敬之心이 생겨도 맞이하여 절하지 않는다면, 그 마음의 근원만을 캐 들어가서 예禮라 말할 수 없다. 선한 사람이 무고를 당했을 때 시비지심이 생겨도 분명하게 가려주지 않는다면, 그 마음의 근원만을 캐 들어가서 지知라 말할 수 없다.

다산은 인간의 본성을 마음의 본체로 인식하지 않고 기호嗜好로 바라보았다. 이른바 취향 차원으로 해석한 '성기호설性嗜好說'이다. 물이 아래로 흐르고 불이 위로 타오르듯이, 선이 '자동적 혹은 무의식적으로' 행할 수 있는 것이라면 '착한 행위'는 아무런 의미도 없고, 칭찬받을 만한 일도 아니란 게다. 따라서 인간은 착하려면 착하고, 악하려면 악할 수 있는 "자율의지自主之權(실천의지)"가 있고, 바로 그것을 다산은 가장 중요한 인간의 본성이라고 보았다.

이를 사회로 확대해 보면, 개인의 주관적 자율의지도 중요하지만 사회의 객관적 환경도 중요하다. 따라서 문제를 고치려면 개인의 의지와 사회적 환경을 다 손봐야 한다는 결론이 나온다. 다산의 처방이 '개인적이면서도 사회적'인 까닭이다.

2

다산의 철학과 믿음은 그의 개인적 삶과 사회적 삶으로 고스란히 이어졌다. 다산은 높은 벼슬아치 신분에서 죄인으로 추락한 18년간의 유배 기간 동안, 조선 사회가 안고 있는 문제들을 몸소 부대끼며 이를 비판적인 저술 활동으로 풀어냈다. 공자도, 요임금도, 순임금도 민정을 살피려면 꼴 베는 사람에게 물어야 한다고 했듯이, 다산도 〈느릅나무 숲을 느릿느릿 걸으며〔楡林晚步〕〉(1801)에서 '정치는 백성에게 묻는 게 으뜸'이라고 노래하였다.

나라 평안히 다스리는 치안책을 알려거든   欲识治安策
마땅히 들판 농부에게 묻는 것이 첫째라네   端宜问野农

유배는 그래서 다산 본인에게는 세로世路(세상살이)의 위기였으나 조선과 조선 백성에게는 기회였다. 비록 다산은 유배지에서 "나그네 창에서 '시구' 편만 되풀이로 외우네"(《애절양哀絶陽》)라고 탄식하며 시나 짓고 있는 유배객 신세를 자책했지만, 이 시기에 나온 다산의 글들은 모두 백성 사랑이 으뜸이었다. 실제로 유배 시절에 다산은 수많은 시와 소설, 논설문, 편지, 실학서를 쓰며 조선 사회를 적극 비판하고 사회를 바꾸려 애썼다.

다산의 저술을 정리한 문집《여유당전서與猶堂全書》에는 다산이 14세부터 75세로 운명하기 사흘 전까지 쓴 2,263수의 시가 실려 있다. 다산은 내면과 자연을 읊은 뛰어난 서정시인이기도 했지만, 풍자와 골계가 가득한 우화시 작가이자 조선 후기 봉건적 병폐 앞에 속수무책으로 피폐해진 백성의 삶을 피를 토하듯 고발한 참여시(사회시) 작가이며, '조선시' 선언을 한 민족문학가였다.

> 시대를 아파하고 세속에 분개하는 마음이 없이 쓰는 시는 시가 아니다
> 不傷時憤俗非詩也
>
> 임금을 사랑하고 나라를 걱정하는 마음이 없이 지은 시는 시가 아니다
> 不愛君憂國非詩也

다산에게 유배는 낮은 땅에서 살아가는 백성들의 삶을 겸손하게 되돌아보게 하였다. 그렇게 바라본 세계는 높은 조정에서 내려다보던 풍경보다 훨씬 더 비참하고 쓰라렸다. 그의 참여문학 바탕에는 기본적으로 지배층인 양반 관료로서 해야 할 책임을 다하지 못했다는 자책과 반성이 깔려 있다. 다산은 이 자책을 울분으로만 삭힌 게 아니라, 백성의 고통과 체제 모순 해결에 팔 걷고 나서는 사회적 정의감으로 승화시켰다.

그래서 다산의 참여시에는 '유배문학의 원류'라고 알려진 고려가요〈정과정鄭瓜亭〉이나 선조 때 정철이 지은〈사미인곡思美人曲〉처럼 임금에 대한 사모의 정이나 중앙 정계로 복귀하려는 염원이 없다. 또한 민초의 삶을 반영하되 지배층의 위치에서 백성을 내려다보는 '위로부터의 시선'이나 목가적인 '관찰자 시선'도 찾아보기 어렵다.

다산은 뛰어난 참여파 한시 작가였을 뿐만 아니라 서정성이 빼어난 산문도 많이 남겼다. 유기遊記와 잡기雜記와 같은 수필, 그리고 증언贈言이나 서書나 자식에게 주는 교훈적인 편지글인 가계家誡 등에서는 수기치인修己

治人과 인생을 바라보는 따뜻한 시선, 인생의 멋을 구가하려는 열망, 따뜻한 인간미를 느낄 수 있다.

반면에 '전傳'과 '기사紀事'처럼 실존했던 인물과 사건을 담은 기록문학과 산문소설 격인 '전기傳記' 등에서는 당대의 정치 상황과 사회문제를 고발하고 집권층과 저잣거리의 위선을 폭로하는 데 거침이 없다. 〈출동문黜僮文〉이나 〈조승문弔蠅文〉, 〈격사해擊蛇解〉, 〈탐진대耽津對〉 등의 잡문雜文은 골계와 풍자, 해학 정신이 돋보이는 우화소설이라 해도 무방하다.

다산의 사회 비판 정신은 특히 정치와 경제, 역사와 사회, 예법과 제도를 논한 논論과 설說, 즉 논설문에서 유감없이 발휘되었다. 다산은 마치 불편부당不偏不黨한 공정성과 정론직필의 정의로움을 생명으로 여기는 논설위원처럼 깊이 있는 통찰과 예리한 분석력, 명쾌한 논리로 사회 현안들을 진단하고 해결책을 제시하였다.

3

이 책은 기記 · 전傳 · 가계家誡 · 서書 · 묘표墓表 · 설說 · 의議 · 논論 · 기사紀事 · 잡문雜文 등 다산의 여러 가지 글들 중에서 현실참여적인 문학작품과 논변만을 엮어 옮긴 것이다. 장르별로 따로 나누지 않고 장르를 혼합해 주제별로 엮었다. 독자들이 다산의 현실참여 정신을 '다면적―통합학문' 형식으로 파악할 수 있도록 하기 위해서다.

가령 2장에서는 시 〈애절양〉 〈기민시飢民詩〉 〈맹화요신孟華堯臣〉 〈탐진촌요

耽津村謠〉와 우화소설 〈조승문〉, 논설문 〈신포의身布議〉〈전론田論〉〈환상론還上論〉을 같이 엮어, 토지·조세·구휼제도의 모순으로 인해 피폐해진 백성들의 삶을 수수방관하면 나라가 위험하니, 경제제도를 개혁하고 분배의 정의를 이루어야 한다는 다산의 주장을 문학·행정학·경제학 등속의 통섭으로 보여 주었다. 6장에서는 전기소설 〈몽수전蒙叟傳〉, 시 〈시골집에서 병석에 누워〔田廬臥病〕〉, 논설문 〈마과회통서痲科會通序〉〈촌병혹치서村病或治序〉〈종두설種痘說〉, 서간문 〈또 아우 약횡을 위해 주는 글〔又爲舍弟若鐄贈言〕〉, 정조 임금의 책문에 답하는 대책對策 〈인재책人才策〉을 잇따라 배열함으로써, 다산의 인술仁術 정신과 의원 양성책을 다차원적으로 바라볼 수 있게 하였다.

각 글마다 독자의 이해를 돕고자 간략한 주석이나 평설을 붙였지만, 지나치게 길게 달아 독자 나름대로의 판단을 방해하지 않도록 했다. 특히 주제별로 다시 엮으며, 각각 장르는 다르지만 통섭적인 측면에서 서로 주제가 연관되면 잇따라서 배열하고 그 중간에 해제를 달아 독자들이 다산의 생각과 주장을 체계적이고도 다차원적으로 들여다볼 수 있도록 하였다.

비록 〈탐진농가耽津農歌〉(1802), 〈탐진어가10장耽津漁歌十章〉(1802), 〈호랑이 사냥〔獵虎行〕〉(1808), 〈가마꾼의 탄식〔肩輿叹〕〉(1832), 〈성설城說〉, 〈농책農策〉, 〈직관론職官論〉 등 미처 책으로 옮기지 못한 작품도 숱하지만, 훗날 '참여시 모음집'이나 '참여논변 모음집' 형태로 따로 책을 펴낼 수 있기를 기대한다.

번역과 평설 과정에서 선학들의 책을 숱하게 참고하며 공부했다. 기존의 번역을 수정하기도 했다. 〈김공후에게 보냅니다〉에서 "의연仪衍"은 '장의와 소진'이 아니라 '장의張仪·공손연公孫衍'이다. 〈정효자전〉에서 "원차园茶"는 차나 녹차가 아니라 보이차普洱茶의 한 종류다. 〈이인영을 위해 주는 말〉에서

"자정紫鄭"은 '정나라의 외설스런 음악'을 뜻한다. 〈탐진대〉에서 "양갑숙羊胛熟"은 '밤의 길이가 짧다'는 것을 빗대는 말로《신당서新唐書》〈회골전回鶻傳〉에 나온다. 〈몽학의휘서蒙學醫彙序〉에서 "청량산清涼散"은 중국 의서인《치사요략治疹要略》에 따라 '탕약'으로 바로잡았다. 시 〈박학博學〉에서 "등림鄧林"은 신선 세계가 아니라 우수한 인재가 모이는 곳을 빗대는 '회초薈萃'를 뜻한다.

폐족이 된 자식의 앞날을 안타까워하는 아비이자, 부인이 보낸 낡은 치마폭에 그림과 시를 써서 시집가는 외동딸에게 준 귀양객 가장, 시대의 목소리에 귀를 기울이며 굶주린 백성들에 대한 연민과 책임감에 고뇌하던 참여파 지식인 다산이 모진 곤액을 이겨 내고 불후의 명저를 남길 수 있었던 힘은, 어떤 상황에서도 꺾이지 않은 위국애민爲國愛民의 의지와 더 나은 세상을 향한 신념에 있었다.

다산은 백성을 하늘처럼 섬기는 이민위천以民爲天의 참여파 시인에만 머물지 않고, "낡고 병든 나라를 새롭게 설계하는[新我之舊邦]" 청사진을 제시한 불세출의 경세가이자, 자유와 평등이라는 이름의 민주주의 기획안을 짜고자 불철주야 분투한 개혁적인 진보주의자였다.

아무쪼록 이 책이 '다산진면목茶山眞面目'을 볼 수 있는 현미경 혹은 망원경이 되길 바란다.

2013년
매실이 익을 무렵 장마[梅雨]가 온 여름날
엮고 옮긴이

차례

머리말 "나는 조선의 리얼리스트다"

1 가난한 선비가 자랑인가

무릇 '사실'에 주목하라   21
책 만 권 읽었다고 어찌 배부르랴   24
선비도 먹고 사는 수단을 경영하라   26

2 나라의 안위는 경제에 달렸거늘

자지 잘라 슬프구나   33
저 종놈을 내쫓아라   41
홀아비 과부가 도리어 부럽구나   48
〈전론田論〉: 다 같이 잘사는 길   51
파리야, 배 터지게 먹어 보아라   60
당나라 징세법처럼 현물 세금만 늘어나네   68
동백기름은 어디에 쓰려고   74

3 저잣거리에서 건져 올린 지혜

주머니 속에 갇힌 듯 궁벽하구나   79
주자가 그러한 적이 있는가?   83
신분을 뛰어넘는 우정   86
네 이 개만도 못한 버러지들아!   93
얼마나 열렬하고 어진 아낙네인가   102
주막집 할머니가 일깨운 지혜   106
박격포 앞에서 활이나 익히라고 꾸짖는대서야   111
노예가 된 마음이 아니로세   118

4 세상이 이다지도 공평하지 못한가

자식 팔려 가고 송아지마저 끌고 가네	123
너는 꼭 살아 돌아가 원수를 갚으라	139
아무개는 내 손에 죽지 않았소	145
과거가 조선을 망친다	148
귀족 자제에게는 희망이 없습니다	154
뱀 대가리를 쳐서 죽여라	158
횃대에 걸린 치마도 없다	164
조정은 백성의 심장이요	167
"아빠는 집을 나가고, 엄마는…"	172
큰 도적을 잡아야 백성이 산다	177
아전 술 한 잔에 환자還子가 석 섬	184
한 자리를 오래 꿰차고 있지 못하도록 하라	191
욕심쟁이 신선도 있는가?	196
당나라 장수 소정방이 용을 잡아?	199

5 산하는 옹색한데 당파 싸움 드세네

서로 싸운 지 200년, 조선 당쟁사	205
당쟁 그치고 화합하세	210
큰 고래 죽이려 온갖 꾀를 짜낸다네	213
전라도에 대한 물음에 답하다	216
신분과 지역 차별을 없애십시오!	224
살쾡이 대신 사냥개를 부르리	230
서시는 눈살을 찌푸려도 예쁘지만	234
중국 간다고 건들거리지 말라	238

6 모두 사람을 살리기 위함이다

예법에 매여 병자를 모른 체한다면 247
세상을 깨우치고 건강을 지키려는 조그만 뜻 254
"드디어 천연두 약이 완성되었네" 262
임금을 살리려 달려갔지만 268
지체 높은 자보다 가난한 자 먼저 270

7 백성을 수고롭게 하지 말라

바른말 하는 자는 천금을 주고도 못 얻는다 277
술자리에서 벼슬아치를 감별하는 법 282
"정약용의 판단이 옳다" 285
프로파일러 사또 정약용 290

8 오로지 너의 얼굴이 눈에 아른거려

내 딸 '호뚱이'를 가슴에 묻고 295
나는 죽는 것이 나은데도… 298
부디 어머니 곁을 떠나지 마라 304
오로지 정情대로 할 뿐 307
형제이자 지기였던 둘째 형님! 313
그와 같은 세상에 같은 형제가 되어 329

9 돈을 간직하는 최고의 방법은 나눔이다

남을 먼저 도운 적이 있느냐 · 337
생계가 먼저고 공부는 그 다음이다 · 344
논밭을 물려주는 일이 믿을 만한가? · 354
베풀되 거저 주지 말라 · 358

10 시대를 아파하고 격분하라 _ 다산의 시론과 문장론

시를 쓰려면 먼저 뜻을 세우라 · 363
미묘하고 완곡하게 드러내라 · 371
문장의 길은 곧 사람의 길 · 374
고전을 닦으면 나머지는 따라온다 · 379

〈부록〉 다산약전茶山略傳 : 조선의 실천적 지성인이자 통합학문 백세사百世師 · · · 387

가난한 선비가 자랑인가 1

일러두기

- 기記·전傳·가계家誡·서書·묘표墓表·설說·의議·논論·기사紀事·잡문雜文 등 다산의 여러 가지 글들 중에서 현실참여적인 작품만을 따로 가려 뽑아 완역해 엮었다.

- 편역과 평설 과정에서 윤사순·송재소·김상홍·박무영·정해렴·박석무·금장태·최익한·정민·심경호·민족문화추진회·다산연구회 등 일찍이 다산 연구에 힘쓴 선생님들의 성과를 교열과 교감, 주석에 충분히 반영하고자 애썼다.

- 한자 어휘는 가능한 한 우리말로 풀어 쓰고, 필요할 경우에만 괄호 안에 병기했다. 옮긴이 주는 따로 표시하지 않고, 지은이가 원래 붙인 주석만 '─원주'라고 표기했다. 번역은 원뜻에 벗어나지 않는 범위 내에서 현대적 문장으로 풀어 썼다. 특히 문학작품은 최대한 우리말 어감을 살리고자 노력했으며, 독자의 이해를 돕기 위해 본뜻을 해치지 않는 선에서 의역했다.

- 번역문의 제목은 원래의 제목에 얽매이지 않고 작품의 내용을 집약하여 편역자 임의로 붙였다. 원 제목은 글의 끝에 따로 표기하였다.

무릇 '사실'에 주목하라

조선 후기의 학자이자 정치가·문장가인 다산茶山 정약용丁若鏞(1762~1836)의 정신을 한 마디로 정의하면 '사실주의realism'라고 할 수 있다. 다산의 글에는 당시 조선 사회를 사실적으로 담으려는 숨결이 살아 있다.

변상벽卞尙璧이 변고양이로 불리는 까닭은	卞以卞貓稱
고양이 잘 그려 사방에 이름났기 때문이네	畫貓名四達
이제 또다시 병아리 거느린 닭 그리어	今復繪鷄雛
마리마다 솜털이 살아 있는 듯하네	箇箇毫毛活
어미닭 까닭 없이 성내니	母鷄無故怒
낯빛 붉으락푸르락 사납고 매섭다네	顔色猛峭崴
(중략)	
형형색색 세밀하여 진짜 닭이랑 거의 같고	形形細逼眞
출렁이는 기운 또한 막을 수 없네	滔滔氣莫遏
듣자하니 그림 갓 새로 그렸을 때	傳聞新繪時
수탉이 잘못 보고 야단법석 떨었다네	雄鷄誤喧聒
또한 변고양이가 그린 오원도는	亦其烏圓圖
뭇 쥐들을 을러 겁먹게 하였다네	可以群鼠慑
뛰어난 예술이 더 나아가 여기에 이르니	絕藝乃至斯

쓰다듬고 어루만져도 흥미가 줄어들지 않네	摩挲意未割
엉성한 솜씨 지닌 화가는 산수화 그린다며	疏師畫山水
어지러이 붓 놀려 손시능만 활개친다네	狼藉手勢闊

– 〈변상벽의 '모계령자도'에 부치다〔題卞尙璧母雞領子圖〕〉, 1827년경

다산은 이 시에서 변상벽이 그린 〈모계령자도母鷄領子圖〉의 사실성을 높이 평가한다. 변상벽은 조선 숙종 때 화가로 벼슬이 현감에 이르렀다. 특히 닭·고양이를 잘 그려 '변고양이'라는 별명까지 얻었다. 다산은 변상벽의 형사形似(대상을 세밀하게 재현) 화법을 시로 읊어 그림이 시 속에서 다시 살아 움직이도록 묘사했다.

사실 다산은 조선 후기의 선비화가로 유명한 공재 윤두서尹斗緖의 외증손자였다. 윤두서가 윤선도尹善道의 증손이니, 〈어부사시사漁父四時詞〉를 지은 고산 윤선도는 다산의 6대 외조부가 된다.

다산이 외가의 내력을 밝히며 윤두서의 손자 윤용尹愹(1708~1740)의 그림집 《취우첩》에 부친 글을 보자.

아무개가 윤 공(윤용)을 비웃었다.
"윤용이 자기 그림을 아끼는 것이 꼭 물총새가 자기 깃털을 사랑하듯이 한다."

그래서 화첩을 '취우翠羽'(물총새 깃털)라 이름 붙였다. 이 화첩은 꽃, 나무, 새, 풀벌레, 곤충을 소재로 한 것이다. 그림들은 모두 실제처럼 그려졌는데 그 필치는 정밀하고 섬세하며 생동감이 넘친다.

이러한 그의 그림은 얼치기 화가들이 독필禿筆(끝이 무지러진 몽당붓)을 들고 먹물을 가득 묵혀서 기괴하게만 그려 놓고는 화의불화형畵意不畵形(모양을 그리지 않고 정신을 그렸다)이라고 떠드는 것과는 뿌리부터 다르므로 견줄 바가 못 된다.

윤 공은 언제나 나비와 잠자리를 잡아서 그 수염, 털, 맵시 따위를 꼼꼼히 살펴보고는 그 참다운 모양을 그리되 꼭 실물을 닮은 뒤에라야 붓을 놓았다. 이를 보더라도 그가 그림을 그리는 데 그 얼마나 많은 공을 들이며 애를 썼는지를 알 수 있다. — 〈취우첩 끝에 쓰다〔跋翠羽帖〕〉

몽당붓과 수묵을 사용해 모양이 아닌 정신을 그린다는 '전신론傳神論'으로는 대상의 본질을 드러낼 수 없다는 것이 다산의 주장이다. 그림은 실물과 흡사하게 그려야 묘리가 정밀하고 섬세하며, 생동감이 넘친다는 사실주의 화풍을 옹호한 것이다. 이는 사실에 바탕하여 진리를 탐구해야 한다는 실사구시實事求是 정신과 일맥상통한다.

책 만 권 읽었다고 어찌 배부르랴

궂은 장맛비 열흘 만에 오솔길 끊기고	苦雨一旬徑路滅
성안 후미진 골목에도 밥 짓는 연기 사라졌네	城中僻巷煙火絶
내가 성균관에서 글 읽다가 집으로 돌아와	我從太學歸視家
문안으로 들어서니 시끌시끌한 소리 왁자지껄하네.	入門謹然有饒舌
듣자하니 항아리 텅 비어 끼니거리 떨어진 지 며칠째이고	聞說罌空已數日
호박 팔아 허기진 배에 먹을거리 마실거리 채웠다 하네	南瓜鬻取充哺歠
어린 호박 다 땄으니 마땅히 어찌할꼬?	早瓜摘盡當奈何
늦게 핀 호박꽃 아직 채 떨어지지 않아 열매 맺지 않았네	晚花未落子未結
이웃집 남새밭 항아리마냥 큰 호박 보고	隣圃瓜肥人如項
어린 계집종이 좀도둑처럼 살그머니 훔쳐 왔다네	小婢潛寬行鼠竊
돌아와 여주인에게 온몸 온 마음 바치려다 되레 야단만 맞고	歸來效忠反逢怒
누가 네게 훔치라고 가르쳤냐며 회초리 꾸중 호되다네	孰教汝竊箠罵切
어허, 죄 없는 아이 당분간 꾸짖지 마오!	嗚呼無罪且莫嗔
내가 이 호박 먹을 테니 더 이상 잔소릴랑 하지 마소!	我喫此瓜休再說
내가 남새밭 주인장에게 떳떳하게 알리고 비는 게 낫지!	爲我磊落告圃翁
오릉중자 작은 청렴 나에겐 하찮다오.	於陵小廉吾不屑
때 만나면 원대한 포부 새 날개처럼 날아오를 터……	會有長風吹羽翮
그렇지 않으면 금광이라도 파 목구멍 포도청 지켜야지	不然去鑿生金穴

책 만 권 읽었다고 아내 어찌 배부르랴 破書萬卷妻何飽
밭 두 뙈기만 있어도 계집종 참말로 깨끗할걸! 有田二頃婢乃潔
　　　　　　　　　　　　　　　　　　－〈남과탄南瓜歎〉, 1784

　이 시를 지을 무렵에 다산은 스물세 살, 성균관 태학생이었다. 때문에 집안 살림이 넉넉하지 못했다. 장마가 열흘 넘게 계속되던 1784년 여름, 계집종 하나가 가난한 여주인(다산의 아내 홍씨 부인)을 위해 호박을 훔쳐 죽을 쑤어 바쳤던 것 같다. 홍洪씨 부인은 그 계집종의 종아리를 때리며 호되게 나무랐다. 다산은 계집종을 감싸면서, 가장으로서 식솔들의 굶주림도 해결하지 못하는 독서와 치국평천하의 포부가 얼마나 값싼 낭만인지를 솔직하게 토로한다. 배가 고파서 호박을 훔친 어린 계집종을 윤리를 들먹이며 꾸짖고 매질하는 것이 얼마나 가증스런 위선인가? 또, 계집종이 호박을 훔친 것은 끼니를 때우고자 한 것이므로 죄가 아니라고 한다. 이를테면 배고픈 조카들을 위해 빵을 훔친 장발장은 죄인이 아니라는 말일 터이다.
　'오릉중자於陵仲子'는 중국 전국시대 제나라 사람 진중자陳仲子이다. 그는 귀족의 자제로 지나치게 청렴결백하여 자기 형이 받은 녹봉을 의롭지 않은 것이라 여겨 거부하고, 어머니가 만든 음식도 먹지 않았다. 나중에는 아내와 함께 오릉현으로 가서 신을 삼고 아내는 길쌈을 하며 살았다.
　다산은 처자식도 먹여 살리지 못하는 주제에 양반입네, 군자네, 공자네, 맹자네 하고 떠벌리는 무위도식 양반을 증오하고 경멸하였다. 그래서 양반인 선비도 경제활동을 해야 한다고 천명했다. 그렇다고 돈에 눈이 뒤집힌 졸부가 되라는 것은 결코 아니었다. 그럼 어찌 해야 하는가?

선비도 먹고 사는 수단을 경영하라

　태사공太史公(사마천)은 말했다.
　"늘 가난하고 천하면서 인의仁義만을 말하길 좋아한다면 역시나 부끄러운 일이다."
　공자의 문하에서는 재물과 이익에 대한 이야기를 부끄럽게 여겼으나 자공子貢(공자가 아끼는 공문십철孔門十哲의 한 사람으로, 정치적·외교적 수완이 뛰어나 노나라와 위나라의 재상을 지냈다.)은 재산을 불렸다.
　지금 소보巢父나 허유許由(소보와 허유는 둘 다 요임금 때의 은사隱士로 요임금의 선양 제의를 거절했다.)의 절개도 없으면서 누추한 오막살이에 몸을 감추고, 명아주나 비름의 껍질로 배를 채우며, 부모와 처자식을 얼고 헐벗고 굶주리게 하고 벗이 찾아와도 술 한 잔 권할 수 없으며, 명절 무렵에도 처마 끝에 걸려 있는 고기는 보이지 않고 유독 공적으로나 사적으로 빚을 독촉하는 사람들만 대문을 두드리며 꾸짖고 있으니, 이는 천하에서 가장 졸렬한 것으로 지혜로운 선비가 해서는 안 될 일이다.
　그러나 종아리를 드러내고 흙탕물 속에 들어가 여덟 개의 발이 있는 써레를 잡고 소를 얼리며 멍에를 밀고 거머리가 온몸을 빨아 피가 나지 않은 곳이 없으면, 이거야말로 남자의 궁한 처지다. 더구나 열손가락이 파 이파리처럼 부드러운 사람이야 아무리 자신의 힘으로 하려고 한들 할 수가 있겠는가?

그렇지 않으면 돈궤를 들고 포구에 앉아 먼 섬에서 오는 배를 기다리다 무지렁이 어민들과 입이 닳도록 싸우며 몇 푼의 이익을 남기려 하고, 남의 것을 깎아 자기 이익을 더하려고 거짓말로 시끄럽게 속인다. 눈을 부라리며 억울함이 쌓여 울화가 치민 것마냥 행동하는 짓 또한 세상에서 지극히 졸렬한 짓거리니라.

그렇지 않으면 이자 놀이 돈을 놓아 주위 이웃들의 고혈을 빤다. 더러 날짜를 어기면 병약하고 불쌍한 백성들을 잡아다가 나무에 매달아 놓고는 수염을 뽑거나 종아리도 흠씬 두들겨 팬다. 온 고을에서 범이나 승냥이라고 부르며 육친들도 원수나 적처럼 미워한다.

이런 사람들은 재화를 구릉처럼 얻을망정 한 세대도 보존할 수 없다. 반드시 그 자손들 가운데 미치광이의 광증이 있거나, 술을 좋아하거나 여색을 밝히는 사람이 나와 그 재산을 뒤엎기 때문이다. 하늘의 그물은 넓고도 넓어서 성긴 것 같지만 빠뜨리는 게 없으니, 몹시 두려워해야만 하는 법이다.

그러므로 생계를 꾸리는 수단으로는 과수원과 남새밭과 목축만 한 것이 없다. 연못이나 방죽을 파서 물고기도 기를 만하다. 문 앞의 가장 비옥한 밭을 열 거웃의 두둑으로 나누어 아주 네모지고 고르게 만든다. 사계절에 맞추어 채소를 차례대로 심어 집의 먹을거리를 가져다주어야 한다. 그리고 집 뒤란의 빈 땅에는 드물게 귀한 과실나무를 자못 많이 심는다. 그 가운데에는 소담한 정자를 세워 맑은 운치가 풍기게 한다. 더불어 도둑을 지키는 쓸모도 있게 한다.

그리고 먹다 남은 나머지는 비 온 뒤마다 바래 버린 잎을 따내고 먼저 익은 것을 골라내서 저자에 내다 판다. 더러는 특별히 살지고 크거나 탐스러운 것이 있으면 남다르게 편지를 써서 가까운 벗이나 이웃 노인에게 보내어 진귀하고 색다른 맛을 나누는 것도 두터운 은덕이리라.

또 흙을 잘 손질하여 여러 가지 약초를 심는다. 냉이와 도라지와 쑥과 마 따위를 토질에 따라 맞추어 심고, 인삼만은 유독 쓰이는 방도가 많으니 재배법에 따라 기르면 여러 이랑에 많이 심더라도 탈 나지 않을 것이다.

보리를 심는 것은 얻는 이익이 세상에서 가장 낮다. 나라에서는 정치적으로 권장해야 하지만, 필부가 편히 사는 방도로는 할 만한 것이 못 된다. 그러므로 《예기禮記》〈월령月令〉에서 보리 심기를 권장한 것은 이익이 없기 때문이다. 동백은 기름을 짜내 부인들의 머리를 꾸미는 데 쓰며, 치자는 약에도 넣고 염료로도 쓰이니 아무리 많아도 팔리지 않을 걱정은 없다.

만약 저잣거리에 가까이 사는 사람이라면, 복숭아·오얏·매실·살구·능금 따위는 모두 돈을 벌 수 있는 것이니 보리를 심을 밭에다 이런 것들을 심는다면 그 이익이 열 배는 될 터이다. 그러니 자세히 헤아려서 하도록 하라.

― 〈윤윤경을 위해서 주는 말〔爲尹輪卿贈言〕〉

윤윤경의 이름은 종억鍾億이고 자가 윤경輪卿이다. 그는 다산초당茶山草堂의 원 소유주인 귤림처사橘林處士 윤박尹博의 손자이자, 다산의 강진 유배 시절 다산에게 가르침을 받은 '다신계茶信契' 18제자 중 한 사람이었다.

다산은 합리적이고 실용적인 사고를 지닌 실학자였다. 그는 다산초당 시절 11년간 자신의 곁을 지킨 제자들에게, 선비가 벼슬길로 나아가지 못해 봉록을 받지 못하더라도 다른 경제활동으로 생계를 꾸려 나갈 줄 알아야 한다고 가르쳤다.

실제로 다산은 귀양지 강진에서도 몸소 남새밭을 일구며 먹을거리를 자급자족하였다. 유배에서 풀려나 고향으로 돌아가서도 과일나무를 심고 채소밭을 가꾸고 뽕나무도 재배했으며, 닭을 비롯한 가축도 길렀다. 고향에서는 두릉 집의 강 건너편 검단산 아래에 오엽암五葉菴을 짓고 특용작물인 인삼을 재배하기도 하였다. 이런 노력 덕택에 나중에는 살림살이가 펴서 그리 어렵지 않게 살았다.

맹자도 항산항심恒産恒心이라고 하지 않았던가! '농부 대학자' 다산은 선비도 먹고사는 수단을 스스로 경영하지 못하면 뜻을 펼칠 수 없음을 몸소 보여 주었던 셈이다.

나라의 안위는 경제에 달렸거늘

자지 잘라 슬프구나

조선 후기 들어 나라의 뿌리와 기둥이 되는 삼정三政의 문란이 극심하였다. '삼정'은 전정田政·군정軍政·환정還政의 세 가지 세금제도를 가리킨다. 토지세와 군역의 부과, 양곡 대여 및 환수가 바로 이루어지지 않을 때 가장 큰 고통을 받는 사람은 힘없는 백성일 수밖에 없었다.

갈밭마을 젊은 아낙네 기나긴 울음소리	蘆田少婦哭聲長
고을 관아문 향해 울다 푸른 하늘 보고 부르짖네	哭向縣門號穹蒼
수자리 살러 간 지아비 아직 못 돌아온 일은 있어도	夫征不復尙可有
옛날부터 사내가 자지를 잘랐다는 말 들어 보질 못했네	自古未聞男絶陽
시아버지 상복 이미 입었고	舅喪已縞兒未澡
갓난애는 배냇물도 안 말랐거늘	
시아버지 지아비 갓난애 이름이 죄다 군보에 올랐네	三代名簽在軍保
야박스런 말에 달려가 하소연해도 문지기가 호랑이처럼 가로막고	薄言往愬虎守閽
이정은 으르렁대며 외양간 소 끌고 가네	里正咆哮牛去皁
지아비 칼을 갈아 방에 드니 삿자리에 붉은 피 가득하고	磨刀入房血滿席
아이 낳아 어처구니없는 재앙 만났으니 스스로를 원망하네	自恨生兒遭窘厄
누에 치는 잠실에서 함부로 자지 잘린 사마천에게	蠶室淫刑豈有辜

어찌 죄가 있었으랴

내시로 출세하고자 거세한 민閩 땅 자식들도   閩囝去勢良亦慽

참으로 서럽다네

자식 낳고 사는 거야 하늘이 내린 순리이고   生生之理天所予

하늘 닮아 아들 되고 땅 닮아 딸 되는 법이라네   乾道成男坤道女

불깐 말 불깐 돼지조차도 슬프다 말하거늘   騸馬豶豕猶云悲

하물며 입에 풀칠하기 바쁜 무지렁이들이야   況乃生民思繼序

대를 잇는 은혜를 입은들 무엇하리오

부자들은 한 해 내내 피리 가야금 풍악이나 즐기면서   豪家終歲奏管弦

낟알 한 톨 비단 한 치 바치지 않네   粒米寸帛無所捐

우리 모두 한결같이 어린 백성이거늘   均吾赤子何厚薄

어찌 이리 불공평한가?

쓸쓸한 나그네 방에서 〈시구〉 편을 되풀이로 외우네   客窓重誦鳲鳩篇

― 〈애절양哀絶陽〉, 1803

이 시를 쓴 1803년 42세의 다산은 강진 읍내에서 귀양살이를 하고 있었다.

    이 시는 내가 계해년(1803) 가을 강진에 있으면서 지은 시이다. 그때 갈밭에 사는 백성이 아이를 낳은 지 사흘 만에 군보軍保에 편입당하고 이정里正(이장)이 소를 토색질해 갔다. 그 백성이 칼을 뽑아 양경陽莖(남근)을 스스로 베면서 말했다.

    "내가 이것 때문에 이러한 곤액을 받는다."

그 아내가 양경을 가지고 관아 문으로 나아가니 피가 아직 뚝뚝 떨어지는데, 울기도 하고 하소연하기도 했으나 문지기가 막아 버렸다. 내가 듣고 이 시를 지었다.
― 《목민심서牧民心書》〈병전兵典 · 첨정簽丁〉

세금제도의 문란으로 백성들이 겪어야 했던 경제적 고통은 상상을 초월했다. 그 가운데 군역을 면제받는 대신에 납부하던 군포軍布(베)는 특히나 감당하기 힘들었다.

심하게는 배가 불룩한 것만 보고도 이름을 짓고, 여자를 남자로 바꾸기도 하였다. 또 그보다 심한 것은 강아지 이름을 더러 군적에 기록하니, 이는 사람의 이름이 아니라 정말 개이며, 절굿공이의 이름이 혹 관첩에 나오니 이는 사람의 이름이 아니라 정말로 절굿공이다.
― 《목민심서》

군포는 원래 16~60세까지의 남자에게 부과되는 세금이었다. 그런데 당시에 관리들의 부정부패가 극심하여 어린아이까지 군적에 올려 군포를 징수하는 '황구첨정黃口簽丁'과, 이미 죽은 사람을 산 사람인 양 군적에 올려 놓고 군포를 징수하는 '백골징포白骨徵布'가 횡행했다. 갓 태어난 아이를 신고하면 다음 날로 징집 통지서가 날아오고, 사람이 죽어서 관청에 신고해도 이를 아예 받아 주지 않았던 것이다. 견디다 못한 사람이 마을을 떠나면, 그 군포를 친척에게 대신 받아 내거나(족징族徵), 동네 사람들에게까지 뜯어 갔으니(인징隣徵) 그 폐해는 이루 다 말하기 어려웠다.

기사년(1809)의 기근에 나산촌蘿山村(전남 함평군 나산면)의 한 사인士人이 세미 바칠 것이 두 섬 있었다. 그러나 내지 못하고 죽었다. 검독檢督이 그것을 받아 가지고 관가에 바치지 않고 도망을 가 버렸다. 그 마을에서 다시 징수하게 되었는데 논밭을 모두 팔아서야 겨우 그 상처를 메울 수가 있었다. 고아나 과부들은 유리걸식을 하다가 마침내 길에서 굶어 죽었다. 그 논밭을 헤아려 보니 본전이 1,200냥이었다.

― 《목민심서》〈진황賑荒〉

한 농부가 자신의 생식기를 자른 참극은 황구첨정이 빚어 낸 실제 사례였던 것이다. 옛날 중국의 민閩 땅에서는 자식을 낳으면 환관을 시키려고 거세하던 풍속이 있었다. 다산은 말이나 돼지의 불알을 까서 성장을 촉진시키는 것도 슬픈데, 사람의 생식기를 자르는 일을 어떻게 용납할 수 있느냐고 항의한다.

모두 같은 백성인데 부자들은 쌀 한 톨 비단 한 치 바치지 않고 풍악을 울리며 즐기고, 왜 가난한 백성들만 억울하게 당하고 살아야 하느냐는 외침은 오늘날에도 유효하다. 하지만 당시 다산은 아무런 힘도 없는 귀양살이 중죄인이었다. 제 몸 하나 간수하기 힘든 처지에 이런 폐단을 해결할 힘은 더더욱 없었다. 그래서 다산은 《시경詩經》〈조풍曹風〉에 나오는 '뻐꾸기(시구鳲鳩)' 편이나 거듭 외우겠노라 읊조린다.

이런 상황에서 다산이 외우겠다고 하는 시는 어떤 내용일까? '시구' 편은 새끼 일곱 마리를 까 놓고 고루고루 먹여 기르는 뻐꾸기의 모습을 묘사하며, 이를 군자의 바른 행위라고 노래하고 있다. 다산은 지식인으로서 책임을 통감하면서도, 유배를 온 죄인이기에 시를 외우는 것으로 슬픈 심사를 달랠 수밖에 없다. '시구' 편의 뻐꾸기처럼 모든 사람을 고루고루 보살피는 정의로운 사회가 이루어지기를 바라면서 말이다. 당시의 사회문제가 산적山積했을망정, 다산은 붓으로라도 그 모순의 산더미를 허물고 싶어 했다.

조선의 조세제도에서 신역身役은 노동력을 징발하는 것을 뜻했다. 이는 군복무에 해당하는 군역과 국책 공사에 동원되는 요역徭役으로 나뉘었다. 나중에는 신역 대신에 포목을 징수하여 세금으로 충당했는데 이것이 바로 '신포身布'이다. 다산은 이 악질적인 신포제도를 개혁하지 않으면 백성들이 모두 죽어 갈 것이라고 판단했다. 그래서 임금님께 다음과 같은 논술문(상소문)을 올려 간언했다.

《시경》 '시구鳲鳩'는 노래합니다.

"뽕나무 위 뻐꾹새
그 새끼가 일곱 마리인데,
먹이 골고루 나눠 주는 모양새 한결같네."

새끼가 일곱 마리나 되는데도 먹이를 하나같이 골고루 먹이는 모습을 읊은 시입니다.

신臣은 늘 이 시를 읽을 때마다 신포身布를 시행할 수 없다는 것을 깨닫습니다. 무릇 사람치고 누군들 몸뚱이가 없겠습니까? 몸뚱이는 누구나 갖고 있습니다. 누구나 모두 갖고 있는 몸뚱이인데, 어떤 몸뚱이에는 베를 받고 어떤 몸뚱이에는 받지 않는단 말입니까?

신포의 이름을 양역良役이라고 한 까닭은 백성들이 스스로를 양민으로 여기게 하고 천민으로 여기지 않게 하려고 했기 때문입니다. 그러나 이 양역은 참으로 고통스럽습니다. 또 괴로운 일은 천하게 보기 마련입니다. 백성들은 양역 바라보기를 이미 종과 같이 여기고 있습니다. 비록 가가호호마다 설득하여 양良이라고 말할지라도 백성들은 믿지를 않습니다.

　이 아무개란 자가 최 아무개란 자에게 말했습니다.

　"너는 내 아우이다."

　그러면 최 아무개는 반드시 화를 발끈 낼 것입니다. 그러나 양역을 위해서는 족보를 가짜로 꾸미고 아비를 바꾸고 조상을 바꾸면서도 아무렇지도 않게 여깁니다. 이로써 백성의 마음을 알 수 있습니다.

　참으로 신포를 징수하려면, 무릇 처음으로 벼슬하는 자에게는 징수하지 말고, 진사가 된 자에게도 징수하지 말고, 서인庶人(평민)으로서 관청에 있는 자에게도 징수하지 말고, 전쟁터에 나간 군인에게도 거두지 말아야 합니다.

　그리고서 과거에 합격하지 못해 아무 일도 맡지 못한 자일지라도 공경대부公卿大夫(삼정승을 뜻하는 '삼공', 그 아래 아홉 벼슬자리를 가리키는 '구경', 정1품에서 종4품까지의 '대부'를 합쳐 부르는 말)의 아들에게도 징수하고, 원훈元勳(임금이 아끼는 늙은 신하)・귀척貴戚(임금의 인척)의 아들과 손자에게도 징수하여야 합니다.

　15세 이상에서 60세까지의 사람들에게 징수하되, 베가 몇 자가 되는지 혹은 돈이 몇 푼이 되는지 드는 경비의 본전을 헤아리고 민정民丁의 실제 인원수를 계산해서 서로 숫자가 맞게 해야 합니다. 이렇게 하면 관청에서는 군정軍丁을 따로 조사하는 수고로움이 없어지고, 백성들도 불공평하게 괴롭힌다는 원망을 하지 않을 것이며, 나라 살림도 넉넉해질 것입니다.

신이 황해도의 풍속을 보니, 한 마을마다 이른바 군포계軍布契라는 것이 있습니다. 무릇 한 마을에 거주하는 백성이면 귀함과 천함을 가리지 않고 모두 돈을 내어 그 돈의 이자를 굴려 그 마을의 군포를 충당하는 풍속이었습니다. 그런데 군적 가운데에 이가니 최가니 하고 적혀 있는 것은 모두 가짜였습니다. 신이 병마사를 만나 보니 병마사가 신에게 말했습니다.

"거짓 이름으로 군포를 바치는 자는 마땅히 적발해서 엄하게 금지하여야 한다."

신이 대답했습니다.

"이를 금지해서 앞으로 어찌 하겠다는 것인가? 나라에서 거둬들이는 세금이 줄어들기 때문인가? 징수하는 데에 수고가 많기 때문인가? 민심이 괴롭게 여기기 때문인가? 이러한 세 가지에 걸림돌이 되는 것이 없으니 금지할 필요가 없소이다!"

신은 황해도의 이 풍속이 참으로 좋은 법이라고 생각합니다. 나라에서 고르게 하지 못한 법을 백성들에게 선포하였으나, 백성들은 스스로 한 가지 방법을 알맞게 만들어 그 괴로움을 고르게 나누며 살아가니, 이는 법을 만든 조정 쪽의 부끄러움입니다.

무릇 오로지 양반이 된 다음에야 군포를 면제받게 됩니다. 그러므로 백성이 밤낮으로 궁리하는 것은 오직 양반이 되는 길입니다. 향안鄕案(고을 출신 문벌 집안의 성명과 본관 및 내력 등을 기록한 명부)에 기록되면 양반이 되고, 가짜 족보를 만들면 양반이 됩니다. 고향을 떠나 멀리 이사하면 양반이 되고, 유생의 두건을 쓰고 과거 시험장을 드나들면 양반이 됩니다. 몰래 불어나고 남모르게 늘어나매 해가 가고 달이 가서 앞으로 온 나라 사람이 깡그리 양반이 된 뒤에야 그치게 될 것입니다.

 양반이 되면 몸소 쟁기와 가래를 잡고 땅에서 나는 소출을 거두지 않아도 됩니다. 소를 몰거나 말을 타고 시장에서 장사하여 재화를 유통시키지 않아도 괜찮습니다. 손수 자귀와 도끼, 화로와 망치를 들고 그릇을 만들지 않아도 됩니다.

 양반이 많아지면 노동력이 줄어들고, 노동력이 줄어들면 논밭의 생산력이 높아지지 못해 농사에 차질을 빚습니다. 농사에 차질을 빚으면 나라가 가난해지고, 나라가 가난하면 선비에게 힘써 노력하라고 격려할 수가 없습니다. 선비가 힘쓰지 않으면 백성들은 더욱 곤궁해집니다. 그 뿌리를 캐 보면 이는 바로 군포 때문입니다. 그래서 신은 아룁니다.

 "양인良人(벼슬을 하지 못한 평민)에게만 거두는 군포제도를 없애지 않으면 태평성세의 정치를 일으키지 못할 것입니다."

                   - 〈신포의身布議〉

저 종놈을 내쫓아라

　1801년(순조 1) 천주교도 박해 사건인 신유사옥辛酉邪獄에 연루된 다산은 강진으로 귀양을 와 1808년부터 다산초당에 머물렀다. 원래 윤규로尹奎魯가 지은 이 산속 정자에서 1818년 유배가 풀릴 때까지 십여 년간 생활했다. 그리고 귀양살이 18년 동안 《목민심서牧民心書》(1818) 등 세상을 다스리고 백성을 구제하는 경세제민經世濟民에 관한 저서를 내는 일에 몰두했다.
　그런데 그 와중에 색다르고 기발한 잡문을 쓰기도 했다. 다산초당에 머물 적에 하인을 들였다가 하도 게을러서 쫓아낸 사연을 적은 다음 글도 그 중 하나다.

　옛날에 중국 한漢나라 사람 왕포王襃는 종을 부릴 때 무척이나 까다로워 늘 야박하고 팍팍하게 굴었다. 밤이 와도 눈을 붙이지 못하게 하고, 낮은 낮대로 또 잠시도 쉴 틈을 주지 않으며 달달 볶아 댔다.
　지켜야 할 규칙이 소털같이 득실거렸고, 잔소리는 모기 날개 소리마냥 늘 앵앵거렸다. 종들은 팔다리가 축 늘어지고 뼈가 으스러지도록 일하느라 눈물과 콧물이 얼굴에 주르륵주르륵 흐르고 턱을 거쳐 가슴을 물씬 적셨다.
　이렇듯 한때의 노여움으로 종들을 심하게 꾸짖으며 지지고 볶는다든가 매를 야멸치게 때리니 점잖은 군자가 본받을 만한 인물이 못 되었다.

그래서 나는 종과 약속을 맺을 때 지켜야 할 조항을 조목조목 너그럽게 일러 주었다.

"새벽 일찍 일어나 마당을 쓸고 진흙이 엉겨 메워진 곳을 파내거라. 천천히 아침밥을 짓되 대강 왕겨나 뉘(껍질이 벗겨지지 않은 벼)만을 씻어 내고 오직 밥이 잘 익히기만을 꾀할 뿐, 부드럽거나 기름지게 하지 않아도 좋다.

아침을 먹은 뒤에는 뜰을 가꾸어라. 말라 죽은 나무는 베어 내고 더부룩하게 얽힌 덩굴이 있거들랑 솎아 내고, 복숭아나무와 살구나무를 심고, 감나무를 옮겨 심고 능금나무의 접을 붙여라. 가지를 따고 파를 솎으며, 아욱을 꺾고 부추를 잘라 내라. 토란에 똥거름을 주고 감자밭 이랑을 다져 주고, 배추밭 두둑을 다듬고 겨자를 말려라. 오이에 북을 주고 물을 주되, 그 꼭지가 상하지 않도록 하여라.

또 대롱을 이어서 연꽃에 물을 주고, 짚자리를 엮어 파초를 싸 주어 길러라. 그리고 치자나무와 유자나무에도 가끔 흙을 덮어 주고 물을 뿌려 주며 풀을 뽑아 김을 매 주어라. 풀을 베어 내 길을 통하게 하고 나무를 베어다가 다리를 손질하라. 큰소리로 아이들을 쫓아 함부로 꼴을 베지 못하게 하되, 너무 무섭게 굴지는 말라.

이 모든 조항은 봄여름가을겨울 사계절 중 알맞은 때를 골라서 하는 것이지 하루아침에 다 하라는 게 아니다. 그 밖에 산에 있는 절간에 양식도 날라 주고, 바닷가 저잣거리에 가서 생선을 사다가 말린다든지, 읍내에서 약을 사온다든지, 이웃에게 생강이나 대추를 빌려 오거라. 이런 심부름 따위는 모두 십 리나 오 리 정도의 거리에서 하니, 곧 먼 거리가 아니므로 그다지 힘들지 않을 것이다. 배가 고프면 떡을 먹을 것이요, 함부로 술을 잔뜩 마셔서 나자빠지지 않도록 하라.

그러고도 남은 힘이 있거들랑, 산에 가서 참나무나 떡갈나무를 베어다 땔나무로 쌓아 두어 해마다 장마철에 대비하라. 또 너에게 논밭 마지기를 주어 콩이나 벼를 심도록 할 것이니, 농사철이 되면 아뢰고 김매기나 밭갈기 따위는 혼자서 알아서 할 일이다. 추수를 하더라도 나는 따지지 않고, 수확물은 모두 너의 몫이 될 것이다. 그러나 네가 나의 가르침을 따르지 않으면 너의 일자리를 지켜 내지 못하리라."

이렇게 하여 종이 지켜야 할 계율을 다 읽었다. 종놈은 좋아라 하며, 손을 이마에 대고 머리로 방아라도 찧듯이 연거푸 절을 하며 고개를 조아렸다. 정 대부丁大夫(정약용)의 은혜에 깍듯이 감사하며 땡잡은 듯이 얼굴에 기쁜 빛이 가득했고, 입으로는 몇 차례나 맹세하는 말을 주워 삼켰다.

"비록 쇤네의 몸이 난쟁이나 절름발이가 되는 한이 있더라도 부지런히 일함에 부족함이 없도록 하겠습니다. 만일 이놈이 약속과는 다르게 일을 게으르게 하면 곤장으로 저의 볼기짝을 쳐 주십시오."

그러나 그 뒤에 보니, 뺀들뺀들 미적대는 행동거지가 원래 지껄이던 말본새랑은 생판 달랐다. 굼지럭거리며 을밋을밋 딴전만 피워 대는 게 마치 벼슬만 얻으면 일을 우물쭈물 게을리 하는 벼슬아치들 같았다. 종놈이 가는 곳마다 촐싹촐싹 깐족대며 입방아를 찧으면서 시부렁대 뒷소문을 자자하게 남기고, 제대로 마무리하는 일 하나 없이 건성이었다.

바람에 티끌이 날아들어 어지러이 널렸어도 물을 뿌리거나 빗자루질을 전혀 하지 않고 뻔둥거렸다. 쑥대와 명아주대가 무성하고, 가시풀이 우거져 덩굴은 가지마다 어지럽고 볼썽사나운 뱀과 살무사가 꼬이니 어린애들이 화들짝 놀라 뿔뿔이 흩어졌다. 나물과 오이가 곯아 빠져 꽃망울을 맺지도 못했다.

몰래 바깥 사람들과 한통속이 되어 제멋대로인 성깔로 나무꾼을 몰래 불러들여 나무를 베어 가라고 허락하며 거드름을 피웠다. 아침을 먹고 나면 멀리 엉큼스레 뺑소니를 쳤다가, 해 질 녘 저녁밥을 먹을 때에야 슬그머니 돌아왔다. 온 저잣거리를 쏘다니면서 술을 질탕하게 퍼마시고 불콰해진 채 곤드라지다, 술이 깰 즈음이면 은근살짝 돌아와서 나무 그늘 아래에서 코를 골며 잠에 곯아떨어졌다.

제 딴에는 여봐란 듯이 올이 고운 가는 베옷을 입고 거들먹거리고, 음식도 고기와 젓갈류를 골고루 갖추어 먹는 호강을 누렸다. 멍청하면서도 성깔은 아귀처럼 억척스레 거칠고, 날로 야죽야죽 시시덕거리며 방자한 채 거짓말만 쫑잘쫑잘 내뱉었다. 온갖 방정을 떨며 엉이야벙이야 일을 얼렁수로 꾸며 대니, 그빨로 날마다 죄를 짓지 않는 날이 없었다. 짬짬이 부드러운 말로 조곤조곤 타일러 깨우쳐 주었으나, 들을 때뿐 도저히 고쳐지지가 않았다. 그리하여 골이 올라 참다못한 주인 윤자尹子가 허랑방탕한 종놈을 불러 앞에 무릎을 꿇리고 목소리를 가다듬어 엄히 꾸짖었다.

"나라의 예법에 정승과 판서判書보다 높은 어른은 없지만, 혹시라도 그들 가운데에서 하는 일도 없이 호락호락 자리만 지키고 않아 녹봉만 도둑질하는 이가 있으면 곧바로 쫓아내어 온 백성의 소원을 들어주어야 한다. 한 고을을 다스리는 목민牧民(사또)이 약해 빠져서 착한 백성들을 등치는 나쁜 왈패들이나 간악무쌍한 시골 토호들을 뿌리 뽑지 못하고, 혹은 재물에 눈이 어두워 비열한 짓을 시시콜콜 일삼으며 위로는 임금님이 걱정하는 마음을 덜어 드리지 못한다면, 깡그리 내쫓아 백성들의 피땀을 더 이상 짜내지 못하게 해야 한다.

그런데 네놈은 한갓 쥐뿔도 없는 부엌데기 종놈이 아니냐? 감히 어찌 네놈의 죄에서 벗어날 수 있겠느냐? 어서 네놈이 먹은 새경을 모두 토해 내고 함부로 눌러 있을 깜냥일랑은 부리지도 말거라."

이윽고 야코죽은 종놈은 이 분부를 듣고, 손가락을 깨물고 손을 비비며 제 가슴을 쳤다. 종놈은 일을 팬둥팬둥 게을리하다가 마침내 콧물을 석 자나 흘리고, 눈물은 마치 가을비처럼 쫙쫙 흘러내려 고추방울까지 홀딱 적셨다.

― 〈출동문黜僮文〉

골계와 풍자로 이뤄진 이 글은 얼핏 보면 게으름뱅이 종놈을 내쫓는 내용이지만, 그 안에는 빈둥대며 녹봉이나 축내고 직분을 남용하여 백성들의 피땀을 짜는 탐악오리貪惡汚吏(탐욕스러운 벼슬아치)를 모조리 내쫓아야 한다는 메시지가 담겨 있다.

■ 한국 다도의 중흥조로 꼽히는 초의 선사가 그린 〈다산초당도茶山草堂圖〉(1812). 초의는 다산이 아끼는 제자였다.

홀아비 과부가 도리어 부럽구나

옛날에 성현들이 어진 정치 베풀 때는	聖賢施仁政
늘 홀아비와 과부 먼저 불쌍히 여겨 돌보라 말했다지만	常言鰥寡悲
이젠 홀아비와 과부가 참말로 부럽기만 하누나.	鰥寡眞足羨
굶어도 자기 한 몸만 굶으면 그만 아닌가!	飢亦是己飢
(중략)	
엄숙하고 점잖은 조정의 어진 벼슬아치들이여!	肅肅廊廟賢
나라의 안위는 경제에 달렸거늘	經濟仗安危
도탄에 빠진 백성 목숨	生靈在塗炭
나리들 아니면 그 누가 구제하랴?	拯拔非公誰
(중략)	
간사한 소인배는 거짓말 서슴지 않고	奸民好詐言
물정 모르는 책상물림 선비들,	迂儒多憂時
시절이 수상타 근심하는 말이라곤	
오곡이 풍성하여 흙인 양 지천인데도	五穀且如土
농사에 게으르니 스스로 무진장 굶주리는 게 마땅하다 하네!	惰農自之貧

– 〈기민시飢民詩〉, 1795

1795년(정조 19), 다산은 '주문모 입국 사건'에 연루되어 충청도 금정(홍주)

찰방으로 좌천되었다. 이른바 '을묘박해乙卯迫害'이다.

중국인 신부 주문모周文謨가 조선에 몰래 들어와 선교 활동을 벌인다는 소문이 나면서 곧 체포령이 내려졌다. 주문모는 체포를 면했으나, 조선인 천주교 신도 여러 명이 붙잡혀 처형당했다. 다산도 이 사건에 엮이면서 역참 일을 맡아보는 종6품 외직外職(지방 관직)으로 좌천된 것이다.

다산은 7월 26일 찰방察訪 발령장을 받고 동작나루를 건너가, 그해 12월 23일 다시 서울로 오기까지 꼬박 5개월간 금정에서 생활했다. 그곳에서 굶주려 부황이 든 백성들이 들판에서 들보리를 찾아내어 주린 창자를 달래는 모습을 목격하고, 들보리를 가져다가 고관대작들에게 보이고 백성의 참혹한 현실을 알리지만 아무도 주의를 기울이지 않았다. 도리어 오곡이 지천인데 백성들이 게을러서 그렇다는 소리만 들었다.

다산의 참여시 가운데서도 돋보이는 이 시를 두고, 소릉少陵 이가환李家煥(1742~1801)은 이렇게 평했다.

"찬란하도다! 당나라 원결元結처럼 문장 기운이 드넓고 거침이 없도다. 어조가 격렬하다가 갑자기 가라앉았다 하며 종횡무진으로 억양반복을 거듭한다. 마지막 맺는 구절은 완곡하면서도 엄숙하다. 몽둥이로 때리고 욕설로 꾸짖는 것보다 아프고 쓰라리다. 말하는 자가 무슨 죄이랴? 듣는 자는 마음을 가다듬어야 할 것이다."

남고南皐 윤규범尹奎範은 "정협鄭俠이 그려 바친 〈유민도〉에 견줄 만하다"고 평했다. 정협은 송나라 때 기근으로 떠도는 유민들의 실상을 그림으로 그려서 신종에게 바친 강직한 신하이다.

당시 토지세는 면적에 따라 세금을 매기는 '경묘법頃畝法'이 아닌, 토질에 따라 정하는 '결부법結負法'으로 부과되었다. 그런데 토지의 비옥도는 해마다 달라질 수 있고, 지역과 지형에 따라, 또 홍수와 가뭄 여부에 따라 변한다. 이를 보완하고자 일정한 주기마다 비옥도를 재측정했지만, 여기에는 부정과 주관이 개입될 여지가 컸다.

힘 있는 자는 측정 과정에 개입하여 자신의 땅을 척박한 토지로 등록했다. 힘없는 농민의 전답만 높은 등급의 토지로 분류되어 과중한 세금이 매겨졌다. 더구나 부패한 관리와 결탁하여 제 토지를 아예 세금 부과 대상에서 누락시키는 '은결隱結'이 영·정조 시대에 전체 토지의 절반에 이르렀다. 이는 농민을 죽이고, 나라 재정까지 파탄 내는 폐단 중의 폐단이었다.

다산은 농민들을 만성적인 가난으로부터 해방시키려면 원칙적으로 토지는 농민의 소유여야 하고, 토지 생산물 역시 직접 생산에 종사한 사람들의 것이어야 한다고 믿었다. 공동소유·공동노동·공동분배를 통해 빈부 격차를 좁히고, 농민만이 농지를 소유하여 놀고먹는 사람이 없도록 하자는 국부 증진책을 구체화한 것이 바로 여전제閭田制를 핵심으로 하는 토지 개혁안〈전론田論〉이다.

〈전론田論〉 : 다 같이 잘사는 길

〈전론〉은 1799년, 다산이 38세 때 쓴 논설문이다.

전론1 백성의 재산을 고르게 하라

어떤 사람이 있다. 그의 논밭은 10경頃(100묘畝)이고, 그의 아들은 열 명이다. 그 가운데 한 아들이 3경을 얻고, 두 아들은 2경을 얻고, 세 아들은 1경을 얻고 나니 나머지 네 아들은 논밭을 얻지 못하였다. 그래서 네 아들이 울부짖으며 길거리에서 굴러다니다가 굶어 죽는다면 그 사람을 부모 노릇 잘한 사람이라고 할 수 있겠는가?

하늘이 백성을 내실 때에 먼저 논밭을 마련하여 그들로 하여금 먹고살게 하고, 또 그들을 위해 임금을 세우고 목민관牧民官(수령)을 세워서 백성의 부모가 되게 하고, 그 생산물도 골고루 마련해서 다 함께 잘살도록 하였다.

그런데도 임금과 목민관이 팔짱을 낀 채 여러 자식들이 서로 치고 빼앗아 자기 논밭만 불리려는 짓을 하고 있는데도 물끄러미 바라만 볼 뿐 막지를 않고 있다. 그리하여 힘센 자는 더 차지하고 약한 자는 떠밀려서 땅에 넘어져 죽게 된다면, 그 임금과 목민관이 바야흐로 임금과 목민관 노릇을 잘할 수 있을 것인가?

그러므로 백성의 재산을 고르게 하여 다 같이 잘살 수 있도록 하는 것이 참다운 임금과 목민관이고, 백성의 재산을 고르게 하지 못하여 다 같이 잘살 수 없게 하는 사람은 임금과 목민관의 책임을 저버린 사람이다.

지금 우리나라의 논밭은 대략 80만 결結(영조 기축년(1769) 현재 팔도에서 개간된 논밭은 논이 34만 3천 결이고 밭은 45만 7,800결 남짓인데, 간악한 아전들이 토지대장에서 누락시킨 토지세와 산전山田·화전火田은 이 안에 포함되지 않았다. —원주)이고, 백성이 대략 8백만 명(영조 계유년(1753)에 서울과 지방의 총인구가 730만이 조금 부족하였는데, 그 당시 숫자에 빠진 인구 및 그 사이에 나서 불어난 인구가 70만을 넘지는 않을 것이다. —원주)이다. 시험 삼아 열 식구를 1호戶로 친다면, 한 호마다 1결의 토지를 갖게 된다. 그렇게 되어야만 그 재산이 고르게 된다.

지금 문무 대신들과 민간의 부자들 가운데는 한 집에서 곡식 수천 섬을 거두는 자가 매우 많다. 그런 집들의 논밭을 계산해 보면 한 집마다 100결 이하로 내려가지는 않을 것이다. 이는 곧 990명의 생명을 해쳐서 한 집을 살찌게 하는 꼴이다.

우리나라의 부자로 영남의 최崔씨와 호남의 왕王씨처럼 곡식 1만 섬을 거두는 자도 있는데, 그 논밭을 계산해 보면 400결 이하는 되지 않을 것이다. 이는 바로 3,990명의 목숨을 희생시켜서 한 집만을 살찌게 하는 꼴이다.

그런데도 조정 윗자리에 있는 벼슬아치들이 부지런히 애쓰고 끊임없이 힘써서 오직 부자의 것을 덜어 내어 가난한 사람에게 보태 주며 백성의 재산을 고르게 하는 일에 힘쓰지 않기 때문에, 그들은 임금의 목민관의 도리로써 그 임금을 섬기는 자가 아니다.

전론 2 농사짓는 사람에게만 논밭을 갖게 하라

앞으로 정전제井田制(사방 1리의 농지를 우물 정井 자 모양으로 아홉 등분하여 중앙의 한 구역을 공전公田으로 정하고, 주위의 여덟 구역을 사전私田으로 하여 여덟 농가에 나누어 맡겨 농사짓게 하고, 가운데의 공전은 여덟 농가에서 공동으로 농사를 지어 나라에 조세로 바치게 하는 제도)를 해야 할 것인가?

아니다. 정전제는 시행할 수가 없다. 정전이란 한전旱田(밭)에만 시행하는 것이다. 수리 사업을 진즉에 잘 일으켜서 메벼와 찰벼가 이미 맛이 있으니, 수전水田(논)을 버릴 수 있겠는가? 정전이란 평전平田(평야에 있는 좋은 밭)으로 하는 것인데, 이미 벌목에 힘써서 산골짜기가 개척되었으니, 그 비탈진 나머지 땅을 버릴 수 있겠는가?

앞으로 균전제均田制(모든 논밭을 나라의 소유로 하고 백성들에게 골고루 나누어 주어서 농사짓게 하는 제도)를 할 것인가? 아니다. 균전제도 시행할 수가 없다. 균전이란 논밭과 인구수를 계산하여 고루 나누는 것이다. 가구와 인구가 날마다 다르게 늘어나거나 줄어들고 해마다 달라지므로, 올해에는 갑률甲率로 나누고 이듬해에는 을률乙率로 나누게 된다. 아무리 계산을 바르게 헤아려도 그 털끝만 한 차이점을 소홀히 할 수 없을 것이며, 논밭이 기름진지 메마른지의 구별도 논밭 두렁마다 일정하지 않다. 그러니 어찌 고르게 나눌 수 있겠는가?

앞으로 한전제限田制(개인의 신분이나 지위에 따라 소유할 수 있는 논밭 면적을 제한하는 제도로, 성호 이익을 비롯한 실학자들이 주장했지만 시행되지 못했다.)를 할 것인가? 아니다. 한전제도 시행할 수가 없다. 한전이란 논밭을 사되 몇 이랑까지에 이르면 더 이상 사들일 수 없다. 논밭을 팔되 몇 이랑까지에

〈전론田論〉: 다 같이 잘사는 길

이르면 더 이상 팔지 못한다. 그런데 만일 내가 남의 이름을 빌려 더 사서 보탠다면 그 누가 알겠는가? 남이 나의 이름을 빌려 더 팔아 줄인들 그 누가 이를 알겠는가? 그러므로 한전은 시행할 수가 없다.

비록 사람들이 모두 정전제를 다시 시행할 수 없다는 것을 알면서도 사리에 밝고 급한 일이 무엇인지 아는 사람조차도 균전제와 한전제만은 좋다고 말하니 내가 가만히 헤아려 보건대 의심스럽기 짝이 없다.

무릇 온 천하 사람이 모두 농사를 짓는 일은 본래 내가 바라는 바이다. 하지만 온 천하 사람이 모두 다 농사를 짓지 않는다 해도 그것 또한 인정할 뿐이다. 농사를 짓는 사람에게는 논밭을 가지게 하고, 농사를 짓지 않는 사람에게는 논밭을 갖지 못하게 하는 것이 마땅하다.

그러나 균전제와 한전제는 앞으로 농사를 짓는 사람에게도 논밭을 갖게 하고, 농사를 짓지 않는 사람에게도 또한 논밭을 갖게 한다.

무릇 공업과 상업을 하지 않는 사람에게도 또한 논밭을 갖게 한다. 무릇 공업과 상업을 하지 않는 사람에게도 논밭을 갖게 한다면, 이는 온 천하 사람들에게 놀고먹으라고 가르치는 것이나 진배없다. 세상 사람에게 놀고먹으라고 가르친다면, 그 법은 결코 좋은 법이 될 수가 없다.

일한 만큼 가져가게 하라

이제 농사를 짓는 사람에게는 논밭을 갖도록 하고, 농사를 짓지 않는 사람에게는 논밭을 얻지 못하도록 하려면 여전제閭田制라는 법을 시행해야만 한다. 그래야 나의 뜻을 이룰 수 있을 것이다.

무엇을 여전제라고 하는가?

산골짜기와 시내와 들판의 지세에 따라 경계를 그어 구역을 만들고, 그 경계선 안에 둘러싸인 구역을 여閭라 이름한다.(주나라 제도에 25집을 1려閭라고 했는데, 지금 그 이름을 빌려 대략 서른 집 안팎으로 한다. 그러나 가구 수는 일정하지 않아도 좋다. – 원주) 여閭 셋을 이里라 하고(중국 후한 말에 학자 응소가 지은 《풍속통風俗通》에는 쉰 집을 1리라 하는데, 이제 그 이름을 빌렸으나 반드시 쉰 집으로 하지 않아도 좋다. – 원주) 이里 다섯을 방坊(방은 고을 이름으로 한나라 때 구자방九子坊이 있었고 요즘 풍속에도 이것이 있다. – 원주), 방 다섯을 읍邑이라고 한다.(주나라 제도에서는 4정井을 읍邑이라 하였는데, 지금은 군현의 소재지를 읍이라고 한다. – 원주)

여에는 여장閭長을 두고 무릇 1려의 논밭은 1려 사람들로 하여금 다 함께 그 논밭에서 농사를 짓게 한다. 내 땅과 네 땅의 경계를 없애고, 모든 일은 여장의 명령을 따르게 한다.

여장은 사람들이 하루 일할 때마다 장부에 기록해 둔다. 추수 때에는 오곡의 수확물을 모두 여장의 집으로 옮긴다. 그런 다음 나눈다. 먼저 관청에 바치는 세를 빼고, 다음으로 여장의 녹봉을 뗀다. 나머지는 날마다 일한 양을 기록한 장부에 따라서 분배한다. 가령 관청의 세와 여장의 녹봉을 빼고 남은 곡식이 천 섬이고 장부에 기록된 노동 일수가 2만 일이라면 하루 일한 양마다 다섯 되升를 나누어 주게 되는 것이다.

한 농부의 예를 들어 보자. 그 부부와 아들과 며느리의 장부에 기록된 노동 일수가 모두 800일이면 그 분배된 양곡은 40섬斛이 된다. 또한 농부의 경우에는 그 장부에 기록된 노동 일수가 열흘이면 그 분배된 양곡은 다섯 말[斗]일 것이다.

　많이 일한 사람은 그만큼 곡식을 많이 얻고, 적게 일한 사람은 그만큼 곡식을 적게 얻는다. 그러니 어찌 사람들이 모두 힘을 다 바쳐 많이 얻으려고 하지 않겠는가?

　사람들이 힘을 모으면 땅에서도 그만큼 생산력이 높아질 것이다. 생산력이 높아지면 백성의 재산이 넉넉해지고, 백성의 재산이 넉넉해지면 풍속이 순후해지고 효도하며 우애 있게 지낼 것이다. 이 제도가 바로 논밭을 다스리는 데 가장 좋은 방법이다.

전론4 곡식 수확을 고르게 분배하라

　여閭 한 곳이 있다. 서른 집이 1려를 이루었다. 여장이 각자 해야 할 일을 나누어 주며 말했다.

　"아무개 갑은 저 논밭을 갈고, 아무개 을은 저 논밭을 김매라."

　어떤 사람이 쟁기를 끌고 처자식을 데리고 와서 말했다.

　"나도 이곳 땅에서 터를 잡고 싶소."

　앞으로 어찌하겠는가? 그를 받아들이겠다고 말할 수밖에 없다.

　1려의 논밭은 더 이상 넓어지지 않는데 1려의 백성 수는 일정하게 정해져 있지 않기 때문이니, 이게 어찌된 노릇인가? 백성이 이익을 좇는 것은 마치 물이 아래로 흐르는 것과 마찬가지다. 이는 곧 논밭은 넓은데도 사람의 힘이 모자란다는 것을 알았거나, 논밭은 적지만 곡식 수확이 많은 것을 알았거나, 가을에 나누어 주는 곡식이 많은 것을 알았기 때문이다. 그래서 쟁기를 끌고 처자식을 데리고 와서 한 터를 받길 원하는 것이다.

그런데 여기에 또 한 려가 있다. 스무 집이 모여서 1려를 이루었다. 여장이 각자의 일을 나누어 주며 말했다.

"아무개 갑은 저곳에서 잡초를 뽑고 아무개 을은 저곳에 거름을 주라."

그런데 어떤 사람이 쟁기를 끌고 처자식을 데리고 와서 말했다.

"저 살기 좋은 땅으로 가겠소."

앞으로 이를 어찌해야 하는가? 역시나 그의 소원을 들어줄 뿐이다.

백성이 해로움을 피하는 것은 마치 불이 습기를 피하는 것과 마찬가지다. 이는 곧 논밭이 좁아서 사람의 힘이 남아돈다는 것을 알고 있거나, 힘은 곱절로 들어도 곡식 수확이 적은 것을 알고 있거나, 추수 때 곡식 분배가 적다는 것을 알고 있기 때문이다. 그런 뒤에야 쟁기를 끌고 처자식을 데리고 와서 '저 살기 좋은 땅으로 가겠소'라고 말하는 것이다.

그러므로 위에서 명령을 내리지 않아도 백성들의 가구 수가 고르게 되고, 위에서 명령을 내리지 않아도 백성들의 논밭이 고르게 되고, 위에서 명령을 내리지 않아도 백성들의 빈부가 고르게 된다. 백성이 이곳저곳으로 마음대로 오고 가는 게 여덟아홉 해가 지나지 않아서도 나라 안의 논밭이 고르게 될 것이다.

백성에게 논밭을 경계 삼아 구역을 설정해 주는 것은 마치 양을 우리에 가두는 것과 마찬가지다. 이제 그들로 하여금 자유롭게 오가게 한다면, 마치 새나 짐승이 서로 몰려다니는 것과 같게 된다. 백성들이 마치 새나 짐승처럼 몰려다니는 것은 사회를 어지럽히는 근본적인 원인이다.

그러나 이를 시행한 지 여덟아홉 해 정도가 지나면 백성이 차츰 고르게 될 것이고, 이를 시행한 지 십여 년이 지나면 백성의 분포가 아주 고르게 될 것이다. 백성이 아주 고르게 퍼진 뒤에야 호적을 만들어서 그 가옥을 등록시키고, 문서를 만들어 그들이 옮겨 다니는 것을 관리한다. 한 사람을 받아들이는 데에도 엄격한 제한을 두고, 한 백성이 가는 데에도 이를 허가하는 데에 절차를 두어야 한다.

논밭은 넓은데 사람이 적은 곳은 오는 사람을 받아들이고, 사람은 적은데도 곡식 생산이 많은 곳은 역시나 오는 사람을 받아들인다. 논밭은 좁은데 사람이 많은 곳은 떠나는 것을 허가해 주고, 사람은 많은데 곡식 생산이 적은 곳은 역시나 사람이 떠나는 것을 허가해 준다. 이러한 경우가 아닌데도 이사를 하는 사람들은 나그네처럼 갈 곳이 없게 되는 까닭에, 떠나가는 자도 없고 들어오는 자도 없어질 것이다.

건론 5 선비도 농사를 짓게 하라

농사를 짓는 사람은 논밭을 갖게 하고, 농사를 짓지 않는 사람은 논밭을 얻지 못하게 해야 한다. 농사를 짓는 사람은 곡식을 얻고, 농사를 짓지 않는 사람은 곡식을 얻지 못하게 해야 한다. 수공업자는 자기가 만든 기구를 가지고 곡식으로 바꾸고, 장사꾼은 자기가 지닌 물건을 가지고 곡식과 바꾸면, 아무런 걱정도 없다.

선비는 열 손가락이 부드럽고 연약해서 힘든 일을 할 수가 없다. 밭을 갈 수 있는가? 김을 맬 수 있는가? 잡초를 불살라서 논밭을 개간하겠는가? 거름을 주겠는가? 그들의 이름이 장부에 기록되지 못했기 때문에 추수 때도 나누어 받을 곡식이 없을 것이다. 앞으로 어찌하겠는가? 아아, 내가 여전법을 시행하려고 하는 까닭도 이 문제를 해결하기 위해서다.

무릇 선비란 어떤 사람인가? 선비는 무엇 때문에 손발을 놀리면서 남의 토지를 빼앗아 차지하고 남의 힘으로 먹고 사는가?

무릇 놀고먹는 선비가 있기 때문에 땅에서 나는 이득이 다 개척되지 못하고 있다. 놀고서는 곡식을 나누어 받을 수 없다는 것을 알면, 선비도 앞으로 직업을 바꾸어 농사를 지을 것이다. 선비가 직업을 바꾸어 농사를 지으면 땅의 생산력이 높아지고, 선비가 직업을 바꾸어 농사를 지으면 풍속도 도타워질 것이다. 선비가 직업을 바꾸어 농사를 지으면 떠도는 유랑민도 없어질 터이다.

선비 가운데는 틀림없이 직업을 바꾸어 농사일을 할 수 없는 사람이 있을 것이다. 앞으로 어찌해야 하는가? 직업을 바꾸어 수공업이나 상업을 하는 사람도 있을 것이고, 아침에는 나가서 농사일을 하고 밤에는 돌아와서 책을 읽는 사람도 있을 것이며, 부자들의 자식들을 가르쳐 주고 생계를 꾸리는 사람도 있을 것이다. 지금의 환경과 조건 등을 조사하고 연구하여 토지에 알맞은 농작물을 찾아내고, 수리水利를 일으키고 농기구를 만들어서 사람의 힘을 덜어 주기도 하며, 원예 기술이나 목축업을 가르쳐서 농부에게 도움을 주는 사람도 있을 것이다.

이러한 사람들의 공로를 어찌 팔을 걷어 올리고 육체로만 힘들여 일하는 사람의 능력과 견줄 수 있겠는가? 하루의 일을 열흘로 기록하고 열흘의 일을 백 일로 기재하여, 이에 따라 곡식을 나누어 주어야 마땅할 것이다. 그리하면 선비에게 어찌 곡식 분배가 없을 수 있겠는가?

파리야, 배 터지게 먹어 보아라

때는 1810년(순조 10). 한 해 전에 몰려온 가뭄과 혹한과 염병, 그리고 학정으로 굶어 죽는 백성들이 부지기수였다. 다산이 귀양살이를 하던 전라도는 상황이 더욱 심각했다. 이때 다산이 친구 김이교金履喬의 아우 김이재金履載(1767~1847)*에게 보낸 편지에는 이 비참한 상황이 매우 사실적으로 그려져 있다.

탕湯임금 이후로 이 같은 가뭄이 있었습니까? 지난 토발월土發月부터 입추까지 단 세 차례의 작은 비가 내렸을 뿐, 5월 이후로는 하늘에 구름 한 점 없고 사십여 일 동안 밤마다 건조한 바람이 불고 이슬조차 내리지 않아 벼는 말할 것도 없고, 기장·목화·깨·콩 따위와 채소·참외·마늘·과일에서부터 명아주·비름·쑥까지 타서 죽지 않은 것이 없습니다. 대나무에는 대순이 나지 않고 소나무에는 솔방울이 달리지 않아, 흙에서 나서 사람의 입으로 들어갈 수 있는 모든 것과 우리 백성의 사람살이에 필요한 온갖 것이 하나도 자랄 수가 없습니다. 샘은 마르고 도랑의 물이 끊겨 목마름에 대한 백성들의 걱정이 굶주림에 대한 근심보다 심하고…….

* 자가 공후公厚인 김이재는 1800년 이조판서의 사직 상소가 마땅치 않다는 상소를 올려 고금도로 유배를 갔다가 1805년에 해배되었다. 귀양이 풀려 돌아갈 때 강진에 들러 다산을 찾아보고 떠났다.

6월 초순부터는 유민이 사방으로 흩어져 울부짖는 소리가 곳곳에서 들리고, 길가에 버려진 어린아이가 수없이 많으니 마음이 아프고 눈이 참담하여 차마 듣고 볼 수가 없습니다. －〈김공후에게 보냅니다〔與金公厚〕〉, 1809

이해 여름, 다산은 파리를 의인화하여 파리를 애도하는 우언문寓言文을 썼다. 파리는 더러운 미물로 여겨진다. 그래서 예로부터 나라를 문란하게 하는 소인배나 밉살스럽고 약삭빠르고 귀찮은 착취자를 흔히 파리로 풍자했다. 그런데 다산은 파리를 다른 시각으로 바라보았다.

가경 경오년(1810) 여름에 쉬파리가 옥시글댔다. 온 집안에 파리가 가득 꼬이고 점점 새끼를 자꾸 슬더니 산골짜기에까지 득실거렸다. 높고 큰 다락집에서도 일찍이 얼어 죽지 않더니, 술집과 떡집에 구름처럼 몰려들고 윙윙거리는 소리가 마치 우레와 같았다. 노인네들은 한숨을 쉬면서 파리를 손가락질하며 괴변이라고 탄식하였다. 소년들은 화를 버럭 내며 파리 소탕전을 폈다. 더러는 파리 통발을 설치하여 파리의 발부리가 거기에 걸려 죽게 하였다. 더러는 파리약을 쳐서 그 약 기운에 어질어질하게 하여 깡그리 죽이려고 하였다.

나는 말했다.

"아아, 파리를 죽여서는 안 된다. 파리는 굶주려 죽은 사람의 몸이 옮겨 붙어 다시 태어난 목숨이기 때문이다. 아, 불쌍하게도 평탄치 못하게 사는 생명이다. 애처롭게도 지난해에 큰 흉년이 들어 먹을거리가 잔뜩 모자랐다. 또한 겨울에는 동장군이 맵게도 몰아닥쳤다. 그런 까닭에 염병이 돌고, 더군다나 나라에서는 세금까지 지독하고 모질게 거두어들였다. 수많은 시체가 길에 널브러져 즐비하였고, 그 시체를 버린 들것이 언덕에 수두룩했다.

따스한 바람이 불고 기온이 높아지자, 수의도 관도 없는 시체의 피부가 썩어 문드러지고 옛 추깃물(송장이 썩어 흐르는 물)과 새 추깃물이 고여 엉긴 것이 변해 황하의 모래알보다도 만 배나 많은 구더기로 득시글득시글대는 것이다.

아아, 이 구더기가 날개를 가진 파리로 변해 사람이 사는 집으로 날아들었다.

아아, 이 파리가 어찌 우리처럼 목숨 줄이 있는 생명이 아니랴?

파리야, 너의 목숨을 생각하면 저절로 눈물이 흐른다. 그리하여 먹음직스런 음식을 장만하여 너희들을 널리 불러 모으도록 청했으니, 어서 너희의 벗들에게 소식을 전해 함께 모여서 더불어 나누어 먹도록 하여라."

이에 파리를 조문하였다.

파리야, 날아와서 이 음식 소반에 모여라!

수북이 담은 흰 쌀밥에 국도 간을 맞춰 끓여 놓았다. 잘 익은 술과 향기로운 단술에 밀가루 국수와 만두도 차려 놓아 한 턱 단단히 냈으니, 그대는 입맛을 다시며 마른 목구멍과 주린 창자를 축여라!

파리야, 날아와 훌쩍훌쩍 울지만 말고, 너의 부모와 처자식을 모두 거느리고 와서 아낌없이 한번 실컷 배 터지게 흠빨고 감빨며 먹어 보아라!

그대의 옛집을 보니, 쑥대가 가득하며 뜰은 무너지고 벽과 문짝도 찌그러졌다. 밤에는 박쥐가 날고 낮에는 여우가 울더구나. 또 그대의 옛날 묵

정밭을 보니 강아지풀만 길게 자랐다. 올해에는 비가 흠뻑 내려 흙에 윤기가 흐르건만, 마을에는 사람이 살지 않아 밭에 못된 잡초만 우거지고 전혀 일구지를 못했구나.

파리야, 날아와 이 기름진 고깃덩이에 앉아라!

살진 소다리의 살집도 깊고, 초장에 파도 무쳐 놓고 농어회도 떠 놓았다. 그대의 굶주린 창자를 채우고 얼굴을 활짝 펴라! 그리고 또 도마에 남은 고기가 있으니 그대의 무리에게 먹여라!

파리야, 그대의 시체를 보니 이리저리 언덕 위에 마구 너부러져 있다. 옷도 못 입고 모조리 거적에 싸여 있구나. 장맛비가 내리고 날씨가 더워지자 모조리 구더기로 변하여, 꿈틀꿈틀 어지러이 구물거리면서 옆구리에 차고 넘쳐 콧구멍까지 가득하다. 어서 허물을 벗고 변신하여 갇힌 데서 벗어나라!

사람 송장만 길가에 널브러져 지나가는 사람들이 흠칫 놀라 소스라친다. 그래도 어린아이는 칭얼거리며 어미 가슴이라고 파고들어 그 찌그러진 젖통을 물고 있다. 마을에서는 썩는 시체를 묻지 않아 산에는 무덤이 없고, 그저 움푹 파인 구렁텅에 던져 넣어 잡초만 무성하다. 승냥이가 몰려와 시체를 뜯어 먹으며 마냥 좋아 날뛰고 구멍이 뻐끔뻐끔한 해골만이 나뒹군다.

파리야, 그대는 이미 나비가 되어 날고 번데기만 남겨 놓았구나.

허나 파리야, 날아서 고을로 들어가지 마라!

남아도는 아전 놈들이 붓대 잡고 오고가는 이들의 얼굴을 자세히도 살핀단다. 굶주린 사람만 엄격히 가린다는구나. 대나무처럼 빽빽이 늘어선 걸신들린 무지렁이들 사이에서 다행히 한번 뽑힌다 한들 물같이 멀건 죽 한 모금 얻어 마실 뿐이어서 볼가심도 제대로 못한단다.

한데도 관아의 곳간 속 묵은 곡식에서 생긴 쌀벌레는 아래위로 어지러이 날아다닌단다. 돼지처럼 살찐 놈들은 서로 쩌렁한 권세만 믿고 호세를 부리며 떵떵거리는 파렴치한 구실아치들뿐이구나. 그자들은 서로 한통속이 되어 공로를 아뢰면 서로를 어여삐 여기며 꾸짖지를 않는구나.

보리만 익으면 진장賑場(굶주린 백성들을 돕기 위한 임시 구호소)을 거두고 그들만의 잔치를 연단다. 북소리와 피리 소리 요란하고, 눈썹이 아리따운 기생들은 빙빙 돌며 춤추고 아양을 부리면서 비단 부채로 얼굴을 살짝궁 가린다. 비록 풍성한 먹을거리를 목젖이 떨어지도록 냠냠하고 싶더라도, 파리야! 그대는 마음대로 먹을 수가 없단다.

파리야, 날아서 관아로 들어가지 마라!

깃대와 창대가 겹나게 줄지어 꽂혀 있구나. 돼지고기 국, 쇠고기 국, 오리고기 국이 푹 물러 먹음직스럽고, 메추리구이와 붕어찜에 꽃무늬 아름다운 중배끼 약과를 어루만지며 실컷 먹고 싶어 게걸들린 듯 군입을 다시지만, 벼슬아치들이 큰 부채를 흔들어 날리므로 그대는 결코 맛볼 수도 없단다.

짓궂은 사또가 부엌에 들어가 음식을 살피며 고시랑거리고 쟁개비에 고기를 지지며 입으로 숯불을 후후 불어 대는구나. 호랑이 같은 포졸은 관아를 철통같이 막아선 채 굶주린 백성들의 애처로운 호소를 물리치면서 소란을 피우지 말라고 윽박지른다. 벼슬아치들은 안에서 점잔 뺀 채 무리지어 앉아 큰 상 가득 맛깔난 산해진미를 주접스럽게 즐기고, 구실아치들은 주막에 앉아 제멋대로 판결하며 파발마를 달려 백성들 사는 곳은 별일 없다고 후닥닥 알린단다. 길에는 굶주린 사람 없고 태평하여 걱정이 눈곱만큼도 없다고 아뢴단다.

파리야, 넋이 다시 살아나 날아오지 말라!

아무것도 모른 채 영원히 정신이 가물가물한 그대가 부럽도다. 백성들은 죽어도 여전히 화는 남아 형제에게 미치니, 유월에 벌써 세금을 밉살맞게 독촉하는 아전이 문을 징하게 걷어차는데, 그 호령이 사자의 울음소리 같아 산악을 뒤흔든다. 가마솥도 빼앗아 가고 송아지와 돼지도 끌고 간다. 그러고도 성이 차지 않아 관가로 끌어다가 곤장으로 진저리치도록 볼기를 치는데, 그 매를 맞고 돌아오면 기진맥진하여 염병에 걸려서 풀포기 바람에 쓰러지듯, 물고기 데운 물에 물크러지듯 죽어 가지만, 수많은 백성들의 치가 떨리는 원망은 천지사방 어느 한 곳에도 호소할 데가 없고, 백성들이 쭉정이처럼 모조리 죽을 처지에 놓여도 슬퍼할 수가 없단다.

어진 선비들은 숫제 풀이 죽었고, 나쁜 뭇 소인배들이 날뛰니 임금님의 봉황새도 입을 다물고 까마귀가 까옥거리는 꼴이란다.

파리야, 날아가려거든 북쪽으로 날아가라!

북쪽 천 리를 날아가 임금님의 궁궐에 내려앉아 지청구를 듣더라도 마음에서 우러나오는 그대의 진심을 하소연하고, 그 깊은 슬픔을 상소문으로라도 써서 아뢰어라! 임금님께 억울함을 억세게라도 토해 내지 않으면 옳고 그름을 밝혀내지 못할 뿐이란다.

궁궐에는 해와 달이 밝게 비치어 온 세상에 그 빛을 환하게 펼치니, 임금님께서 나랏일을 보살피면서 어진 정치를 베풀고 하늘에 아뢰면서 규

珪(임금이 하늘에 제사지내거나 신하가 왕을 알현할 때 쓰는 옥으로 만든 홀)를 쓴단다. 그 소리가 천둥처럼, 우레처럼 울려 하늘도 감동하면 벼와 기장도 잘 여물어 풍년이 들고 백성들 살림살이도 넉넉해질 것이다.

  파리야, 그때야 남쪽으로 날아오너라! ─ 〈조승문弔蠅文〉, 1810

  살풀이 진혼곡처럼 이 잡문에 비장감이 감도는 까닭은, 다산이 파리를 굶어 죽은 백성들의 화신으로 보고 있기 때문이다. 다산은 굶어 죽은 파리의 원한을 씻어 주고자 제수를 마련하고 파리를 조문한다. 파리를 귀찮은 미물이 아니라 기근과 학정으로 죽어 간 백성들의 원혼으로 생각한 것은, 현실의 구조적 비리를 예리하게 간파하고 이를 충격적으로 드러내기 위해서다. 고정관념을 깬 발상의 전환이기도 하다.

  다산은 굶어 죽은 백성들의 원혼인 파리를 위해 먹을거리를 차려 놓고, 부모처자를 거느리고 와서 먹으라고 부른다. 그러면서 관가의 허울 좋은 기민구제소에는 가지 말라고 당부한다. 관청에는 음식이 흘러넘치지만 결코 백성의 몫은 아니고, 되레 백성들의 몫을 빼앗아 가기 바쁘다. 산해진미가 가득한 사또의 관아로 간들 호랑이와 같은 포졸들이 막아서 갈 수 없고, 아전은 주막에 앉아서 기민들을 구제하라는 파발이 와도 마음대로 판결하여 역마를 달려 태평성세라고 거짓보고를 한다.

  파리가 마침내 나비로 변신하는 장면이 이 작품의 백미다. '구더기─파리─나비'의 변신 과정은, 백성의 넋을 진정으로 위로하려면 현실의 구조적 문제를 타파해야 한다는 문학적 전망이다. 하지만 다산은 유배 죄인이라서 굶어 죽은 백성들의 원한을 풀어 줄 힘이 없다.

올해 또 큰 기근까지 심해 백성들이 도탄에서 허덕이고 객사에는 유랑
민이 가득하여 임금님께서 밤낮으로 시름인데, 내게 실권의 채찍이 없으
니 어찌 도울 수 있으리? 궁벽한 산골에도 살아갈 길 막막하여 상수리 주
워 아침 끼니 때운다네.　　　　- 〈남고 윤지평에게 써 보내다〔簡寄南皐尹持範持平〕〉, 1810

힘없는 아낙네들 들판에서 크게 울부짖고 승냥이와 이리들은 되레 성깔
부리네
흉년까지 들어 백성들 먹을거리 끊어지니
숲 속에 시체 쌓여 수북하다오
편안히 살던 자도 오히려 곤란하고 고통스러운데
하찮은 나그네 유배객이 어찌 곤궁을 벗어나리
　　　　　　　　　　　　　　　- 〈치교에게 부치다〔奇穉敎〕〉, 1810

그래서 다산은 파리에게 북쪽 구중궁궐에 들어가 백성의 참상을 임금님
께 알리고, 임금님을 감격시켜 맺힌 한을 푼 뒤, 남녘 땅 강진에 풍년이 들
면 다시 돌아오라고 부탁한다. 임금과 백성 사이를 가로막는 탐관오리와
아전들의 수탈이 현실의 구조적 문제이고, 이는 임금의 결단이 아니고서
는 풀 수 없다는 진단이다.
　군주의 어진 왕도王道 정치를 해결책으로 제시한 시대적 한계에도 불구
하고, 굶주린 백성들을 파리로 의인화하여 안타까워하고 피폐한 백성들의
삶이 변화하길 열망하는 〈조승문〉은 다산의 현실비판 우화소설의 대표작
이다.

당나라 징세법처럼 현물 세금만 늘어나네

탐관오리 단속한다는 소리도 거짓말일 뿐	檢發徒虛語
마침내 멀리 떠나는 유랑민 신세라네	流亡逐遠蹠
한나라 조정 때 같은 진휼은 없고	漢廷無賑貸
당나라 징세법처럼 현물 세금만 늘어나네	唐稅學調庸
탈세자 잡느라 이웃 마을까지 떠들썩하고	逮捕騷隣史
먼 친척에게까지 밀린 세금 빚을 물리네	徵連及遠宗
감사의 영令 깃발 펄럭여 촌사람들 화들짝 놀라게 하니	令旗驚獦獠
둥둥 농사 굿하는 북소리마저 멎었다네*	賽鼓閴鼕鼕
제멋대로 까부는 비장의 횡포 아니고	裨將非專輒
제 몸을 살찌우는 감사의 책임이라네	監司乃自封

– 〈맹화와 요신, 곧 오국진·권기 두 벗이 공주 창곡의 부패한 행정으로 인해 백성들이 제대로 살아가지 못하는 실태를 극구 말하기에 그 말을 내용으로 장편 삼십 운을 짓다〔孟華堯臣, 卽吳權二友, 盛言公州倉穀爲獘政, 民不聊生, 試述其言, 爲長篇三十韻〕〉, 1795

금정 찰방으로 쫓겨나 있을 때인 1795년, 다산은 그곳에서 두 명의 친구를 사귀었다. 오국진과 권기이다. 두 사람은 다산에게 금정에서 가까운 공

* 충청도에서는 몇 년 전부터 군량을 독촉하여 받아갈 때마다 관찰사가 감사의 영令 깃발을 군졸에게 내주어 마을을 위협했다. 그래서 마을마다 백성들이 난리를 만난 듯했다.

주의 창곡에서 벌어진 부정부패에 대해 들려주었다. 나라 운영의 근간을 이루는 삼정三政의 비리, 그중에서도 환자곡에 얽힌 감사의 횡포를 비판한 시가 나온 배경이다.

'환상還上'('환자還子' 혹은 '환곡還穀')은 곡식의 수매와 방출에 관련된 정책을 말한다. 사창社倉제도에서 비롯된 '환곡'은, 나라가 곡식을 사들였다가 흉년에 싼 이자로 빌려 주어 빈민을 구제하고 물가도 조절한 제도였다. 그런데 조선시대 후기로 오면서 그 폐해가 극심해져, 흉년이 들어도 곡식을 빌려 가려는 사람이 없을 지경에 이르렀다. 그러자 관청이 나서서 농민들에게 강제로 곡식을 빌려 주고 거둬들였다. 관청 곡식을 백성들에게 억지로 떠안기고 높은 이자를 붙여 되받아 낸 것이다. 나중에는 아예 빌려 주지도 않은 곡식을 받아 가는 횡포까지 저질렀다.

> 내가 다산에 거처하면서 관청 창고로 가는 길을 내려다보기를 이제까지 십 년이었다. 시골 백성들 중 곡식 섬을 받아 지고 지나가는 자를 일찍이 본 적이 없는데도, 겨울이 되면 집집마다 곡식 5~7섬〔石〕을 내어 관창官倉에 바친다. 그러고서도 다시 환상還上이라고 부르는 것은 또한 부끄럽지 아니한가?
>
> 무릇 환還이란 되돌려 준다는 뜻이며 갚는다는 뜻이다. 가져가지 않으면 갚는 것도 없는 법이다. 무엇 때문에 '환'을 쓰는가? 지금은 '백상白上'(까닭 없이 바치는 것)은 있어도 '환상'은 없다.
> — 《목민심서》 〈호전戶典 · 곡부穀簿〉

이렇듯 환곡제도가 진휼이라는 본래의 뜻을 잃고 도리어 나라가 농민을 강탈하는 조세로 바뀌자, 다산은 《목민심서》에서 "환곡은 백성의 뼈를 깎는 병폐가 되었으니, 백성이 죽고 나라가 망함은 눈앞에 닥친 일이다〈〈호전·곡부〉〉"라고 개탄했다.

다산은 상소문 〈환향의還餉議〉에서 환자미를 여러 번에 걸쳐 나눠 주는 법을 폐지해야 한다는 주장을 직설적으로 펼쳤으며, 〈환상론還上論〉에서는 문학적 비유를 통해 환상법 폐지를 논술하였다. 다산의 자서전 격인 〈자찬묘지명自撰墓誌銘〉을 보면, 다산은 실제로 곡산 부사로 재직하면서 여덟아홉 차례에 걸쳐 나눠 주던 환자곡을 한꺼번에 주어서 비용과 백성들의 시간을 절감했다.

모든 법 가운데 환상법還上法(환자법)보다 더 나쁜 것이 없다. 비록 아버지와 아들 사이일지라도 시행할 수 없는 법이다.

어떤 시골집의 늙은 아버지가 아들 열 명에게 재산을 나누어 주었다. 아침에 열 아들의 집을 돌아다니면서 말했다.

"너희들은 재물을 소홀히 관리하고, 며느리들은 씀씀이가 헤프기 때문에 다음 해에는 너희가 굶주릴 것이다. 그러니 너희들의 양곡을 운반하여 내 곳간에 저장해 두어라. 그러면 이듬해 봄에 내가 너희들에게 돌려주겠다."

그러자 아들들은 방으로 들어가서 아내들에게 이 말을 전했다. 아내들은 눈썹을 찌푸리고 콧대를 쭈그리고 이맛살을 찡그리며 별별 간섭을 다 한다고 몰래 종알거리며 괴롭게 여기지 않은 이가 없었다. 하물며 사또와 백성 사이야 더 말해 무얼 하랴?

이듬해 봄에 늙은 아버지가 아침에 열 아들의 집을 돌아다니면서 일러 말했다.

"내가 오늘 너희들에게 양곡을 돌려줄 것이니 와서 받아 가거라. 그러나 새가 곳간 틈으로 들어와서 먹고, 쥐가 구멍을 내어 먹었기 때문에 축난 것이 열에 두셋은 될 것이다. 너희들은 그것을 알고 있어라!"

그러자 아들들은 방으로 들어가서 이를 아내에게 알렸다. 아내들은 눈썹을 찌푸리고 콧대를 쭈그리고 이맛살을 찡그리며 그럴 듯이었으면서 왜 모아 갔느냐고 남몰래 종알거리며 헐뜯지 않은 이가 없었다. 하물며 사또와 백성 사이야 더 말해 무엇 하겠는가?

그날 그 아들들이 전대 자루와 말과 소를 몰고 늙은 아버지의 곳간에 와서 양곡을 받아 가려 하자, 늙은 아버지가 또 곳간에 기대서서 아들들에게 말했다.

"너희들은 재산을 등한시하게 관리하고 며느리들은 씀씀이가 헤프니 지금 모조리 주어 버리면 다음 달에는 너희가 배를 주릴 것이다. 그러니 오늘 몇 말 받아 가고 열흘 뒤에 몇 말 받아 가고, 또 열흘 뒤에 몇 말 받아 가거라. 그리하여 새 곡식이 날 때에 이르러 다 받아 가도록 하라!"

아들들이 돌아가서 이를 아내들에게 알렸다. 아내들은 눈썹을 찌푸리고 콧대를 쭈그리고 이맛살을 찡그리며 괜스레 번거롭게 만든다고 남몰래 종알거리면서 괴로워하지 않은 이가 없었다. 하물며 사또와 백성 사이야 더 말한들 무슨 소용이랴?

그리하여 관솔불을 환히 켜 놓고 그 아내에게 가져온 곡식 몇 말을 보게 하자, 아내가 한 줌을 움켜쥐고 불 앞에 가서 후후 불어 날린 다음 들여다보며 말했다.

"이 곡식이 정말로 일전에 우리 집에서 실어 갔던 것인가? 어째서 거친 쌀과 상한 쌀이 있고 또 싸라기는 이렇게 많은가? 시동생 집에서 실어다 두었던 것과 바뀐 게 아닌가? 혹은 곳간을 관리하는 자가 아버지와 입을 맞추고 속인 것은 아닌가? 지난번에 우리가 배를 주릴까 봐 걱정된다고 한 것의 결과가 이른바 요 꼬라지란 말인가?"

그러고는 말[斗]로 그 양을 재어 보고 말했다.

"이 쌀이 설마 서 말이란 말인가? 우리 집 말로 재면 오히려 열다섯 되가 도 안 되건만……."

그러고는 눈썹을 찌푸리고 콧대를 쭈그리고 이맛살을 찡그리며, 시아버지는 욕심도 많다고 남몰래 종알거리면서 헐뜯지 않은 이가 없었다. 하물며 사또와 백성 사이야 어찌 말할 만하겠는가?

이렇게 한 지 십여 년 뒤에는 열 아들 집의 재산이 모두 줄어들어 가난해졌는데도, 늙은 아버지의 곳간은 가득 차서 높고 큰 창고를 짓게 되었다. 이에 아버지가 아들들을 불러 놓고는 일러 말했다.

"지금 저장해 둔 곡식이 바야흐로 썩게 되었다. 너희가 이것을 받아 갔다가 가을에 상환하되, 다만 십 분의 일을 더 보태어 갚도록 하라! 참새와 쥐가 축내는 것을 충당하기 위해서다. 내가 지금 부자가 되어 창고를 관리하는 사람이 수십 명이나 된다. 이들에게 어찌 일만 수고롭게 시킬 수 있겠느냐? 남는 여분이 있어야 이들에게 줄 수 있으니, 너희들은 이자를 생각하고 있어라!"

아들들은 꿇어 앉아 눈물을 흘리며 그 곡식을 사양하면서 말했다.

"정말로 이렇게 하신다면 끝내 아버지 슬하에서 목숨을 이어 갈 수가 없습니다."

늙은 아버지는 발끈 성을 내면서 말했다.

"아버지가 곡식을 주는데도 자식들이 원하지 않다니, 너무나도 못된 짓이다."

그러고는 아들들의 등을 채찍으로 내리치면서 억지로 곡식을 내주었다. 이해 가을에 흉년이 들어 아들 열이 모두 곤궁한 까닭에 갚을 곡식을 내놓을 수가 없었다. 늙은 아버지는 모든 종더러 열 아들 집에 가서 가마솥을 빼 오고 송아지를 빼앗아 오도록 하였다. 그런데도 도리어 수량을 채우지 못하였다. 또 며느리 형제자매의 집과 사돈의 형제 집에까지 가서 송아지를 빼앗고 가마솥을 빼 오게 하였다. 그리하여 울부짖는 소리가 하늘까지 떨게 하였다. 이른바 하늘도 무심하다는 원망의 소리가 들리게 된 것이다. 하물며 사또와 백성 사이야 더 말한들 무엇 하랴?

이듬해 봄에 큰 기근이 들어 곡식 한 섬에 700냥을 부르게 되었다. 늙은 아버지는 그 곡식 한 섬을 700냥에 팔아 600냥은 자기가 차지하고 100냥만 아들들에게 주며 말했다.

"가을에 풍년이 들어 곡식 한 섬에 90냥이 되더라도 곡식으로 이 돈을 상환하라."

이에 가슴을 치고 피를 토하면서 하늘을 우러러 자신의 심정을 호소하지 않을 아들이 없을 것이다. 더구나 사또와 백성 사이야 더 말해 무엇 하겠는가?

그러므로 '법은 환상법보다 더 나쁜 것이 없다. 환상법은 비록 아버지와 아들 사이일지라도 시행할 수 없다'고 한 것이다.

— 〈환상론還上論〉

동백기름은 어디에 쓰려고

 강진만은 곡소曲沼, 즉 구불구불한 강처럼 생긴 데다 통조通槽, 곧 기다란 통 모양새이다. 다산은 강진읍 동문 주막집에서 머물 때 강진 읍성 남문 아래쪽에 있는 포구인 적두촌과 서남쪽에 있는 남당포를 오가며 우이도로 유배를 간 둘째 형 정약전에게 편지도 띄우고, 오가는 뱃사람들에게 형님 소식을 묻기도 하였다. 이렇게 포구를 돌아다니다 보니 자연스럽게 어부들의 생활상도 보고, 고기 잡는 풍습도 꼼꼼하게 살펴보다가〈탐진어가耽津漁歌〉(1802)를 지었다.

 다산은 이 시에서 농어같이 값나가는 물고기는 팔아서 생계를 잇고, 헐값에다 잘못 먹었다가는 목숨을 잃을 수도 있는 복어를 먹는 어민들의 생활 형편을 읊으며, 작은 배에라도 빼앗아 갈 게 없나 하며 득달같이 달려드는 벼슬아치들의 탐학을 고발하였다. 선박 허가증인 '선첩船帖'을 내주는 것을 빌미로 지방 관청에서 착취를 일삼자, 조정에서는 중앙 관청인 선혜청에서 직접 선박 허가를 내주도록 법을 바꾸었다. 하지만 그 후에도 관청에서 물고기 잡는 작은 종다래끼까지 빼앗아 가니 어민들의 심정은 참담했다. 이 비통함은 비단 어민들의 몫만은 아니었다.

 〈탐진농가耽津農歌〉(1802)에서 다산은 연꽃을 심어 보아야 연밥 바칠 일도 힘든데, 사또가 연못으로 낚시질이라도 올라치면 온 마을은 송두리째 거덜이 나고 말 것이라는 농민의 걱정을 고발한다. 관리들의 착취가 극심해지니 백성들은 넓은 못이 있어도 물고기를 안 기르고 연도 심지 않을 만큼 의욕을 잃었다. 여기에 농민이 됐든 어민이 됐든 조선의 양민이면 어느 누구도 피해 갈 수 없는 가렴주구苛斂誅求가 있었다.

1
새로 짠 무명베 눈결같이 고와 애지중지하였건만   棉布新治雪樣鮮
이방에게 바칠 돈이라고 졸개 놈이 빼앗아 가네   黃頭來博吏房錢
누전漏田 세금까지 별똥별 불꽃처럼 다그쳐   漏田督稅如星火
삼월하고 중순이면 조세 실을 배를 띄운다네   三月中旬道發船

2
완도 황옻칠 유리처럼 맑고 깨끗하여   莞洲黃漆瑩琉璃
온 천하에 이 나무 진기하다 소문났네   天下皆聞此樹奇
지난해 임금님께서 옻칠 공납 면제했더니   聖旨前年蠲貢額
봄바람에 베어 낸 그루터기에 가지 또 났다네   春風髡蘗又生枝

3
전복이야, 옛날부터 차츰차츰 조정에서도 즐겼지만   自古漸臺嗜鰒魚
동백기름이 창자 씻어 낸단 말 헛말이 아니로세   山茶灌胎語非虛

* 토지대장에서 누락된 민전民田이 600여 섬에 이르는데 이를 일정액의 세금을 깎아 주는 재결災結(재해 입은 전토)로 거짓 보고하고 있으니 나라의 조세가 얼마나 많이 축나겠는가. — 원주

> 고을 안 구실아치 들창문 방에는 　　　　　　城中小吏房櫳內
> 규장각 학사들이 억수로 보낸 서찰이 두루 꽂혀 있네 　福揀奎瀛學士書
>
> – 〈탐진촌요15수耽津村謠十五首〉 중에서, 1802

환곡만이 문제가 아니었다. 각 지방에서 나는 특산물을 조정에 바치는 '공납貢納'제도 역시 썩어 빠진 벼슬아치들의 농간에 철저히 악용되었다. 농민이나 어민이나 예외가 없었다. 탐진(강진)에서 아낙네들이 짜는 고운 무명베는 완성되기가 무섭게 아전들에게 빼앗기고, 3월에는 곡식을 죄다 모아서 세금 명목으로 바쳐야 했다. 3월에 세금으로 거둔 곡식을 실은 배가 서울로 떠났기 때문이다.

공납을 둘러싼 지방관들의 행패가 어찌나 심했던지, 황옻칠·유자·귤 따위의 특산물을 바치는 고장의 백성들이 일부러 유자나무에 구멍을 뚫고 호초(후추)를 넣어 말라 죽게 하고, 밤에 몰래 나무를 도끼로 찍어 버렸다는 기록이 《목민심서》〈산림〉편에 나온다. 이렇게 죽인 황옻칠 나무가 공납을 면제받은 뒤 다시 살아났다는 이야기가 단순히 우스갯소리만은 아니었다.

그런데 정작 세금제도를 관리하고 감독해야 할 지방의 벼슬아치들은 중앙 관료들과 결탁하여 백성들의 등골을 빼먹을 궁리에만 여념이 없었다. 강진 특산물인 동백기름의 용도가 무엇인가? 바로 대궐을 드나들며 기름지게 먹는 규장각 학사들이 과식으로 막힌 내장을 씻어 내는 데 쓰인 소화제였다. 조정 관리들이 동백기름을 구하려고 지방 아전들에게 편지를 보내면, 아전들은 이를 핑계로 백성들을 더 가혹하게 쥐어짰다. 다산은 참여시는 당시의 부패상과 백성의 현실을 마치 그림처럼 생생하여 보여 준다.

3

저잣거리에서 건져 올린 지혜

주머니 속에 갇힌 듯 궁벽하구나

1782년 스물한 살의 다산은 '술지述志', 즉 자신이 나아갈 뜻을 밝혔다. 그러면서 그 길이 순탄치 않을 것임을 예상한다. 열다섯 살에 혼인하여 십대 후반까지 아버지 정재원丁載遠(1730~1792)의 부임지를 따라 호남과 영남, 충청도를 유람한 후였다. 이때 다산은 첫딸을 얻었다가 닷새 만에 잃는 아픔을 겪지만, 슬픔을 이겨 내고 서울에서 새롭게 출발하겠다는 뜻을 가다듬는다.

스무 살 무렵 임금님 계시는 서울에서 노닐 때	弱歲遊王京
벗 사귀는 수준이 비루하지 않았네	結交不自卑
속물기 벗은 운치만 있으면	但有拔俗韻
이걸로 속마음까지 넉넉히 통하였네	斯足通心期
힘을 합하여 공자 학풍의 도로 돌아가	戮力返洙泗
세상 주름잡는 학문 따윌랑은 다시 묻질 않았네	不復問時宜
예의는 비록 잠시나마 새로웠으나	禮義雖暫新
허물과 후회 또한 이로부터 생겨났다네	尤悔亦由玆
지닌 뜻 굳세고 참되지 않다면	秉志不堅確
이 길 어찌 순탄만 하랴?	此路寧坦夷
늘 두렵구나, 가는 도중 뜻이 변해	常恐中途改

언제까지나 뭇사람 비웃음거리나 되지 않을지	永爲衆所嗤

아, 우리나라 사람들이여!	呼嗟我邦人
주머니 속에 갇힌 듯 궁벽하구나	辟如處橐中
세 방향 둥근 바다로 에워싸였고	三方繞圓海
북방은 높고 큰 산이 주름져 있네	北方綿高崧
온몸 늘 구불구불 움츠려 펴지 못하니	四體常拳曲
뜻과 기상인들 어찌 가득 채울 수 있으랴?	氣志何由充
성현은 만 리 밖에 있거늘	聖賢在萬裏
누가 이 몽매함을 깨우쳐 줄 수 있으려나?	誰能豁此蒙
고개 들어 온 누리 쳐다보아도	擧頭望人間
어스레한 눈동자 흐리멍덩한 정신만 뚜렷이 보이네	見鮮惛瞳矇
남의 것 사모하고 따라하느라 촐랑촐랑하다	汲汲爲皐倣
훌륭한 기술을 미처 배울 겨를이 없네	未暇揀精工
뭇 바보들이 한 머저리를 치켜세우고	衆愚捧一癡
입 딱 벌리고 다 함께 무작정 받들자 하네	哈合共崇
단군 임금 세상보다 못한 게 아닌가?	未若檀君世
질박한 옛 풍속을 지녔던 그 시절보다!	質樸有古風

― 〈술지述志〉, 1782

다산의 다짐을 한 마디로 요약하면, 당파나 헛된 공리공론에 따위는 좇지 않고 '수사洙泗', 곧 공자 학풍의 도로 돌아가겠다는 것이다. 여기서 '세상 주름잡는 학문'이란 조선시대의 주류 학문인 성리학(주자학)을 가리킨다. '수사'는 공자가 강학을 하던 산동성의 수수洙水와 사수泗水에서 유래한 말로, '유학'을 가리킨다. 즉, 다산은 성리학과 공자 학풍의 도를 다르게 본 것이다. 이 도를 구체적으로 실천하는 방법이, 성호星湖 이익李瀷(1681~1763)을 좇아 실학實學 학풍을 정립하는 것이다.

다산이 태어난 다음 해에 성호가 세상을 떠나 성호의 가르침을 직접 받을 수는 없었다. 하지만 다산은 16세에 성호의 유작을 처음 읽어 보고 큰 충격을 받고, 성호처럼 실사구시實事求是의 학문을 하겠다는 뜻을 세웠다.

"성호 선생의 유고를 처음으로 보았다. 당시에 온 세상의 후학들이 성호 선생의 학문을 이어 가려고 하지 않은 사람이 없었다. 그래서 다산도 성호의 학문을 준칙으로 삼았다. 자식이나 조카들에게 항상 말하기를 '나의 큰 꿈은 대부분 성호 선생을 따라 사숙했던 데서 깨달음을 얻었다'라고 했다."

— 《사암선생연보俟菴先生年譜》

이렇듯 다산은 16세 때부터 반계磻溪 유형원柳馨遠, 성호 이익으로 이어지는 실학 거장들의 글을 읽으며 조선의 현실에 바탕을 둔 새로운 변화와 개혁의 길을 모색했다. 비록 그 과정에서 후회와 허물이 생길지라도 중도에 그만두지 않겠다는 것이 청년 다산의 다짐이다.

다산은 '주머니 속에 갇힌 듯'한 지리적인 폐쇄성 탓에 조선 사람의 기상이 억눌려 있다고 진단한다. 진짜 성현(공자)은 저 멀리 있는데 주자와 송시열을 으뜸으로 모시며 존경하는 패거리 학파나, 외국 것을 무조건 숭상하며 겉만 모방하고 정교한 기술은 배우지 못하는 문화 수용의 형식주의는 한심할 따름이다. 자신(조선)을 잃어버린 채 '뭇 바보들이 한 머저리(송시열)를 치켜세우는' 당파 싸움을 지켜보며, 다산은 지금이 순박한 풍속을 지녔던 단군 시대보다 못하다고 비판한다.

결국 다산이 목표로 삼는 것은 조선의 재발견이다. 주자학에서 벗어난 새로운 경학經學(사서오경을 연구하는 학문)을 탐구하는 것은 조선 사회가 안고 있는 여러 가지 문제를 개혁할 방안을 찾기 위함이다. 이렇게 약관의 나이에 이미 평생의 뜻을 세운 청년은, 이듬해 초봄 진사과에 합격하여 정조 대왕을 처음 만난다.

주자가 그러한 적이 있는가?

노나라 할아버지 공자가 이 도道를 가르치면서도	魯叟講斯道
그 절반이 임금의 정치 문제였다네	王政居其半
송나라 늙은이 주희가 여러 차례 올린 상소문도	晦翁屢抗章
온통 조정의 방침을 논술하였다네	所論皆廟算
지금 선비들은 공리공담만 좋아하지	今儒喜談理
나라 정책과는 얼음과 숯처럼 어울리지 않는다네	政術若氷炭
깊이 숨어 감히 밖에 못 나서거니	深居不敢出
한 번 나올 참이면 남의 노리갯감 꼴이라네	一出爲人玩
마침내 거짓되고 경박한 벼슬아치들로 하여금	遂令浮薄人
나랏일 깔보고 거칠게 다루게 하네	凌蔑任公幹

- 〈고시27수古詩二十七首〉 중 24번째 수, 1801

다산이 조선의 학문 풍토에서 가장 안타깝게 여긴 부분은, 성리학이 현실 생활에는 아무런 도움이 되지 않을뿐더러 실천이 따르지 않는 공리공론으로 치우친다는 것이었다.

(전략) 지금 성리학을 하는 사람들은 이理니 기氣니 성性이니 정情이니 체體니 용用이니 하는가 하면, 본연本然이니 기질氣質이니 이발理發이니 기

주자가 그러한 적이 있는가? **83**

발氣發이니 이발已發이니 미발未發이니 단지單指니 겸지兼指니 이동기이理同氣異니 기동이이氣同理異니 심선무악心善無惡이니 심유선악心有善惡이니 하면서 줄기와 가지와 이파리가 수천수만으로 갈라져 있다.

이렇게 터럭 끝까지 세밀히 분석하고, 서로 자기 주장이 옳다고 기세를 올리면서 남의 주장을 배척하는가 하면, 묵묵히 마음을 가다듬어 궁리에 몰두하기도 한다. 그런 끝에 대단한 것을 깨달은 체하며 목에 핏대를 세우면서 스스로 천하의 오묘한 이치를 모조리 터득했다고 떠든다.

그러나 한쪽에는 맞지만 다른 한쪽에는 틀리고 아래는 맞지만 위가 틀리기 일쑤다. 그렇건만 파벌마다 하나의 주장을 내세우고 학파마다 하나의 보루를 구축하여, 한 세대가 끝나도록 그 옳고 그름을 가름할 수가 없는 것은 물론이거니와, 대대로 전해 가면서도 서로의 원망을 풀 수가 없다. 그리하여 같은 파벌에 들어오는 자는 주인처럼 존대하고, 나가는 자는 종처럼 가볍게 여긴다. 학파가 같은 자는 떠받들고 달리하는 자는 목이라도 벨 듯이 한다.

이러면서 스스로 자신의 주장이 지극히 올바른 것이라 여기고 있으니, 어찌 거친 짓이 아니겠는가?

(중략) 지금 성리학을 공부하는 자들은 스스로를 '숨어 사는 선비'인 은사隱士라고 부르면서 거드름을 피우고 있다. 그리하여 대대로 벼슬하여 온 재상 가문 출신으로 의리상 마땅히 나라의 기쁨과 걱정을 같이해야 할 처지이건만 나아가 벼슬하지 않는다. 비록 임금님과 삼정승이 부족하지 않은 예를 갖추어 여러 번 불렀다손 치더라도 나아가 벼슬하지 않는다.

임금님이 사시는 서울에서 나서 자란 사람도 이 성리학을 하게 되면 산으로 들어가므로 예로부터 산림처사山林處士라고 불렀다. 이러한 선비가 벼슬하는 경우를 보면, 오로지 경연經筵의 강설관이나 춘방春坊(세자가 거주하는 동궁東宮)의 스승이 되는 것에만 주의할 뿐이다.

만약 이들에게 전곡錢穀(돈과 곡식)·갑병甲兵(전쟁)·송옥訟獄(소송)·빈상擯相(손님 접대) 등의 일을 맡기면, 떼 지어 들고 일어나서 '유현儒賢의 대우를 이렇게 해서는 안 된다'고 술렁대며 불평한다.

이런 논리에 따라 미루어 본다면 주공은 태재太宰(벼슬아치의 우두머리)가 될 수 없고, 공자는 사구司寇(사법부장관)가 될 수 없고, 자로子路는 소송 사건을 판결할 수 없고, 공서화公西華(공자의 제자)는 빈객을 접대할 수 없었을 것이다.

성인이 어찌 이런 사람을 가르칠 수 있으며, 임금님이 이런 사람을 데려다가 어디다 쓸 수 있겠는가? 그런데도 이들은 스스로의 글월에만 기댄 채 '나는 오로지 주자만을 높이 받든다'고 말한다. 아— 주자가 언제 그러한 적이 있었는가?'

—〈오학론五學論〉

공자의《논어論語》에 나오는 이야기는 거의 현실 정치와 관련돼 있다. 조선의 성리학자들이 그렇게 떠받든 주자(주희)의 상소문도 송나라 조정의 현안 문제에 관한 것들이었다. 그런데 조선의 유학자들은 정치나 경제를 입에 올리면 마치 더러운 얘기라도 되는 양 피했다. 그러면서 이理나 기氣 같은 철학적 담론들만 입에 달고 살았다. 그들의 '사단칠정四端七情'과 '인의예지仁義禮智'는 숫제 현실의 삶과 동떨어진 고담준론이었다. 다산은 그런 자들이 큰 벼슬을 맡아 언어유희나 즐기며 세상을 어지럽힌다고 비판했다.

신분을 뛰어넘는 우정

 1795년 다산이 금정 찰방으로 좌천된 것은, 사실 정조가 위기에 처한 다산을 구하려고 피신시킨 것이었다. 정조는 5개월 만에 다산을 서울로 다시 불러올려 규장각 부사직을 맡겼고, 1797년에는 왕명을 출납하는 승정원의 당상관 정3품 동부승지로 발탁했다.
 그러나 심환지沈煥之(1730~1802) 등 노론 벽파 세력이 주문모 사건을 계기로 남인 세력을 조정에서 아예 몰아내려고 작정하고 정약용 등의 남인이 천주교와 연루돼 있다며 집요하게 물고 늘어졌다. 이에 다산은 "이른바 서양의 사설邪說에 대하여 일찍이 그 글을 보고 기뻐하면서 사모하였고, 그 글을 거론하며 여러 사람에게 자랑하였으니……"로 시작되는 상소문〈자명소自明疏〉를 올려 사의를 표했다. 정조는 다산을 황해도 곡산 부사로 내보내 1799년까지 약 2년간 봉직하게 했다.
 다산은 곡산에 머물며 '장천용張天慵'이란 기인이자 천재 화가를 만나 그에 대한 전기소설傳記小說(실존 인물의 일생을 형상화해 구성한 소설)을 썼다.

 장천용은 황해도 사람이다. 그의 옛 이름은 하늘 천天 자, 쓸 용用 자를 썼다. 관찰사 이의준이 고을을 순찰하다 황해도 곡산에 이르러 그와 함께 놀고서는, 그의 이름까지 하늘 천天 자, 게으를 용慵 자로 고쳐 천용天慵이라고 불렀다. 그 뒤로 마침내 천용이란 이름으로 행세하였다.

내가 곡산 사또로 부임한 그 이듬해에 연못을 파고 정자 한 채를 세웠다. 일찍이 달 밝고 시원한 밤에 조용히 앉아 있다가 퉁소 소리라도 듣고 싶은 마음이 간절하였다. 혼잣말로 중얼거리며 탄식하고 있을 때 어떤 사람이 앞으로 불쑥 다가와서 속삭였다.

"이 고을에 장생張生(천용)이라는 사람이 살고 있사옵니다. 퉁소를 기가 막히게 잘 불고 거문고도 잘 타지요. 다만 그 사람은 관청에 들어오기를 몹시도 싫어합니다. 지금 구실아치와 포졸 무리를 급히 그의 집으로 보내 붙들어 오게 하면 만나 보실 수 있을 것이옵니다."

나는 어물어물하지 않고 대답했다.

"그러지 말라! 그 사람이 정녕 고집불통 성깔이더라도 붙잡아서야 오게 할 수 있겠지만, 어찌 억지로 퉁소를 불게 할 수 있겠느냐? 너는 가서 내 뜻만을 전하고, 설사 오려고 하지 않더라도 억지로 데려오지는 말라."

얼마 뒤 심부름꾼이 되돌아와서 아뢰었다.

"장생이 벌써 문 앞에 와 있사옵니다."

장생이 방으로 들어왔다. 망건도 벗은 데다 맨발이었다. 옷은 입었으나 띠도 두르지 않았다. 고주망태마냥 한창 거나하게 취했으나 눈빛은 맑았다. 손에는 퉁소를 들었으나 불 생각은 않고 연거푸 소주만 찾아 댈 뿐이었다. 서너 잔을 마시게 하였다. 더욱 곤드레만드레 취하여 도저히 깰 기미가 보이지 않았다. 왼쪽 오른쪽에서 부축하여 데리고 나가 바깥채에 재우도록 하였다.

이튿날 장생을 다시 연못가 정자로 불렀다. 술을 딱 한 잔만 주었다. 그리하여 천용은 옷매무새를 가다듬고 손사래를 치면서 말했다.

"퉁소는 저의 장기가 아닙니다. 그림이 저의 장기입니다."

그림을 그릴 얇은 비단 폭을 마련해 오도록 명령했다. 그는 산수山水, 신선, 오랑캐 중, 괴상망측한 새, 오래 묵은 등나무 넝쿨, 늙수그레한 나무 등 무릇 수십 폭의 그림을 그려 냈다.

먹물이 뒤엉켜 가지런하지는 못했으나, 먹을 다루는 솜씨가 좋아 그림을 그린 흔적이라곤 도무지 찾아볼 수가 없었다. 모든 그림의 기세가 꿋꿋하고 기발하고 엉뚱하여 사람들의 생각과 뜻을 훌쩍 뛰어넘는 본보기였다. 사물의 모양새와 생김새를 본떠 그리는 솜씨가 붓 터럭 하나까지 섬세하고 교묘하며, 그 정신까지 살아 있어 사람들로 하여금 화들짝 놀라 호들갑을 떨며 와자지껄한 탄성을 부르짖게 하였다.

이윽고 붓을 던져 버리고 술을 달래서 마시더니, 또 흠뻑 취해 부축을 받고서야 물러났다. 이튿날 또 그를 불렀으나 이미 거문고를 어깨에 하나 메고, 허리에는 퉁소를 하나 차고, 동쪽 금강산으로 들어가 버린 뒤였다.

이듬해 봄, 청나라 연경(북경)에서 사신이 왔다. 일찍이 천용에게 덕행을 베풀었던 사람이 평산 고을 관아의 객사를 수리하는 일을 맡았다. 그가 천용을 불러다가 단청을 그리도록 했다.

천용과 함께 일하던 일꾼 가운데 부친상을 당한 사람이 있었는데, 천용은 상주가 짚은 대나무 지팡이가 색다른 소리를 낸다는 것을 알아챘다. 이에 그날 밤 그 지팡이를 몰래 훔쳐 구멍을 뚫고 퉁소를 만들었다. 천용은 황해도 평산군 태백산성 가운데 봉우리의 꼭대기에 올라가 밤새도록 퉁소를 불다가 돌아왔다. 함께 일하던 그 일꾼이 부아가 잔뜩 치밀어 천용에게 화를 버럭 내며 심하게 꾸짖었다. 천용은 곧장 떠나 버렸다.

몇 달 뒤였다. 나는 나라에서 벼슬을 그만두게 하여 집으로 돌아왔다. 다시 몇 달이 흘렀다. 천용이 가람岢嵐(중국 산서성에 있는 산)의 산수를 특별히 그려서 나에게 보내 주고는, 또 다음 말도 함께 전했더랬다.

"올해에는 기어코 영동(강원도)으로 이사를 가서 살 것입니다."

천용에게는 아내가 있었으나 얼굴 생김새가 몹시도 못생긴 데다, 일찍부터 중풍을 앓아 마비 증세가 있는 탓에 길쌈은커녕 바느질도 할 줄 몰랐다. 하물며 밥도 못 짓고 자식도 낳지 못하는 주제에 맘씨조차 어질지 못했다. 늘 누워서 천용에게 욕지거리를 해 대며 종달거리는 게 일이었다. 그런데도 천용은 아내를 두둔하며 보살펴 주는 일을 손톱만치도 게을리 하지 않았다. 이웃 사람들이 죄다 이상하게 여겼다. —〈장천용전張天慵傳〉

다산은 천용의 재주에 깊은 인상을 받았던지, 다음과 같은 〈천용님을 위한 노래〔天慵子歌〕〉라는 62구의 장편 고시도 썼다.

(전략)
떠날 때 솜 갖옷 거지에게 벗어 주고　　　　　　　去時綿裘施行丐
바꿔 입은 망가진 옷 남루하여 성한 곳 하나 없네　換著敗衣襤褸無完縫
(중략)
노래 끝나면 화선지 찾아 붓에 먹물 담뿍 묻혀 묵화 치는데　歌竟索紙蘸筆爲墨畫
가파른 봉우리 성난 바위 콸콸 솟는 샘물 늙은 소나무 그리네　畫出峭峰怒石急泉與古松

번개 소리 우레 소리 벼락 소리 어둡고 음산한 풍경이며　　　電電轟轟黑陰慘
얼음 눈 상고대 성엣장과 달 밝고 산기운 자욱한　　　　　　水冱氷澌皎溫崔
우뚝한 산이라네
더러는 늙은 등나무 괴상한 덩굴　　　　　　　　　　　　　或畫壽藤怪蔓相糾縮
서로 얽힌 모양 그리고
더러는 재빠른 송골매와 사나운 보라매　　　　　　　　　　或畫快鶻俊鷹相搏撠
싸우는 광경 그리고
더러는 하늘 날며 구름 쫓아 노니는 신선도 그리는데　　　或畫遊仙躡空放雲氣
꽃무더기 수풀처럼 무성한 수염 눈썹 머리카락이　　　　　須眉髱髵森欲衝
용솟음치고
더러는 오뚝이 앉아 가려운 등 긁는 궁색한 스님의　　　　或畫窮僧兀坐搔背癢
상어 뺨 원숭이 어깨 비뚤어진 입　　　　　　　　　　　　鯊腮獼肩喎脣批酸慵
속눈썹이 눈을 덮은 초라한 몰골도 그리고
더러는 용 귀신 불 뿜으며 뱀과 싸우는　　　　　　　　　　或畫龍鬼噴火鬪蛇怪
괴이한 풍경 그리다가
요사한 두꺼비가 달을 파먹어　　　　　　　　　　　　　　或畫妖蟆蝕月伛兔舂
토끼 방아 못 찧는 광경도 그리네
팔이 잘린대도 부녀자는 그리려 하지 않고　　　　　　　　斷捥不肯畫婦女
모란꽃 작약꽃 붉은 연꽃도 그리지 않네　　　　　　　　　與畫牧丹芍藥紅芙蓉
또 그림 팔아 술빚 기꺼이 갚지마는　　　　　　　　　　　亦肯賣畫當酒債
하루치만 벌어 그날에 맞게 써 버리네　　　　　　　　　　一日但酬一日傭
늘 성과 이름 관아에 알려질까 두려워　　　　　　　　　　常恐姓名到官府

고하고 싶은 자 있으면   有欲告者怒氣勃勃如劍鋒
노기가 칼날처럼 시퍼렇다네

이 시는 다산이 곡산에 부임한 이듬해인 1798년에 쓰고, 〈장천용전〉은 임기를 마치고 난 다음인 1799년 이후에 쓴 것으로 보인다. 1799년(정조 23) 4월, 다산은 형조에 소속된 정3품 벼슬인 형조참의에 임명되어 서울로 올라왔다. 그런데 몇 달 뒤, 장천용이 기이한 산수화를 들고 다산을 찾아왔다.

천용은 양반 사대부들의 문인 산수화나 도화서 화원들의 것과는 다른 그림을 그렸다. 만약 천용이 그러한 그림을 그렸다면 금방 명성과 돈을 얻었을 것이다. 하지만 천용은 도화서 화원이 되지 않고 자유분방한 예술 세계를 고집했다.

다산은 외골수 환쟁이 장천용과 그의 욕쟁이 마누라 이야기를 통해서 하층민 출신 중에도 천재가 있고, 그 천재성은 상류층에게서는 결코 찾아볼 수 없는 인간미를 겸비하고 있다는 것을 보여 주었다. 천용은 비록 보잘것없는 방외인方外人(아웃사이더)이었지만, 거지에게 무명옷을 벗어 주고 성미 나쁜 반신불수의 마누라를 지극정성으로 돌보는 인품을 갖췄다. 여기서 다산은 신분과 사회제도가 강요하는 인습을 떨치고 부조리한 현실의 일상적 규범과 구속을 뛰어넘는 참다운 인간미를 발견하였다.

이런 다산의 시선은 장천용에게도 전해졌을 것이다. 그랬기에 서울까지 찾아와 그림을 바치고 속마음을 털어놓았을 터다. 장천용과 다산의 교류에서는 사회적 고정관념을 뛰어넘는 우정이 느껴진다. 그래서 다산은 "길 가는 행인들을 높은 벼슬아치들을 대하듯 하고, 천민 부리기를 큰 제사를 받들 듯이 하는 것이 경敬의 지극함"이며 "사람이 벗과 금슬琴瑟(거문고와 비파)과 서적을 대하여 스스로 몸가짐을 조심스레 하기란 쉬운 일이나 장님, 귀머거리, 벙어리, 절름발이, 걸인, 비천한 자, 어리석은 자를 대하여서도 공경하는 빛을 잃지 않고 예의로 대하기는 어려운 일"이라고 했다.

네 이 개만도 못한 버러지들아!

죽대竹帶 선생은 이종화李宗和 공의 별명이다.

집이 가난에 쪼들려 푼돈도, 살림살이도 없는 애옥살이를 하는 탓에 가느다란 대나무를 한 치쯤 잘라서 줄에 꿰어 갓끈도 하고 옷에 두르는 띠도 만들었다. 젊은이들이 그를 죽대 선생이라고 부른 까닭이다.

그 선생의 조상은 한산인韓山人으로 목은 이색 선생의 후손이다. 여러 대가 계속 이어 오다 우리 왕조에 들어와서 관찰사 이축, 좌참찬 이훈, 좌의정 이유청, 관찰사 이언호 등이 있었다. 또한 음사蔭仕(조상의 공업으로 과거를 거치지 않고 하는 벼슬)로 벼슬한 2대가 있다. 그리고 좌찬성을 지낸 죽천 이덕형이 있다. 또한 그 아래로 사헌부 지평 이성원, 사또 이경항 등이 훌륭한 가문을 혁혁하게 빛낸 사람들이다. 이후에 4대는 세상을 잘못 만나 벼슬하지 못하였다.

그리고 죽대 선생 때에 이르러서는 집안이 더더욱 보잘것없어져 살 집도 마련할 수가 없었다. 일찍이 번암樊巖 채 상국相國(상국은 영의정, 좌의정, 우의정을 통틀어 이르는 말이다. 채 상국은 영의정 채제공을 말한다.) 댁에서 더부살이를 하며 잠자리와 먹을거리를 제공받았다. 상국께서도 그를 두텁게 대우해 주었다. 그러나 채 정승 댁에 드나드는 손님들은 죽대 선생을 몹시도 능력이 없고 궁색한 노인네로만 여겨 데면데면 굴며 깔보았다.

가경 신유년(1801, 순조 1) 가을에 목만중·홍희운·이기경 등이 생사여

탈권을 제멋대로 휘둘렀다. 날이 갈수록 착한 사람들을 마치 풀을 베거나 짐승을 가을 사냥하듯이 없애 버렸다. 그들은 뜬소문으로 대계臺啓(사헌부·사간원에서 유죄로 인정하여 올리는 계사啓辭)를 얻어 무고한 사람에게 거짓 죄를 뒤집어씌운 뒤 밖으로 내쫓아 죽였다.

바람처럼 떠도는 허튼소리에만 의지한 채 이관기를 잡다가 국청鞫廳(중죄인을 심문하는 임시 관아)에 끌어들이고, 풍문만으로 채홍정(채제공의 육촌 형제 아들)을 붙잡아 형조에 넘겼다. 또 뜬소문만으로 권철을 체포하여 포도청에 가두고, 풍문만으로 조상겸을 경상도로 귀양을 보내 내쳤다. 무릇 그들의 비위를 눈곱만큼이라도 건드리면 그 사소한 원망으로 눈을 부릅뜨고, 화가 나게 하면 곧바로 숨 쉴 틈도 주지 않고 우격다짐으로 얽어 넣어 죽이기를 마치 손바닥 뒤집듯이 하였다.

그리하여 떵떵거리고 우쭐대는 권세가 하늘을 찌르며 끄떡없자, 아무런 거리낌도 없이 채 상국의 관작을 추탈할 죄목을 거짓으로 꾸몄다. 겨울에 평소 알고 지내던 진신搢紳(벼슬아치)들과 장보章甫(선비)들을 모조리 협박하며 공문을 보내어 채 상국의 죄를 가짜로 날조하여 성토하도록 했다.

무릇 평소에 채 상국의 은혜와 사랑을 받았던 자들에게는 모두 벼슬을 내려 그 날조극을 주도하게 하였다. 은혜와 사랑을 좀 덜 받았던 자들에게는 그 다음 벼슬자리를 주어 상국의 죄를 허투루 지어내도록 하였다. 감히 이를 따르지 않은 자가 있으면 곧바로 천주교도라는 죄목을 덮어씌웠다. 사자와 호랑이처럼 넌덜머리가 나도록 으르렁 대고, 마치 개와 양처럼 몰아 대며 들들 볶아 댔다.

그리하여 위로는 재상으로부터 아래로는 위포韋布(장식이 없는 평민용 가

죽 띠와 베로 만든 옷, 곧 벼슬하기 전의 처지)의 선비들에 이르기까지 모두들 두려워 벌벌 떨며, 몸을 굽히고 무릎을 꿇고 엎드린 채 머리를 땅에 닿도록 조아리고 죄라도 지은 듯 빌면서 공손하게 그들의 호령을 들어주었다. 감히 그들에게 발뺌하며 얼버무리거나 우물쭈물 머뭇거리는 자는 단 한 사람도 없었다. 며칠이 못 되어 살살 기며 모여든 패거리들이 수백 명에 이르렀다.

죽대 선생이 이때 손수 편지를 써서 홍희운과 이기경에게 보내고 채 상국의 억울함을 항변하는 말을 되풀이하며 진술하였다. 그 말이 애가 타고 절절하여 두 사람이 공정하다고 높이 떠받드는 자들조차도 감동하기에 넉넉했다. 죽대 선생은 이가환과 정약용 두 사람뿐만 아니라 많은 사람들이 어육이 되는 것을 돌아볼 겨를이 없을 정도로, 오로지 번암 상공相公(재상)만을 구해 내기 위해서 애오라지 빌고 또 빌며 실낱같은 힘으로나마 바랐다. 그러하건만 악당들은 아무런 반성도 하지 않으며 성토하는 일을 더욱더 닦달하며 재촉하였다.

이 무렵 죽대 선생은 밤낮을 가리지 않고 애만 태우다가 몸이 몹시 야위고 절뚝거려 걸음도 제대로 걷지 못했다. 마침내 비로소 불현듯 몸을 벌떡 일으켜 세우더니 헤진 옷을 입고 대나무 갓끈을 매고, 대나무 띠를 두르고는 뭇사람들이 모여 있는 곳으로 달려갔다. 넘어질 듯 자빠질 듯 비틀거리며 섬돌을 올라 가운데 마루에 다리를 뻗고 걸터앉더니, 두 눈을 부릅뜬 채 부라리며 아무런 말없이 쌍심지를 켜고 악당 무리들을 한참 동안 쏘아보았다. 어느새 뛰어난 풍채가 바람이 솔솔 불 듯 저절로 사람들을 벌벌 떨게 했다.

죽대 선생이 쩌르렁하게 꾸짖으며 말했다.

"네 이 개만도 못한 버러지들아! 너희 할아비의 관작을 추탈할 수 있고, 너희 고조할아비의 이름을 깎아내릴 수는 있을망정, 우리 번암 상공의 벼슬과 작위만은 절대로 깎아내릴 수 없다! 네 이놈의 역적 놈들아! 이게 무슨 짓들이냐? 너희들의 머리에서 발뒤꿈치까지, 머리카락 한 올 한 올까지도 모조리 번 옹께서 길러 주셨다. 곧 너희 아비와 할아비도 모두 번 옹께서 감싸주고 보살펴 주셨는데, 너희 놈들이 어찌 사람의 탈을 쓰고 배은망덕하게 차마 이런 짓을 할 수 있단 말이냐? 역적 놈들아! 어째서 나를 먼저 죽이지 못하느냐?"

죽대 선생은 곧장 앞으로 달려가 통문을 빼앗아 입으로 질겅질겅 씹고 손으로 갈기갈기 찢어 버리고 발로 잘잘 밟아 버렸다. 그 붓이며 벼루며 술병들을 닥치는 대로 차 엎어 버렸다. 한바탕 울어 젖히고 연이어 또 한바탕 꾸짖어 대고 덜컥 나와 어디론가 사라졌다. 당시에 그곳에 모여 있던 자들은 별안간 눌린 기세에 주눅이 들어 얼굴빛이 새파랗게 질리고, 벌어진 입이 있을망정 감히 끽소리 하나 내뱉지 못하였다.

그 이튿날 이기경李基慶이 떠도는 소문을 듣고 죽대 선생을 잡아다가 형조에 넘겨 초주검이 되도록 경을 친 뒤 단성현(경상남도 산청군)으로 귀양을 보냈다. 죽대 선생은 천연덕스럽게 우스갯소리를 하며 귀양길에 올랐다. 그리하여 채 상국의 살아생전 벼슬은 빼앗기고 말았다.

죽대 선생이 귀양을 떠난 지 이미 열흘이 지나던 날이었다. 이기경이 아침에 막 일어나 세수도 하기 전이었다. 별안간 한 여인네가 소맷자락을 걷어붙이고 머리를 풀어헤친 채 대도大刀를 쥐고 나타났다. 그 칼은 숫돌에 새로 막 갈아 낸 듯 날이 시퍼렇게 서 있었다. 여인은 곧장 집으로 쏜살처럼 달려 들어와 이기경을 향하여 큰 칼로 냅다 찔렀다. 이기경이 졸지에 깜짝 놀란 나머지 똥줄이 타도록 안방으로 달아나는 바람에 칼날은 옷 솜까지만 들어갔다. 여인네도 재빨리 기경의 뒤꽁무니를 쫓아갔으나, 여러 종들에게 붙잡혀 옴짝달싹 못했다.

여인네가 욕을 카랑카랑하게 퍼부으며 꾸짖었다.

"네 이 역적 놈아! 우리 아버지께서 이내 길에서 돌아가실 판이다. 네놈도 내 손에 죽어야 마땅하니라. 네놈이 지금 종놈들에게 내 손을 비틀어 잡게 하였지만, 네놈이 우리 아버지를 놓아주지 않는다면 너는 결코 살아남지 못하고 끝끝내 내 손에 죽을 것이다!!"

이기경이 눈을 홉뜬 채 애걸복걸하였다.

"감히 어찌 빨리 돌아오지 못하도록 하겠소?"

"네가 방금 한 소리를 감히 배신하지는 말렸다!"

여인은 으름장을 놓으며 하냥다짐을 단단히 받은 뒤 휙 돌아 나갔다.

그리하여 소문이 온 나라 방방골골에 떠들썩하게 퍼져 죽대 선생에게 훌륭한 자식이 있다고 여겼다. 죽대 선생이 이미 단성에 이르자, 영남 지방의 뭇 선비와 벗들이 앞을 다투어 돈이나 쌀, 베와 비단을 보내 왔다. 죽대 선생은 날마다 술과 고기와 맛난 음식들을 배불리 실컷 즐기었다. 뜻밖에도 부귀와 안락을 누리며 귀양을 산 지 일곱 해 만에 유배가 풀려 집에서 세상을 하직했다.

외사씨外史氏(사관史官이 아니면서 인물의 전傳을 지어 논평하는 경우에 스스로를 외사씨라고 불렀다. 여기서는 다산을 가리킨다.)는 말한다.

"나는 일찍부터 죽대 선생과 서로 사이좋게 지냈다. 겁이 많아 흐리터 분한 듯 아무 말도 할 줄 모르는 분 같았다. 오히려 죽대 선생만이 번 옹을 위해서 바른말 한마디를 하였다. 선비들이 어찌 그의 사람됨을 제대로 알아볼 수 있었으랴? 선생은 본디부터 참으로 열렬한 의사이고, 이에 그 따님 또한 절개가 굳센 의로운 낭자 협객이로구나!

더러 어떤 사람은 '그 여자의 검술이 서툴렀다'고 말하나 숫제 틀린 소리다. 그녀의 뜻은 마치 조말이 제나라 임금인 환공을 위협만 하여 빼앗긴 땅을 되돌려 받았듯이, 이기경을 살려 둔 채 으르며 겁주려는 데 있었다. 그래서 바로 죽이지 않았다."

— 〈죽대선생전竹帶先生傳〉

정조 때 수세에 몰렸던 노론 세력은 1800년 6월 정조가 갑자기 승하하자, 정조의 총애를 받은 남인 시파 세력을 꺾고자 남인 벽파와 손을 잡았다. 그리고 1801년 정월, 나이 어린 순조가 왕위에 오르면서 대왕대비 김씨가 수렴청정을 하였다. 바로 안동 김씨 가문의 정순대비다. 정순대비의

---

* 춘추시대 노나라 사람인 조말曺沫은 장공을 섬기면서 제나라와 싸워서 세 번이나 지고 땅을 빼앗겼다. 노나라 장공이 겁을 먹고 제나라 환공과 회맹을 맺을 때, 조말이 손에 비수를 들고 환공을 위협하자 환공이 노나라 땅을 돌려주기로 약속했다. 환공은 이를 어기려고 했으나, 신뢰로 천하의 지지를 얻어야 한다는 관중의 설득에 따라 조말과의 약속을 지켰다. 사마천의《사기》〈자객열전〉에 조말의 이야기가 나온다.

** 번 옹이 중년의 나이에 아무런 죄도 없이 헐뜯음을 받을 때 죽파竹坡 유항주兪恒柱 공만이 변심하지 않았다. 신유년의 재앙 때에는 오로지 죽포竹圃 심규沈逵 공만이 홍희운·이기경 모리배들에게 알랑거리며 투항하지 않았다. 죽대 선생이 또 이처럼 절개를 드높였다. 그리하여 세상 사람들이 '채제공 문하의 삼죽三竹'이라고 칭송하였다. — 원주

오빠로서 노론 벽파를 이끌던 김귀주는, 정적인 남인 시파에 천주교도가 많다는 것을 구실 삼아 1801년 2월 서교西教(천주교) 금교령을 내렸다. 천주교가 건전하지 못하고 요사스러운 '사교邪敎'라는 이유에서였다.

노론 벽파 세력은 남인 시파를 천주교 배후 세력으로 지목하여 참형에 처하거나 유배를 보냈다. 채제공蔡濟恭(1720~1799)은 영조와 정조 대에 남인의 좌장으로, 1776년 정조가 즉위하자 형조판서로서 사도세자의 죽음에 관여한 자들을 처단하는 일을 처리했다. 그러다 1780년 홍국영이 실각할 때에는 그와 친하고, 또 사도세자의 신원을 주장하여 영조의 정책을 부정했다는 이유로 노론의 공격을 받아 서울 근교 명덕산에서 8년간 은거 생활을 하기도 했다. 1788년 정조의 특명으로 우의정, 1793년에는 영의정에 임명되었다. 다산은 1799년 곡산 부사로 재직할 때 채제공의 부음을 들었다.

1801년 2월 신유박해辛酉迫害(신유사옥辛酉邪獄)가 터졌을 때 다산의 나이 마흔이었다. 노론 벽파 세력은 천주교 조직을 뿌리 뽑으려면 우두머리를 처단해야 한다며, 남인의 영수 격인 채제공의 관직을 추탈해야 한다는 상소를 올렸다. '추탈追奪'은 이미 죽은 사람의 생전 벼슬을 깎아 그 죄를 묻는 것이다.

또한 이가환과 이승훈, 정약용도 천주교 공부 모임을 만들었으니 엄중히 죄를 물어야 한다는 대계를 올렸다. 성호 이익의 종손인 이가환은 이승훈의 외삼촌이었다. 이때 이미 죽은 채제공의 관작을 없애려는 벽파의 음모를 누군들 감히 거스르지 못했으나, 오로지 죽대 선생만이 분연히 떨쳐 일어났다가 귀양을 갔다.

그리하여 그해 4월에 이승훈과 정약종(다산의 셋째 형)이 처형되고, 이가환과 권철신 등은 옥사했다. 다산도 하옥되었다가 19일 만인 2월 27일 풀려나 경상도 포항 장기로 유배되었다. 다산의 셋째 형 정약종과 이승훈은 형장에서 순교하고, 권철신도 곤장을 맞다가 죽었다. 이승훈에게 세례를 받은 이가환 역시 옥사하였다. 이때 천주교에 연루되어 죽은 자가 100명, 유배형을 받은 이가 400명에 이르렀으며, 6월에는 중국인 신부 주문모가 처형되었다. 이른바 '신유박해'이다.

다산은 1801년 10월까지 장기에서 귀양살이를 하다가, 10월에 '황사영 백서 사건'으로 다시 투옥되어 11월에 전라도 강진으로 귀양을 갔다.

다산은 산문소설 〈죽대선생전〉에서 목만중·홍희운·이기경 등을 '악의 무리'로, 이들에게 희생된 이들을 '착한 무리'라고 규정한다. 목만중 등은 원래 남인 계열이었는데, 훗날 노론 쪽에 붙어서 갖은 악행을 저질렀다. 목만중은 대사간을 지내면서 신유박해를 일으켜 천주교도들을 무차별적으로 박해했다. 이기경은 1791년 진산 사건이 일어났을 때 영의정 채제공의 미온적인 태도를 공격하다가 경원에 유배를 당한 전력이 있었다.

'진산 사건'이란 1791년(정조 15) 전라도 진산에 사는 윤지충과 권상연 두 선비가 부모의 제사를 거부하고 위패를 불태운 사건이다. 이 일은 당시 조선의 조정에 큰 논란을 불러일으켰다. 정조는 이들을 사형시키라고 명령하였다. 정약용 역시 윤지충과 외가 친척 간이어서 그 불똥을 피하기가 어려웠다.

이기경은 이후에도 여러 차례 유배를 당해 남인에게 원한을 품고 천주교를 맹공격했다. 그는 다산과 함께 공부하여 나란히 과거에 급제하고, 한

때는 천주학 서적을 같이 빌려 읽은 친구였다. 이기경이 귀양을 갔을 적에는 다산이 그의 가족을 보살펴 주기도 했다. 하지만 그는 훗날 노론 세력가들의 앞잡이가 되어 홍낙안, 목만중 등과 함께 남인 공서파로 분류되었다. '공서파攻西派'란 남인 시파를 몰아내고 정권을 장악하고자 노론 벽파에 가담한 남인 벽파 무리를 가리킨다. 조선 후기 천주교 박해에 관한 문적文籍을 한데 모은 《벽위편闢衛編》도 그가 편찬했다. 결국 다산을 몰락시킨 장본인이다.

　죽대 선생이 "열렬한 의사〔烈烈義士〕"인 까닭은, 이 '악의 무리'를 '개새끼〔狗子〕' '역적 놈〔逆賊漢〕'이라 부르며 그들에게 저항했기 때문이다. 죽대 선생의 딸도 단지 개인적인 원한 때문에 복수를 노린 자객이나 효녀라고 하지 않고, 아버지의 원수이자 '양들(남인 시파)'의 원수인 이기경에 맞선 '절개가 굳센 의로운 낭자 협객(절협節俠)'이라고 평한 까닭이 여기에 있을 것이다. 다산의 붓끝에서 되살아난 이 아버지와 딸의 이야기는, 오늘날에도 약자로서 정의를 실천하려는 이들에게 용기를 불어넣어 주기에 충분하다.

얼마나 열렬하고 어진 아낙네인가

정조가 즉위한 1776년, 열다섯이던 다산은 한 살 더 많은 풍산 홍씨 처자와 혼인하였다. 이듬해에 홍씨 부인과 함께 화순 현감으로 부임하는 아버지 정재원을 따라 전라도로 갔다. 두 해 동안 전라도 화순에 머문 다산은, 1779년 봄 아버지의 분부로 고향 마재(다산의 고향 마을로 소내笤川, 두릉斗陵, 능내陵內로도 불린다. 지금의 경기도 남양주시 조안면 능내리 마현 마을)로 다시 돌아와 과거 공부를 본격적으로 시작하였다. 그해 겨울에 성균관 승보시(생원과와 진사과에 응시할 자격을 주는 일종의 예비 시험)에 뽑혔다. 그리고 1780년 예천 군수로 부임하는 아버지를 따라 가던 도중에, 장인 홍화보洪和輔가 경상우도 병마절도사로 있는 진주에 들렀다.

이때 홍화보는 논개 사당(의기사義妓祠)을 수리하고 연회를 베풀어 검무劍舞(칼춤)를 추게 하는 한편, 사위 다산에게 중수기重修記를 짓게 했다. 다산이 지은 글에는 특유의 역사의식이 살아 있다.

아낙네들의 성질은 죽기를 가볍게 여긴다. 수준이 낮은 아낙네는 더러 억울함과 화를 이기지 못하고 죽고, 수준이 높은 아낙네는 의기가 있어 차마 자신의 몸을 더럽힐 수가 없어 목숨을 헌신짝처럼 버리기도 한다. 얼핏 보아 그러한 죽음은 절개와 지조를 지키기 위한 것이기에 모두들 칭찬한다. 그러나 그들 모두는 자기 혼자 죽는 데에만 그치고 만 것이다.

기생들은 어려서부터 노래와 술, 노는 데에 길들여졌으므로 마음을 자꾸 바꾸기 일쑤다. 마음이 한군데에 머물지 못하고, 아무 때나 자꾸 마음을 다른 사람에게 옮기고 바꾸는 짓에 익숙하다. 성깔이 느슨하여 맺힌 데가 없기 때문에 마음에 드는 남자라면 모두들 제 지아비로 여기기도 한다. 도리어 부부의 예절에서도 그러한데, 하물며 임금과 신하의 의리를 조금이라도 아는 이가 있겠는가?

그러므로 예로부터 싸움터에서 제멋대로 아름다운 여인을 빼앗는 것이야 이루 헤아릴 수 없지만, 일찍이 절개를 지키다 죽은 여인네가 있었다는 이야기를 들어 본 적이 없다.

옛날에 임진왜란이 터져 왜구가 경상남도 진주성을 함락하였을 때 의랑義娘(의로운 기생)이 있었다. 그녀는 왜놈의 대장을 꾀어내어 남강 가운데 있는 바위 위에서 손을 맞잡고 춤을 추다가 춤이 한창 무르익어 갈 즈음에 그놈을 껴안고서 강물에 함께 몸을 던져 죽었다. 바로 이곳 촉석루가 그녀의 절개를 기리는 사당이 있는 곳이다.

아, 논개는 얼마나 열렬하고 어진 아낙네인가?

지금 생각해 볼 때, 고작 왜놈 장수 한 명을 죽인 것이 삼장사三壯士의 치욕을 씻기에는 충분하지 못하리라. 비록 그렇다손 치더라도, 진주성 함락이 한창일 때 이웃 고을에서는 병사들만 모아 놓고 구원해 주지도 않았으며, 나라의 못난 벼슬아치들은 공로를 질투하여 패하기만을 바랐다.

그리하여 튼튼한 진주성을 하찮은 왜놈들의 손아귀에 떨어뜨려 충신과 지사의 분노와 한탄이 이보다 심한 적이 없었다. 보잘것없는 한 아낙네가 왜놈의 우두머리를 죽여 나라의 은혜에 보답할 수 있었으며, 나라님과 백성들의 의리를 하늘과 땅 사이에 환히 빛나게 하니, 진주성 한 성에서의 패배가 아깝지만은 아니하였다. 이 어찌 통쾌한 일이 아니겠는가!

논개 사당은 오래도록 수리를 하지 못하여 비바람에 새고 떨어져 나가 추레해졌다. 이제 절도사 홍 공(다산의 장인 홍화보)께서 부서진 곳을 고치고 새롭게 단청을 칠한 다음 나에게 그 일을 기록하라 하시었다. 나는 칠언절구 스물여덟 자의 시를 손수 지어서 촉석루 위에 걸었다.

― 〈진주의기사기晉州義妓祠記〉, 1780

이 글을 쓸 때 다산의 나이는 열아홉 살이었다.

논개는 임진왜란 때 진주가 함락된 뒤 촉석루 잔치마당에서 왜장을 껴안고 남강에 몸을 던져 죽은 기생이다. '삼장사三壯士'는 임진왜란 때 촉석루에 올라가 나라를 위해 죽기로 맹세한 세 장사 김성일金誠一·조종도趙宗道·이노李魯를 가리킨다. 다산은 같은 해에 논개를 소재로 다른 시를 쓰기도 했다.

계루고鷄婁鼓(작은북) 소리 맞춰 풍악이 울리니
둘러싼 자리가 가을 물처럼 고요하네
진주성 여인 꽃 같은 얼굴에
무사 옷으로 단장하니 영락없는 대장부로세
(중략)
쨍그렁 칼 던지고 사뿐히 돌아서니
호리호리한 허리는 처음 모습 그대로네

서라벌 여악女樂은 우리나라 으뜸으로
황창무黃昌舞 옛 곡조 지금까지 전해 오네
백 사람이 칼춤 배워 겨우 하나 이룩할 뿐
살찐 몸매 처진 볼 둔한 자는 못 춘다네
너 지금 꽃다운 나이 기예가 절묘하니
옛날 이른바 낭자 협객 논개를 이제야 보는구나
얼마나 많은 사람 너로 인해 애태웠나
이미 미친바람 장막 안에 몰아치네 – 〈무검편증미인舞劍篇贈美人〉, 1780

 칼춤의 동작이 변하는 단계와 꿈틀거리고 회오리처럼 돌아가는 빠른 춤사위를 마치 그림을 그리듯 생생하게 묘사한 사실주의 정신이 두드러진다. 논개를 단지 의로운 기생이 아닌, 옛날 역사책에 나오는 '낭자 협객'으로 보는 시각도 흥미롭다. 다산은 촉석루 진주 기생의 칼춤을 신라의 '황창무'를 계승한 것으로 파악하고, 신라의 여성 성악가와 무용가의 우수성을 강조했다. 이는 칼춤이 지닌 민족적·문화적 의미를 높이 평가한 대목이다.

주막집 할머니가 일깨운 지혜

1801년(순조 1) 2월 신유박해로 경상도 장기에서 귀양살이를 하던 다산은, 그해 10월 또 한 번의 천주교 탄압 사건에 연루된다. 바로 '황사영黃嗣永 백서 사건'이다.

남인 가문 출신인 황사영은 1794년 조선에 들어온 중국인 신부 주문모의 인도로 천주교도가 되었다. 1801년 신유박해로 천주교도들에 대한 탄압이 심해지자, 황사영은 중국 북경에 있던 프랑스 인 구베아 주교에게 백서帛書(비단에 쓴 글)를 띄웠다. 조선에서 포교의 자유를 얻으려면 프랑스 함대를 파견해 조선 조정에 압력을 가해야 한다는 내용이었다. 이것이 발각되어 관련자들이 모두 처형당하고, 노론 집권 세력은 이를 구실로 정치적 반대파인 남인 세력을 대대적으로 탄압했다.

그런데 황사영은 다산의 맏형인 정약현의 딸과 결혼한, 다산의 조카사위였다. 장기에 유배 중이던 다산은 다시 붙잡혀 가 심문을 당한 끝에 그해 11월 경상도에서 전라도 강진으로 이배移配되고, 다산의 둘째 형인 정약전은 흑산도로 유배되었다.

1801년 11월 말 유배지인 강진에 다다른 다산은, 강진 읍내의 동문 밖 매반가賣飯家(밥 파는 주막집)에 4년간 세 들어 살았다. 그리고 이때 유일한 말동무였던 주막집 주인 할머니에게 배운 천지간의 이치를 둘째 형님 정약전에게 편지로 써 보냈다.

어느 날 저녁에 밥집 주인 할머니가 제 곁에서 한담을 나누다가 느닷없이 물었습니다.

"선생님께서는 글줄깨나 읽으신 분이니 이런 뜻을 아시는지요?

아버지와 어머니의 은혜는 똑같으나, 오히려 어머니의 수고로움이 더욱 많지 않습니까? 그런데 옛날에 훌륭한 사람들은, 아버지는 무겁게 여기고 어머니는 가볍게 여기라고 가르쳤습니다. 또 아버지의 성씨를 따르도록 하고, 부모님이 돌아가셔서 상복을 입을 때에도 어머니는 아버지보다 한 등급을 낮추라 하였습니다. 아버지의 혈통 쪽으로 집안을 이루게 해 놓고 어머니의 피붙이들은 소홀히 하였습니다. 이건 너무나 한쪽으로 치우친 편파적인 대우가 아닌가요?"

그래서 제가 대답했습니다.

"'아버지께서 나를 낳으셨다'라고 하였기 때문에, 옛날 책에는 '아버지는 처음으로 나를 생겨나게 한 사람'이라고 나와 있습니다. 어머니의 은혜도 무척이나 깊기는 하지만, 아버지의 은혜는 하늘이 만물을 처음 있게 한 것처럼 으뜸이니 그 은혜가 더욱 큰 것입니다."

그러자 할머니가 고개를 갸우뚱하며 말했습니다.

"선생님의 말씀은 옳지 않습니다. 제가 곰곰이 생각해 보았습니다. 풀이나 나무를 예로 들어 말하자면 아버지는 씨앗이요, 어머니는 땅입니다. 씨앗이 땅에 떨어지는 일은 그 베풂이 지극히 작지만, 땅이 부드러운 흙을 거름 삼아 씨앗을 길러 내는 공덕은 참으로 큽니다.

밤톨은 밤나무가 되고 볍씨는 벼가 되는데, 그 몸이 온전하게 클 수 있는 것은 모두가 땅의 기운 덕분입니다. 그러나 마침내는 나무나 풀의 무리로 제각기 나누어지는 것은 모두 본래의 씨앗을 따르기 때문입니다. 옛날에 훌륭한 사람이 가르침을 주기 위해 예법을 세운 것도 이런 까닭인 것은 아닌지요?"

저는 밥집 할머니의 말을 듣고 흠칫 놀라며 크게 깨달아 삼가 존경하는 마음이 싹텄습니다. 밥 파는 주막집 할머니가 하늘과 땅 사이의 지극히 정밀하고 오묘한 뜻을 말할 줄 누가 알았겠습니까? 몹시도 기특하고 기이한 일이었습니다.

― 〈둘째 형님께 글월 올립니다〔上仲氏〕〉에서

당시 강진 고을 사람들은 귀양살이하는 죄인을 싫어하여 그들이 머무는 집 대문을 부수거나 담장을 무너뜨리고 달아나기 일쑤였다.

"나에게 살아갈 거처를 마련해 주기라도 하면 모두 그 사람 집으로 쫓아가서 문을 부수고 담을 허물 것처럼 하며 달아났다."《상례사전喪禮四箋》〈서문〉

다산도 살 거처가 마땅치 않았다. 아무도 받아 주려 하지 않았다. 바로 그때, 동문 밖 매반가 할머니가 다산의 처지를 불쌍히 여겨 자기 집에서 살도록 해 주었다. 훗날 정약전은 답장에서 이렇게 말했다.

"주막집 노파의 논리는 내가 일찍이 깊이 생각해도 이르지 못한 것인데 뛰어나고 뛰어나네."

매반가는 여러 나그네들과 손님들이 드나드는 곳이라 늘 어수선하고 거처는 비좁고 보잘것없었지만, 다산은 항상 마음을 가다듬고 독서와 학문을 닦는 데 몰두하였다.

노론 벽파 세력은 벽파 골수분자 이안묵李安黙을 승진시켜 1802년 초에 강진 현감으로 보냈다. 다산을 철저하게 감시·관리하기 위해서였다. 이

안묵은 다산이 신유사옥으로 체포되어 국문을 당할 때 문사랑問事郎(죄인의 심문 기록을 작성하여 읽어 주는 서기)이었다. 과연 그는 1802년 5월 다산이 죄를 뉘우치지 않고 임금님을 원망하고 있다고 무고했다.

다산은 병영면에 있는 병마절도사 영에 끌려가 취조를 당했지만 무죄로 풀려났다. 아마도 방안에 칩거하며 굶주려 젓가락처럼 마른 다산을 보고 이안묵이 그냥 내버려 둬도 곧 죽을 것이라고 노론 우두머리들에게 보고하지 않았을까. 이후 다산은 마음을 다잡고 더욱더 글을 쓰는 데 매진했다.

> 나는 임술년(1802) 봄부터 곧 저술을 업으로 삼아 붓과 벼루만을 곁에다 두고 아침부터 저녁까지 쉬지 않았다. 그 결과 왼쪽 어깨에 마비 증세가 나타나 마침내 폐인의 지경에 이르고, 시력이 아주 어두워져서 오로지 안경에만 의지하게 되었다.
> ―〈두 아들에게 보여 주는 가계〔示二子家誡〕〉에서, 1808

다산은 유배지 강진에서 첫 거처로 삼았던 매반가를 '동천여사東泉旅舍'라고 부르고, 1803년 동짓날에 세 들어 사는 그곳의 좁은 방을 '사의재四宜齋'라 이름 붙였다. 그러고는《주역周易》공부를 다시 시작하자는 각오를 다졌다. 사의재란 '네 가지가 마땅한 방'이라는 뜻이다.

생각은 마땅히 담박해야 하니〔思宜澹〕담박하지 않으면 어서 빨리 맑게 할 것이요, 외모는 마땅히 장엄해야 하니〔貌宜莊〕장엄하지 않으면 어서 빨리 모습을 단정하게 할 것이요, 말은 마땅히 과묵해야 하니〔言宜訒〕과

묵하지 않으면 어서 빨리 말을 그쳐야 할 것이요, 행동은 마땅히 중후해야 하니〔動宜重〕 중후하지 않으면 어서 빨리 느긋해져야 할 터이다.

– 〈사의재기四宜齋記〉에서, 1803

 네 해 동안 이렇게 외로이 홀로 분투하며 독서와 학문에만 열중한 다산이었다. 하지만 주막집 주인 할머니의 질문에 제대로 대답하지 못하고 두루뭉술하게 답했다. 비록 비천한 신분으로 평생을 뭇 나그네들의 술상을 보고 밥 시중을 든 노파였지만, 그가 던진 질문에는 하늘과 땅 사이의 지극히 정밀하고 오묘한 뜻과 유교적 예법의 정당성 문제가 걸려 있었다.
 당시 남성 중심적이고 유교적인 사유의 틀로는, 분명히 아버지의 은덕이 어머니의 그것보다 컸다. 그래서 조선시대에는 부계 혈통을 절대시했다. 다산은 이러한 관습을 근거로 그저 추상적인 답변만을 한 반면에, 할머니의 비유는 지혜롭고 구체적이어서 오히려 본질에 가깝고 이해하기도 쉽다.
 그래서 다산은 지혜는 멀리 있는 것도 아니고, 성인들이 지은 책 속에만 있는 것이 아님을 깨닫는다. 저잣거리의 삶에서 건져 올린 지혜가 다산을 감동시킨 것이다. 여기에 더하여 셈도 할 줄 모르는 주막집 할머니의 말에 진심으로 존경을 표하는 다산의 모습도 진지하고 겸손하다. 자신의 부족한 모습을 솔직하게 기록하는 다산의 진솔함은 그의 인격을 더욱 빛나게 한다.

박격포 앞에서 활이나 익히라고 꾸짖는대서야

다산은 유교적 틀에서 벗어나 세상을 바라보려 했고, 저잣거리 민초들의 일상다반사와 같은 지혜를 무겁게 받아들였다. 현실 생활에 아무런 도움이 되지 않는 학문은 공허할 따름이고, 조선의 성리학이 바로 그러한 공리공담이 되어 버린 지 오래라는 것을 잘 알고 있던 다산에게는 세상만사와 만백성이 곧 지혜를 주는 실학의 대상이었다.

서양에서 만든 박격포 이야기는 얼핏 뜬금없이 보이지만, 이를 통해 선진 문물을 배척하고 옛날 옛적 풍속만 고집하는 조선 후기 유학자들의 병폐를 날카롭게 꼬집는다.

(전략)
벌레들도 스스로를 힘껏 지키려　　　　　　　　　　昆蟲盡自衛
발톱 어금니 발굽 뿔 독 두루두루이거늘　　　　　　爪牙蹄角毒
태평한 때랍시고 병사 다루는 일 내팽개쳤다가　　　時平不講兵
외적 쳐들어오면 옴짝달싹 못하고 무너지고 마네　　寇來任隕觸
진짜 장군은 송골매와 같아서　　　　　　　　　　　名將如蒼鷹
용맹하고 날쌔게 멀리 날며 눈동자도 촛불처럼 빛난다네　驍邁眸如燭
편안해서 뚱뚱한 사내가 갑작스레 전쟁터에 나가면　胖夫輒登壇
지장智將이 복장福將만 못하다고 뇌까리네　　　　　云智不如福

요즈음 홍이紅夷(서양인)들 박격포란 걸 들으니　　　近聞紅夷礮
새로이 만들어 더더욱 무섬 탄다네　　　　　　　　創制更殘酷
앉아서 옛날 옛적 풍속이나 지키면서　　　　　　　坐守太古風
활 화살 따위나 익히라고 꾸짖는대서야……　　　　弓箭有課督

– 〈고시27수古詩二十七首〉 중 27번째 수

　조선 최고의 실학자이자 개혁가였던 다산은 실생활을 이롭게 하는 기술 문제에 관심이 많았다. 그래서 명나라를 숭배하고 조선을 '작은 명나라'로 여기는 소중화주의에 사로잡힌 나머지, 오랑캐라고 깔보던 만주족이 세운 청나라의 새롭고도 선진적인 기술을 배우려고 하지 않는 '과학기술 국수주의'를 비판하고, 백성의 삶을 윤택하게 하고 국방에 이로운 새 기술을 힘껏 배워야 한다고 주장했다.

　우리나라에 있는 백공百工의 기예는 모두 옛날에 중국에서 배웠던 방법인데, 수백 년 이후로 딱 잘라 끊듯이 다시는 중국(청나라)에 가서 배워 올 계획을 세우지 않고 있다. 이와 반대로 중국의 새롭고도 교묘한 기술은 날로 증가하고 다달이 많아져서 다시 수백 년 전의 중국이 아닌데도 우리는 또한 막연하게 서로 모르는 것을 묻지도 않고, 오로지 예전의 것에만 만족하고 있으니 어찌 그리도 게으르단 말인가. (중략)
　무릇 효도와 우애는 천성에 뿌리를 두고 성현의 글로 밝혀졌으니, 진실로 이를 넓혀서 충실하게 하고 이를 닦아서 깨우친다면 곧 예의 바르고 돈독한 풍속을 이루게 될 것이다. 이는 진실로 밖으로부터 기다릴 필요가 없다. 또한 뒤에 나오는 것에 힘입을 필요도 없는 것이다.

  백성이 사용하는 기물을 편리하게 하고 재물을 풍부히 하여 백성의 삶을 윤택하게 하는 데 쓰이는 장인들의 기술과 재능은, 그 뒤에 나온 제도를 가서 배우지 않는다면 그 몽매하고 고루함을 타파하여 이익과 혜택을 얻을 수가 없다. 이는 나라를 이끌어 가는 위정자로서는 마땅히 강구해야만 하는 일이다.

─〈기예론技藝論〉, 1799

  그러면서 다산은 섬뜩한 예언을 한다. 중국과 일본은 이미 오래전부터 엄청난 화력을 자랑하는 홍이포紅夷砲를 사용하고 있으니, 앞으로 백 년 뒤에 환란이 닥친다면 이 병기를 앞세워 쳐들어올 것이다!

  다산의 증언에 따르면, 당시 조선의 군사훈련은 활고자(시위를 잡아매는 활채의 양쪽 부분)가 벗겨지고 살촉도 없는 화살로 백 보 밖에 과녁을 세워 놓고 이를 맞히는 게 고작이었다. 세상은 화력이 엄청난 대포로 급속히 바뀌고 있는데, 조선은 여전히 활솜씨로 무과를 치르고 먼 거리의 과녁을 화살로 맞히면 신궁이니 어쩌니 하며 호들갑을 떨며 봉록을 높여 주고 있었다.

  실제로 다산이 세상을 떠나고 30년 뒤인 1866년, 프랑스 함대가 강화도에 침입했다.(병인양요) 그리고 10년 뒤, 일본은 병자수호조약으로 조선의 문호를 강제로 열었다. 다산은 세상의 변화를 읽고 대비하자고 주장했으나, 안타깝게도 조선은 그러질 못했던 것이다.

  병법兵法은 말한다.

"병기가 예리하지 못하면 그 군졸을 적에 내주는 꼴이고, 군졸을 잘 쓸 수 없으면 그 장수를 적에게 내주는 것이다."

무릇 병사는 병기를 손에 쥐고서 다른 사람을 지키는 것이다. 비록 병졸 천만 명이 있을망정 그들을 맨손으로 싸우게 한다면 오히려 병졸이 없는 것이나 마찬가지다. 병사의 손에 썩고 무디고 부서진 병기를 쥐어 준다면 이 역시 군사가 없는 것이나 진배없다.

나라가 가난하고, 또 법도가 없으면 군대를 양성할 수 없다. 군대를 기르지 못하면 무예를 연마할 수 없고, 무예 연마가 없어지면 병기를 창고에만 쌓아 두게 되고, 병기를 쌓아만 두면 썩고 무뎌지고 파손될 것이다.

지금 각 군현에 저장된 병기를 말해 보자.

활을 들어 보면 좀먹은 부스러기가 모래 가루처럼 쏠쏠 쏟아져 내리고, 화살을 들어 보면 깃이 줄줄 쏟아져 내린다. 칼을 빼어 보면 칼날은 칼집에 붙은 채 칼자루만 빠져나온다. 총을 보면 녹이 슬어서 총구멍을 꽉 메웠다. 하루아침에 환난이라도 터진다면 온 나라가 모두 맨손뿐일 것이다.

비록 남방과 북방에 아무런 경보가 없고 변경에 아무런 근심거리가 없다손 치더라도 군대는 제도가 있어야만 한다. 제도가 없이는 군대를 기를 수 없고 군대를 기르지 못하면 병기만으로는 아무런 쓸모가 없다. 비록 그럴지라도 어찌 방비가 없어서야 되겠는가?

활은 그만두더라도 뿔과 산뽕나무 가지와 소의 힘줄만은 간직해 두어야만 한다. 화살은 그만두더라도 대나무 살과 새의 깃과 살촉만은 간직해 두어야 한다. 익히 제련된 구리를 간직하고, 강철을 비축하며, 단단하고 날카로운 재목·가죽·짐승의 이와 뼈 등의 물건을 저장해 두었다가 때를 기다려야 한다. 만일 하루아침에 환난이 터지게 된다면 누가 이를 제조하여 병기로 만들겠는가?

무릇 백성들 가운데 직인職人의 기술이 있는 사람에게는 그 호세를 면제해 주고, 그 부역을 덜어 주어 그들로 하여금 고을에 모여 살게 해야 한다. 그들을 촌구석에 흩어져 살지 못하게 하고서 달마다 한 사람의 양식을 대어 주면서 그 이름을 군적에 편입시키고, 수령이 때때로 그 기능의 교묘하고 서툰 것을 헤아리고 비교하여 양식을 더 주기도 하고 덜 주기도 해야 한다. 그 가운데 기능이 뛰어난 사람이 있으면 그를 선발하여 장관으로 삼아 그들로 하여금 각기 격려하고 권장하도록 한다면, 하루아침에 환난이 터지더라도 때에 맞춰 군기를 제조할 수 있을 것이다.

장수가 된 사람이 더러 모책과 꾀를 내어 새로운 방도로 기이한 병기를 만들어서 적을 방어하고, 모든 기술자들이 각기 그 기능으로 이바지한다면 적을 쳐부수는 데 무엇이 어렵겠는가? 이것이 군비를 확충하는 데 있어 어찌 용의주도하고 세밀한 것이 아니겠는가? 그 썩고 무디고 파손된 무기를 쌓아 두고서 은연중에 이를 믿고 방비가 되어 있다고 여기는 자와는 서로의 차이가 매우 멀다.

춘추시대의 전쟁은 왼쪽과 오른쪽, 앞과 뒤로 대열을 지어 서서 군대의 위용과 장비를 가지런히 하고 군세를 잘 살피어 북을 둥둥 두드리면서 새가 날개를 펴고 날아가는 것처럼 앞으로 나아갔다. 이때 달아나 기세를 잃은 자가 있으면 '너는 패했다'고 말한다. 어지럽게 쓰러져서 법도와 군법을 잃은 자가 있으면 '너는 패했다'고 말한다. 혹은 활촉 하나를 쏘지 않고도 이기고 지는 것이 결정되었으니 이것이 옛사람들의 전쟁이었다.

이를 이어 시대가 흘러서는 방진方陣과 원진圓陣을 치고, 육진六陣과 팔진八陣을 쳐서 귀신처럼 신기를 부리기도 하고, 음양으로써 신비스럽게도 하였다. 진을 잘 친 사람은 상장군이 되고, 싸움을 잘하는 사람은 차장次將이 되며, 산언덕과 늪과 못의 형세를 살펴서 앞으로 나아가고 뒤로 물러남으로써 이기고 지는 것이 결정되었다. 이것이 중세의 전쟁이었다.

더러는 활 하나를 쓰기도 하고, 더러는 창 한 자루를 쓰기도 하고, 더러는 칼 한 자루를 쓰기도 하고, 몽둥이 하나를 쓰기도 하여 갑자기 일어나서 서로 치고 부딪치며 풀을 베고 나는 새를 때려잡듯이 하여 이기고 지는 것이 결정된 것은 후세의 전쟁이었다.

세대가 나날이 내려올수록 교묘한 생각은 날로 깊어졌다. 근세에 남의 나라를 치려고 꾀하는 자는 오로지 기이한 병기와 교묘한 물건을 제조하여 한 사내가 기계를 작동시켜 만 사람의 목숨을 빼앗고, 가만히 앉아서 남의 성을 무너뜨린다. 호준포虎蹲礮(네덜란드 포)와 백자총百子銃(포르투갈 총)과도 같은데 이는 오히려 그리 정교하지 못하다.

이른바 홍이포라는 것은 빠르고 맹렬하고 위력이 막강해서 앞서 말한 것에 비할 바가 없다. 중국과 일본은 사용한 지가 이미 오래되었다. 만약 불행한 일이 있어, 백 년 뒤에 남방과 북방에 경보가 있으면 반드시 이 무기를 가지고 올 것이다. 그때는 손을 맞잡고 땅에 엎드려 그 성을 바치지 않을 자가 있겠는가?

* '팔진'은 삼국시대에 촉나라 승상 제갈공명이 만든 팔진법이고, '육진'은 당나라 위국공衛國公 이정李靖이 제갈량의 팔진법을 계승해 만든 전법이다.

바야흐로 활고자가 벗겨진 활을 잡아당기고 살촉도 없는 화살을 활시위 위에 물려서 백 보 밖에 과녁을 세워 놓고 힘을 다해 맞히고자 한다. 맞힌 자는 봉록을 얻고 못 맞힌 자는 봉록을 잃고 만다.

이것을 가지고 절세의 묘기로 여기니, 어찌 어리석고 답답하지 않겠는가? 어찌 충성스럽고 두텁고 성실하며 순진하고 소박하기가 이 지경에 이르렀단 말인가? 그런 까닭에 '병기를 굳이 갖추지 않아도 된다'고 말하는 것이다. 비록 군기軍器가 있다 한들 감히 한 사람이라도 나서서 싸울 자가 있겠는가?

— 〈군기론軍器論〉

노예가 된 마음이 아니로세

  신유박해는 말이 천주교도 탄압 사건이지, 그 속을 들여다보면 정조가 죽은 뒤 새롭게 권력을 잡은 노론 세력이 그 반대 세력인 남인을 몰아내려 한 정권 다툼이었다. 마흔 살에 일어난 신유박해 이후로 다산은 내리 18년간 유배 생활을 하였다. 정치판의 권력 다툼에 신물이 났을 법도 하다.

  이 기간에 다산은 학문 탐구에 매진하는 한편, 조선을 이끌어 가는 또 다른 축인 백성들의 삶에서 새로운 힘을 발견하였다. 건강한 생명력을 지닌 백성들의 노동을 찬미하는 그의 태도는 살얼음판처럼 조심스럽고 위태롭던 지난날의 벼슬살이를 초탈한 듯 보인다. 농촌이 바로 '낙원'이고 '낙교樂郊'라고 여긴 까닭은 노동의 진정한 가치를 깊이 통찰했기에 가능한 생각일 것이다.

새로 거른 막걸리 젖처럼 뽀얗고	新篘濁酒如湩白
큰 사발 보리밥 높이가 한 척이로세	大碗麥飯高一尺
밥 먹자 도리깨 들고 타작마당 둘러서니	飯罷取耞登場立
두 어깨 검게 그을린 살 붉은 햇빛에 번들거리네	雙肩漆澤翻日赤
응혜야, 소리 내며 나란히 발 들어 두들겨 패니	呼邪作聲擧趾齊
잠깐 사이 보리 낟알 온 마당에 가득 널리네	須臾麥穗都狼藉
서로 주고받는 노동요 곡조 갈수록 높아지고	雜歌互答聲轉高

오로지 처마까지 흩날리는 보릿대 가루만 보이네 　　但見屋角紛飛麥
그 낯빛 살펴보니 즐겁고도 즐거워라 　　觀其氣色樂莫樂
몸뚱어리 노예가 된 마음이 전혀 아니로세 　　了不以心爲形役
낙원과 낙교는 멀리 있지 않거늘 　　樂園樂郊不遠有
무엇이 안타까워 속세간 나그네로 헤매리오! 　　何苦去作風塵客

　　　　　　　　　　　　　　　　－〈보리타작〔打麥行〕〉, 1801

세상이 이다지도 공평하지 못한가

4

자식 팔려 가고 송아지마저 끌고 가네

갑자년(1804), 43세의 다산은 여전히 강진에서 귀양살이를 하고 있었다. 그러던 어느 여름날 밤, 울적한 마음을 달랠 길 없어 술을 마셨다. 당시의 조선 사회가 안고 있는 사회제도와 정치제도의 모순은 좀처럼 개선될 기미가 보이지 않았다. 이 근원적인 모순이 해결되지 않고선 조선에서 인재가 양성되기 어렵고, 그러면 사회가 정체와 퇴보를 되풀이할 수밖에 없었다. 다산의 마음이 울울한 이유였다.

다산은 이때 총 1,600자에 달하는 방대한 장편 고시 〈여름날 술을 마시다〔夏日對酒〕〉를 지었다. 이 시는 다산의 대표적인 연작 사회시로서 1수는 전정田政 문란을 비판하고, 2수는 군정軍政 문란, 3수는 환곡 문란, 4수는 과거제도의 모순, 5수는 신분제도의 모순을 담고 있다.

1

임금님이 논밭 가지고 있는 것은	後王有土田
가령 부잣집 영감 같네	譬如富家翁
영감님 논밭 백 이랑이고	翁有田百頃
아들 열 제각기 따로 분가해 산다면	十男各異宮
마땅히 한 집에 열 이랑씩 주어	應須家十頃
굶주리거나 배부른 형편을 같게 해야 한다네	飢飽使之同

약삭빠른 아들 팔구십 이랑을 삼켜 버리면	黠男吞八九
못난 자식 곳간 늘 비기 마련이네	癡男庫常空
약삭빠른 아들 고운 비단옷 입을 때	黠男榮錦服
못난 자식 절름절름 병나서 고생이라네	癡男苦尩癃
영감님 눈으로 만일 그 꼴 좀 볼 성치면	翁眼苟一眄
불쌍히 여기어 슬퍼하고 그 마음 쓰려야 하거늘	惻怛酸其衷
내버려만 둔 채, 몸소 다스리지 않으니	任之不整理
못난 자식들만 서쪽 동쪽 이리저리 떠돈다네	宛轉流西東
뼈와 살을 똑같이 받았건만	骨肉均所受
자혜로움이 어찌 이다지도 불공평하단 말인가	慈惠何不公
큰 줄기 이미 무너져 쓸모없기에	大綱旣隳圮
온갖 일이 꽉 막혀 통하지 않는 거라네	萬事窒不通
한밤중 책상을 치고 일어나	中夜拍案起
활꼴처럼 굽은 높은 하늘 우러르며 한숨짓네	歎息瞻高穹

    다산이 한밤중에 하늘을 올려다보며 탄식하는 모습이 눈앞에 그려지는 듯하다. 토지의 공정한 분배는 조선 후기의 쟁점 사안이었다. 토지세의 문란은 백성들을 땅에서, 고향에서, 집에서 쫓아내어 유랑민으로 떠돌게 했다. 여기서 부잣집 영감은 무능한 임금이고, 약삭빠른 아들은 탐관오리, 못난 아들은 백성이다.

2

셀 수 없이 많은 검은 맨머리들이란	芸芸首黔者
모두 똑같이 우리나라 백성이라네	均爲邦之民
만일 마땅히 세금 거둘 셈이면	苟宜有微斂
부자들에게 거두어야 옳구나	曷矣是富人
함부로 벗기고 베어 내는 정치를	胡爲剝割政
왜 품 팔아 빌어먹고 사는 무리에게만 치우쳐 하는가?	偏於傭丐倫
군보는 도대체 무슨 명분으로	軍保是何名
극도로 모진 횡포를 부린단 말인가	作法殊不仁
한 해 내내 힘들여 일해도	終年力作苦
이미 제 몸 하나 가릴 옷 없고	曾莫庇其身
뱃속에서 갓 태어난 젖내 나는 어린 목숨도	黃口出胚胎
죽어 백골이 되고 흙먼지가 된 목숨도	白骨成灰塵
여전히 몸에 요역이 따라다니니	猶然身有徭
곳곳마다 가을 하늘 우러러 울부짖고	處處號秋旻
원통하고 혹독해 자지까지 잘라 버릴 지경이니	冤酷至絶陽
이 얼마나 비참하고 슬프고 쓰라린 일인가!	此事良悲辛
호포도 오랫동안 의논한 끝에	戶布久有議
자못 고르게 하자는 뜻을 세웠거늘	立意差停勻
옛날에 평양 감영에서	往歲平壤司
겨우 몇 십 일 동안만 시험하다 그만두었네	薄試纔數旬
만인이 산에 올라 통곡하노니	萬人登山哭

어찌 임금의 조칙을 펼칠 수 있으랴	何得布絲綸
먼 곳 바로잡으려면 반드시 가까이서부터 바로잡고	格遠必自邇
낯선 사람 다스리려면 반드시 친한 사람부터 다스려야지	制疏必自親
어찌하여 고삐와 굴레를 가지고서	如何鞚與勒
야생마부터 먼저 길들이려 하는가?	先就野馬馴
끓는 물을 퍼내어 다시 붓고 끓는 것을 막는 꼴이라니	探湯乃由沸
꾀를 어찌 펼 수 있으랴?	計謀那得伸
서도西道 백성들 오랜 세월 버림받고 억눌리어	西民久掩抑
열 대 동안 벼슬아치 되는 길 막혀 버렸네	十世閡縉紳
겉으로야 비록 공손한 체할망정	外貌雖願恭
뱃속 늘 수레바퀴마냥 꼬여 있다네	腹中常輪囷
칠치漆齒(왜적)들 옛날에 나라 삼켰을 때	漆齒昔食國
의병들 곳곳에서 일어나 말달리며 싸웠지만	義兵起踆踆
서도 백성들 홀로 팔짱 끼고 수수방관한 것은	西民獨袖手
참으로 까닭이 있음을 돌이켜 헤아려야만 하네	得反諒有因
생각할수록 속이 부글부글 끓어올라	拑念腸內沸
술이나 진탕 마시고 참마음이나 되찾으려네	痛飮求反眞

"마땅히 세금을 거둘 셈이면 부자들에게 거두어야 옳구나! 함부로 벗기고

* 일본인. 조선통신사가 일본에 갔을 적에 일본 여인네들이 아름답게 보이려고 이빨을 검게 물들인 것을 보고 놀란 데서 나온 말이다.

베어 내는 정치를 왜 품 팔아 빌어먹고 사는 무리에게만 치우쳐 하는가?"

다산의 이 주장은 오늘날 세금 정책에 쏟아지는 비판의 목소리와 다르지 않다. 부자들에게는 세금을 면해 주고, 서민들의 등골만 빼먹는 불합리와 불공정이 조선 후기 백성들을 고통에 빠뜨렸다.

'군보軍保'란 무엇인가? 양인良人으로서 신역身役(나라에서 성인 장정에게 부과하던 군역과 부역)을 면제받은 자가 신역을 지는 정병正兵(장정으로 군역에 복무하던 사람)의 토지를 대신 경작해 주던 제도이다. 이 제도가 나중에 신역을 지지 않는 양인이 나라에 군포를 바치는 제도, 곧 '호포戶布'로 바뀌면서 그 폐단이 이루 말할 수 없었다.

군보가 호포제로 바뀐 것은 효종(1619~1659) 대이다. 이때 양인에게만 부과하던 군포를 신분에 관계없이 모든 백성이 일정한 양의 베를 바치는 호포로 바꾸었다. 갓난아이까지 군적에 올려 군포를 징수하는 '황구첨정黃口僉丁', 죽은 사람까지 군적에 올려 군포를 징수하는 '백골징포白骨徵布' 따위의 폐단이 모두 여기에서 생겨났다.

옛날에 평양 감사가 군포의 폐단을 고치고자 신분의 귀천 없이 포를 1~3필로 징수하는 호포법을 시행하자, 그곳 백성들이 통곡하며 반대하고 나섰다. 호포법을 시행하려면 서울에서부터 시행해야 하고, 지배층부터 시행하는 것이 마땅할 터, 먼 곳의 백성들에게 억지로 시행하는 것은 불공정한 처사였다.

근년에 정승 이병모李秉模가 평안도 관찰사로 있을 적에 중화부中和府에다 호포법을 시행한 결과, 그 고을 백성들이 서로 모여서 울부짖어 그 일이 드디어 중지되었다. 무릇 나라에서 법을 시행할 적에는 귀하고 가까운 지방에서부터 시작해야 하는 것인데, 나라의 명령이 비천하고 먼 곳으로부터 시행된다면 서로 모여서 부르짖어 울지 않을 사람이 없을 것이다. 그러하니 그것이 제대로 시행되겠는가?
― 〈전론7田論七〉

서도西道, 곧 평안도와 황해도 백성들이 임진왜란 때 의병을 일으켜 왜군과 맞서 싸우기는커녕 팔짱을 끼고 수수방관한 까닭이 무엇인가? 이 지역만 차별을 받아 벼슬길이 막힌 탓이었다. 그래서 다산은 논설문 〈통색의通塞議〉에서 지역 차별과 적서 차별, 당파 싸움 때문에 많은 인재들이 등용되지 못한다고 지적하며 인재 등용 방법을 개혁하자고 주장했다.

또한 불합리한 신분제도가 주로 과거제도로 유지 강화되어 왔기에 "과거학은 이단 가운데서도 그 폐해가 가장 혹심한 것이다. 과거 시험을 위한 학문은 그 해독을 생각해 보면 비록 홍수와 맹수라도 비유할 바가 못 된다.(《반산 정수칠을 위해 주는 말〔爲盤山丁修七贈言〕》)"고 역설하였다.

3
농사짓는 자는 반드시 곡식 비축하여   耕者必蓄食
세 해 농사지으면 한 해 치를 쌓아 두고   三年蓄一年
구 년이면 삼 년 치를 모아 두어   九年蓄三年
흉년 들면 곡식 나누어 주며 하늘을 돕는다네   檢發以相天
한번 사창이 문란해지자   社倉一濫觴
만 목숨이 잇달아 넘어져 슬피 우는구나   萬命哀顚連

빌려 주고 빌리는 건 모름지기 양쪽 다 원해야 하거늘　　　　債貸須兩願
고집스럽게 이를 강요하면 불편할 뿐이네　　　　強之斯不便
온 나라 온 사람이 절레절레 도리머리 치고　　　　率土皆掉頭
단 한 사람도 군침 흘리는 자 없다네　　　　一夫無流涎
봄철에 벌레 먹은 곡식 한 말 받고　　　　春蠱受一斗
가을에 방아 찧고 난 쌀 두 말을 다 바쳐야 하네　　　　秋鑿二斗全
하물며 좀먹은 쌀값을 돈으로 내라 하니　　　　況以錢代蠱
어찌 방아 찧어 좋은 쌀 팔아 돈을 안 바치겠는가!　　　　豈非賣鑿錢
남는 이문은 간사하고 음흉한 벼슬아치만 살찌우고　　　　嬴餘肥奸猾
벼슬자리 하나에 밭이 천 이랑 생기거늘　　　　一宦千頃田
쓰라린 고초만 아랫자리 민초들에게 돌아가니　　　　楚毒歸主華
긁어 가고 벗겨 가고 걸핏하면 매타작이라네　　　　割剝紛筆鞭
부엌칼 가마솥 이미 깡그리 가져가고　　　　銼鍋旣盡出
자식 팔려 가고 송아지마저 끌고 가네　　　　孥粥犢亦牽
군량미 쌓아 놓는단 군소리나 하지 말라　　　　休言備軍儲
이 말은 헛되이 둘러대어 꾸민 거짓말이로다!　　　　此語徒謾諓
섣달그믐 가까우면 곳간 닫아걸고　　　　封庫逼歲除
새봄도 오기 전에 곳간이 바닥나니　　　　傾囷在春前
곡식 쌓아 둔 기간은 겨우 두어 달뿐이고　　　　庫稻僅數月
한 해 내내 곳집은 텅텅 비어 있는 꼴이지　　　　通歲常枵然
군사 일으키는 일은 본래 때가 없거늘　　　　軍興本無時
하필 한때만 우연찮게 탈 없으랴?　　　　何必巧無悉

군량을 농가에 대준다는 말도 말라	休言給農糧
자애 베푸는 척도 지나치게 부지런해 고통이네	慈念太勤苦
아들딸 이미 제각기 살림났으면	兒女既析産
부모도 자식들 뜻대로 맡겨 두거늘	父母許自專
헤프거나 아끼거나 자기들 맘에 맡겨 둬야지	靡嗇各有性
멀건 죽 쑤어라 된 죽 쑤어라, 무얼 하러 참견하랴?	何得繁粥饘
무릇 자식 부부끼리 의논해서 하는 대로 내버려 둬야지	願從夫婦議
지나친 부모 사랑 바라지도 않는다네	不願父母憐
상평은 본래 좋은 법이었건만	常平法本美
아무런 까닭 없이 버림 받았네	無故遭棄捐
어쩔 도리가 없구나! 또 술이나 실컷 마시자꾸나!	已矣且飮酒
백 단지 술이 샘물 같아 취하지도 않는구나!	百壺將如泉

   여기서 자녀는 백성이고, 부모는 관가이다. 하지만 현실에서 수령은 백성의 어버이가 아니라 원수일 뿐이다. '사창社倉'은 조선시대에 각 고을마다 설치한 환곡 창고이다. 본래의 취지는 곡식을 사창에 저장했다가 봄에 백성들에게 꾸어 주고 가을에 적은 이자를 붙여 받는 빈민 구제책이었으나, 조선시대 후기 들어 아전들의 농간이 심해졌다.

   이 사실을 아는 백성들은 환곡을 받으려 하지 않았다. 그러나 관아에서 가난 구제라는 미명 아래 강제로 받게 하였다. 아예 빌려 주지도 않고 억지로 '환곡 빚'을 떠안기는 경우도 있었다. '아전 술 한 잔에 환자還子가 석 섬'이라는 속담이 괜스레 생겼으랴! 이러한 부조리한 현실은 유배객 다산에게 술잔을 들게 했다. 다산은 술 백 단지를 마실망정 취하지도 않는다고 하소연한다.

4
해마다 창경궁 춘당대에서 과거 보는데 　　　　　春塘歲試士
수많은 선비들이 한 자리에서 겨루니 　　　　　萬人爭一場
눈 밝은 이루가 백 명 있다 한들 　　　　　　　縱有百離婁
낱낱이 감시할 순 없는 노릇이지 　　　　　　　鑑視諒未詳
붉은색으로 제멋대로 채점해 버리니 　　　　　任施紅勒帛
과거자의 당락은 시험관 손에 달렸다네 　　　取華朱衣郞
별똥별 하늘에서 뚝 떨어지면 　　　　　　　　奔珓落九天
눈 달린 자 모조리 우러르기 마련이네 　　　　萬目同瞻卬
과거제도는 법 무너뜨리고 요행심만 길러 　　敗法啓倖心
온 세상 사람들 모두 미치광이 같네 　　　　　擧世皆若狂
지금까지 먹물들 따져 말하길 　　　　　　　　於今識者論
옛날 변계량의 허물을 거슬러 올라가 탓하네 追咎卞季良
시의 격조가 본래 낮고 더러워 　　　　　　　詩格本卑陋
끼친 해독이 크고 넓어 까마득하다네 　　　　流害浩茫洋
마을마다 앉아 있는 선생님들이 　　　　　　　村村坐夫子
한나라 당나라 옛글은 가르치지 않고 　　　　教授非漢唐

• 이상은 대과大科에 대해 논한 것이고, 이 아래는 소과小科에 대하여 논한 것이다. ─ 원주

어디서 온 백련구百聯句 인지	何來百聯句
읊고 외우는 소리 온 방 안 가득하다네	吟誦方諸堂
항우와 유방 이야기만	項籍與沛公
지루하고 소리 없이 쓰고 또 쓰네	文雛亞篇章
과시체에 능한 강백 은 입부리만 놀리고	姜柏放豪嘴
노긍(조선 후기 시인)처럼 창자에서 기묘한 말만 쏟아내네	盧兢抽巧腸
한평생 공부하여 성인처럼 되고 싶었으나	終身欲如聖
죽도록 소동파와 황정견(송대의 시인)은 엿보지 않았네	沒不窺蘇黃
시골에서는 비록 내로라하였지만	嶺右間其雄
대관절 세상사 돌아가는 모양새를 몰랐네	又昧時世粧
대를 이어 이름을 날리지도 못했거늘	世世不成名
도리어 농사일 누에 치는 일로 돌아가질 않네	猶未歸農桑
과거에 뽑히는 건 또 논할 게 없고	科擧且末論
문장이래야 더더욱 보잘것없고 거칠 뿐이네	文字尙大荒
어찌하면 대나무 만 그루 가져다가	那將萬箇竹
천 길만큼 긴 빗자루를 묶어	束篲千丈長
쭉정이 먼지 따위 싹싹 다 쓸어서	揖揚秕穅塵
송두리째 바람에 날려 버릴까	臨風一飛颺

* 시골 서당에서 시를 가르치는 초보 교과서.
** 시골 서당에서 출제한 것들이 모두 초나라·한나라 시절의 일뿐이었다. ―원주
*** 이인좌의 난 때 도망을 친 죄로 유배를 당한 시인.

'이루離婁'은 중국 고대 전설의 황제黃帝 시절에 살았다는 눈이 밝은 사람이다. 이런 이루가 백 명이 있어도 막지 못할 만큼 부정행위가 횡행하는 과거 시험장의 모습이 눈앞에 그려진다. 당락은 실력이 아닌, 오직 시험관 손에 달렸다. 시험 부정이 판을 치고 응시자들은 요행만을 바라는 현실에서, 공정한 인재 등용이라는 과거제도의 취지는 온데간데없다.

다산은 타락한 대과 시험을 광대와 연극 놀음이라고 일갈한다. '대과大科'는 문과와 무과로 나눠 보던 과거를 말한다. 변계량卞季良은 세종 대에 20여 년간 대제학을 지내며 국가의 중요 문서를 도맡아 처리하고, 과거 시험에만 쓰이는 시 문체인 과시체科詩體를 창안한 인물이다. 현재의 과거제도에 문제가 있다는 것을 알면서도, 그 잘못을 몇 백 년 전 사람에게 떠넘기고 바꿀 생각을 하지 않는 것은 무슨 까닭인가?

다산은 논설문 〈오학론五學論〉에서 과거 시험을 비판하며, 과거 시험만으로는 요순의 태평시대를 열 수 없다며 과거 무용론을 전개했다. 세상을 다스리고 백성을 구제하는 경세제민經世濟民에 도움이 되지 않는 과시체에 전력투구하며 평생을 보내다가, 불합격하고 돌아가 농사를 짓기는커녕 항우와 유방의 이야기로 세월을 허송하는 현실을 개탄하였다.

게다가 부정부패가 난무하여 과거 시험장에서 대필하여 합격하거나, 시험장에서 서로 다투다가 사람을 죽이는 일까지 있었고, 부잣집 자식이 돈을 주고 글을 사서 뇌물을 바치고 합격하는 일도 적지 않았다. 그런데 나라에서 인재를 등용하는 길은 오직 과거제도뿐이니, 다산은 이 모든 "쭉정이 먼지 따위 싹싹 다 쓸어서" 한꺼번에 일소하고 싶다고 한다.

5

높고 큰 산이 아름다운 꽃 모아 피우면서	山嶽鍾英華
본래 꽃의 씨족 가리지 않았네	本不揀氏族
반드시 한 가닥 좋은 기운이	未必一道氣
늘 최씨네, 노씨네 뱃속에만 있으란 법 없네	常抵崔盧腹
보배로운 솥 솥발이 뒤집혀야 좋고	寶鼎貴顛趾
향기로운 난초 깊은 골짝에서 자라네	芳蘭生幽谷
위공(송나라 명신 한기)은 천첩의 아들로 일어났고	魏公起賤喢
희문(송나라 명신 범중엄)도 의붓아비 밑에서 자랐네	希文河葛育
중심(명나라 대학자 구준)은 변방의 경해 출신이지만	仲深出瓊海
재능과 꾀가 보통 사람들보다 뛰어났네	才猷拔流俗
우리나라는 어찌하여 어질고 유능한 자 벼슬길 좁아	如何賢路隘
뭇사람들 쭈뼛쭈뼛 움츠려 드나?	萬夫受局促
오로지 제일골만 가려 뽑아 벼슬에 앉히고	唯取第一骨
나머지 골품은 노예나 종과 같네	餘骨同隸僕
함경도 평안도 사람들 늘 눈썹 찡그리고	西北常摧眉
서얼들은 죄다 통곡만 하네	庶孼多痛哭
위세 당당한 수십 가문이	落落數十家
대대로 나라의 녹봉 삼켜 왔네	世世呑國祿
그 가운데서도 붕당이 우리나라를 나누고	就中析朋黨

* 신라시대에 귀족을 제일골第一骨이라 한 것이 《당서唐書》에 보인다.

서로 죽이며 엎치락뒤치락 뒤집으니	殺伐互翻覆
약한 당파의 살을 강한 당파가 뜯어먹고	弱肉強之食
대여섯 세도가만 남아 거드름 피우네	豪門餘五六
이들만이 재상이 되고	以玆爲卿相
이들만이 판서와 감사가 되고	以玆爲嶽牧
이들만이 승정원의 벼슬아치를 맡고	以玆司喉舌
이들만이 감찰 벼슬아치에 기대고	以玆寄耳目
이들만이 숱한 벼슬자리를 오로지 해먹고	以玆爲庶官
이들만이 많은 옥사를 살피네	以玆監庶獄

먼 시골 백성 아들 하나 낳아	遐氓産一兒
빼어난 기품이 난새와 학 같으니	俊邁停鸞鵠
그 아이 여덟아홉 살 되도록 자라서	兒生八九歲
뜻과 기상이 가을철 대나무 같았네	氣志如秋竹
아비 앞에 윗몸 꼿꼿이 세우고 무릎 꿇고 여쭈었네	長跪問家翁
"제가 이제 사서오경을 다 읽어	兒今九經讀
천 명 중에서 으뜸인 경술을 지녔사오니	經術冠千人
혹여 홍문관에 들어갈 수 있겠지요?"	倘入弘文錄
아비가 대답하네, "너는 천한 족속이라	翁云汝族卑
임금님을 곁에서 보좌하는 벼슬을 할 자격이 없다!"	不合資啓沃
"제가 지금 큰 활을 당길 만하고	兒今挽五石
무예가 극곡(춘추시대 진晉나라 장수)과 같으니	習戎如郤縠

자식 팔러 가고 송아지마저 끌고 가네 135

어떻게든 오영의 장수나 되어   願爲五營帥
말 앞에 대장기를 세워 보렵니다!"   馬前樹旗纛
아비가 대답하네, "너는 낮은 족속이라   翁云汝族卑
장군의 수레도 탈 수 없다!"   不許乘笠轂
"제가 이제 벼슬아치 일을 배워   兒今學吏事
위로는 한나라의 뛰어난 수령 공수와 황패를 이어받을 만하니   上可龔黃續
모름지기 고을 벼슬아치 인끈이나 차고   應須佩郡符
평생 동안 고량진미 물리도록 즐기렵니다."   終身厭粱肉
아비가 대답하네, "너는 하찮은 족속이라   翁云汝族卑
순리도 혹리도 너랑은 상관이 없다!"   不管循與酷
자식 놈 그제야 발끈 화내며   兒乃勃發怒
책을 던지고 활과 활집이랑은 부숴 버리고   投書毁弓韣
저포놀이 골패놀이   樗蒲與土牌
마작놀이 공차기놀이로   馬弔將蹴鞠
허랑방탕해 아무런 재목도 되지 못한 채   荒嬉不成材
늙고 어그러져 시골구석에 파묻혀 버리네   老悖沒鄕曲

재산 많고 권세 있는 집안이 아들 하나 낳아   豪門産一兒
흉포하고 거만하기가 천리마나 녹이綠駬* 같으니   桀驁如騄駬
그 아이 여덟아홉 살 되어   兒生八九歲

---

* 주나라 목왕의 팔준마 중 하나.

곱고 예쁘장한 옷 입고 웃으면	粲粲被姣服
손님이 말하네, "너는 걱정하지 마라	客雲汝勿憂
너희 집은 하늘이 복 내린 집이라서	汝家天所福
너의 벼슬도 하늘이 정해 놓아	汝爵天所定
청관, 요직 맘대로 된단다.	清要唯所欲
헛되이 땀 흘릴 필요 없고	不須枉勞苦
문장 닦기를 과거 시험 공부마냥 죽어라 할 것 없고	績文如課督
때 되면 저절로 좋은 벼슬 오리니	時來自好官
편지나 쓸 줄 알면 그걸로 족하다!"	劄翰斯爲足
그 자식 놈, 그래서 깡충 뛰며 좋아하고	兒乃躍然喜
책 상자는 다시 거들떠보지도 않는구나	不復窺書簏
마작이며 골패라든지	馬弔將江牌
장기, 바둑, 저포놀이에 빠져	象棋與雙陸
게으르게 만날 노닐기만 하며 재목 되지도 못했건만	荒嬉不成材
높은 벼슬자리 차례차례 밟아 오르네	節次躋金玉
일찍이 먹줄 한번 제대로 그어 보지 못했거늘	繩墨未曾施
어찌 큰 집 지을 재목 따로 되겠는가?	寧爲大廈木
두 아이 모두 자포자기하고 마니	兩兒俱自暴
세상천지에 어질고 품성 고운 재목 없다네	擧世無賢淑
곰곰 생각하노니 애간장 타 들어가	深念焦肺肝
또 술잔 들어 술이나 마신다네	且飲杯中醁

자식 팔러 가고 송아지마저 끌고 가네

여기 뛰어난 학식과 무예를 갖춘 소년이 있다. 소년은 기량을 더 갈고 닦아 나라의 큰 재목이 되기를 소망한다. 그러나 아버지의 말은 그 꿈을 무참히 꺾는다. 천한 족속이기 때문에 홍문관에 들어갈 수 없고, 문벌이 낮아 장수가 될 수도 없으며, 낮은 족속이라 관리가 될 수도 없다. 결국 자포자기한 소년은 책을 내던지고 활과 활집을 부숴 버리며 삶을 낭비한다.

또 다른 소년이 있다. 부호 집안에서 태어난 이 소년에게 사람들은 말한다. "너희 집은 하늘이 복을 내린 집이라 때 되면 저절로 좋은 벼슬이 찾아오니 공부를 할 필요가 없다." 그길로 소년은 잡기와 놀음에 빠져 허랑방탕하게 살지만, 높은 벼슬을 차례차례 밟아 올라간다.

두 소년을 다 자포자기하게 만드는 것이 조선의 신분제도이다. 지역 차별과 서얼 차별로 평안도와 함경도 백성들과 서얼들은 아예 벼슬길에 나아갈 수 없고, 소수의 권문세가들이 나라의 모든 벼슬을 세습적으로 독점하는 나라가 어찌 잘될 수 있겠는가? 천대받는 하층민 자녀들은 재주가 아무리 뛰어난들 제대로 쓰이지 못하는 현실에 다산은 깊은 연민과 염증을 드러낸다.

19세기 초엽 조선이 안고 있는 사회악과 인간악을 사실적으로 그린 이 경세시警世詩는, 시대의 모순을 철저히 고민하며 사회를 개혁하려 한 다산의 비판의식을 잘 보여 준다.

너는 꼭 살아 돌아가 원수를 갚으라

1800년 음력 6월 28일, 정조 대왕이 갑자기 세상을 떠났다. 1795년 주문모 신부의 변복 잠입 사건 이후 금정과 곡산 등 외지를 떠돌던 다산이 내직으로 복귀한 지 한 해도 채 지나지 않은 시점이었다.

정조의 급작스런 죽음에는 석연치 않은 부분이 많았다. 실제로 정조가 남인계 시파들만 가까이 하여 이에 불만을 품은 노론 벽파가 어의인 심인沈鏔을 사주하여 49세의 정조를 독살했다는 소문이 파다했다. 심인은 약을 제대로 쓰지 못해 임금을 죽게 한 죄로 처형되었다. 다산 또한 심인을 단호하게 '역적'이라 불렀다.

정조 독살설과 관련하여 다산이 남긴 글이 있다. 정조가 승하한 해, 즉 순조 즉위년(1800) 인동(경북 구미시)에서 일어난 '인동작변仁同作變'의 전모를 기록한 〈고금도 장씨 딸에 대한 기사紀古今島張氏女子事〉가 그것이다. 인동작변은 영조 이후 중앙 정계 진출에 실패한 인동의 남인계 사족들이 당시 정권을 장악한 노론 벽파 세력을 제거할 역모를 꾸몄다는 고변 사건이다.

이 글에 등장하는 장현경張玄慶은 인동작변의 주모자로 지목당한 장시경張時景의 아들로, 사건이 일어나 목숨이 위태로워지자 도망쳐 행방이 묘연해졌다. 장시경의 집안은 당시 인동 지역의 대표적인 사족인 인동 장씨 집안으로, 인조 시대 퇴계 학통의 대학자인 장현광張玄慶의 후손이었다. 이 사건으로 장씨 일문은 대대적으로 처벌받고, 인동은 도호부에서 현으로 강등되었다. 조선 후기 영남 남인들이 정치적으로 몰락한 계기를 인동 작변에서 찾기도 한다.

다산은 무진년(1808) 봄, 강진읍 동문 밖 주막집에서 강진현 갯마을 귤동 부락 뒷산 다산초당으로 거처를 옮겨 유배 생활을 하고 있었고, 장현경의 아내와 자식들은 귤동 부락에서 마주 보이는 신지도에서 귀양을 살았다. 다산은 장현경 가족들이 겪은 사건의 정황을 듣고, 마치 오늘날의 신문사 사회부 취재기자처럼 팩트fact(사실)를 상세히 취재하여 기록한 기사문紀事文을 썼다. 이 글은 정조 대왕의 죽음과 고변 사건을 이해하는 데 긴요한 자료가 된다.

고금도古今島는 옛날에 고이도皐夷島라고 불리던 곳이다.

장씨 여자는 망명해 버린 장현경의 딸이다. 현경의 본관은 인동으로 여헌旅軒 장 선생(장현광)의 제사를 받드는 후손이었다.

가경嘉慶 경신년(1800) 여름, 우리 정조 대왕께서 돌아가셨다. 경상도 인동 사또 이갑회李甲會는 나라에서 치르는 국상으로 인해 관청이 일을 하지 않는 기간이 채 끝나기도 전에 기생들을 불러 놓고 아버지의 회갑 술잔치를 벌였다. 장현경과 그의 아버지(장시경)도 초대하였다.

장현경의 아버지가 초청장을 가지고 온 이방에게 대뜸 말하였다.

"국상 기간이 아직 끝나지도 않았는데 술 마시고 노는 잔치를 열 수는 없는 일이외다. 임금님이 돌아가신 마당에 이런 잔치를 베풀다니, 세상이 돌아가는 꼬락서니를 알기나 하는 짓이요?"

예전에 장현경의 아버지와 인동 사또 이갑회의 아버지는 서로 성씨가 다른 친척이었다. 그들은 자주 관아에서 만나 들려오는 소문들을 이야기하곤 했다.

당시의 정승이 역적인 의원 심인을 추천하였다. 그런데 심인이 정조 임금님의 병을 돌보는 척하다 독약을 몰래 올려 바쳐 정조 대왕을 돌아가시게 했다는 소문이 파다했다. 그래서 그들은 손수 그 역적 놈을 죽이지 못한 게 원통하다며 비분강개한 눈물을 흘리곤 했다.

이방 놈이 전해 준 이야기를 들은 인동 사또 이갑회는 장현경 아버지에게 생트집을 잡아 굴레를 씌울 꼼수를 부렸다. 그는 곧장 말을 급히 달려 관찰사가 일을 보는 감영에 가서는 장현경이 아무런 까닭도 없는 이야기를 했다고 허풍을 치며, 순조 임금님의 측근들을 없애기 위한 반란을 꾸밀 기미가 엿보인다고 고발하였다. 관찰사 신기는 곧바로 장현경의 집을 포위하고 그를 잡아들이라는 명령을 내렸다.

이갑회는 그날 밤 포졸 이백여 명을 고른 뒤, 횃불을 들고 가 장현경의 집을 에워쌌다. 불빛이 하늘까지 치솟아 바깥이 대낮처럼 환해졌다. 장현경은 화들짝 놀라 두려움이 스멀스멀 몰려왔다. 어떤 변고인 줄도 모른 채 담을 타고 재빨리 달아났다. 단지 장현경의 아버지만 붙잡혔다. 아우는 그만 벼랑에서 떨어져 죽고 말았다.

이 일로 관아에서 무턱대고 잡아들인 자가 수백 명이 넘었다. 온 고을이 시끄러워, 모두들 고개를 움츠리고 방 안에서 쥐 죽은 듯이 숨을 죽인 채 죽치고 앉아 발만 동동 구르며 감히 밖에 나오질 못했다. 바야흐로 가을이었다. 목화 꽃이 눈처럼 하얗게 피어났다. 하지만 거두어들이는 사람이 없으니, 목화 꽃만 죄다 아무런 보람도 없이 바람에 어지러이 날려 다녔다.

조정에서는 안핵사按覈使(지방에 일이 터졌을 때 보낸 벼슬아치) 이서구李書九를 보내 사건을 맡도록 하였다. 그가 빼앗은 문서라고는 점풀이를 해 놓은 문서 한 장이 고작이었다. 그 문서에는 '건마서분乾馬西奔'이라는 말만 달랑 써져 있었다. 누가 지은 것인지, 또한 무슨 뜻인지 그 영문을 도무지 알 수가 없었다. 일이 마무리되자, 억울하게 옥살이하던 사람들이 거의 풀려났다. 영남 고을 사람들이 안핵사 이서구를 입에 침이 마르도록 칭송하였다.

그러나 장현경이 끝내 망명해 버리자, 죄를 그 가족에게 물었다. 아내와 자식들을 전라도 강진현 신지도로 귀양을 보냈다.

1809년 가을에 장현경의 큰딸은 스물두 살, 작은딸은 열네 살, 막내 사내아이는 겨우 열 살이었다. 하루는 아무개 병졸이란 자가 술에 잔뜩 취해 돌아가다가, 울타리 구멍을 통하여 큰딸을 엿보고는 지분거리는 말로 치근거렸다. 이때부터 계속 찾아와 큰딸에게 농지거리를 걸기 일쑤였다.

"네가 지금은 비록 뿌리치지만, 끝내는 내 아내가 될 것이다."

처녀는 슬프고 분통이 터져 살 수가 없었다. 남몰래 항구로 나가 밀려오는 파도를 바라보다 푸른 바닷물 속으로 몸을 던져 버렸다. 어머니가 급히 쫓아갔으나 붙잡지 못하고 역시 바닷물 속으로 투신해 버렸다. 7월 28일이었다. 작은딸도 따라서 바다에 같이 빠져 죽으려 하자, 물속에서 허우적대던 어머니가 복장이 터져라 안간힘을 쓰며 소리쳤다.

"둘째야! 너는 꼭 살아 돌아가 관아에 고발하여 원수를 갚아야 한다! 그리고 너의 남동생을 잘 길러야만 한다!!"

작은딸은 어미의 말에 몸을 곤추세웠다. 그리고 바닷가 병영으로 돌아와 포졸대장에게 이 억울한 사정을 아뢰었다. 포졸대장이 사또 이건식에게 알리자, 사또는 큰딸과 어머니의 시체를 검시하여 관찰사에게 보고를 올렸다. 며칠이 지나자 해남수군사海南水軍使 권탁權逴이 임금님에게 장계를 올려 신지도를 지키는 우두머리 포졸과 강진현 사또를 파면하도록 주청하였다.

이건식은 자신이 파면당할 것을 크게 걱정하여 이방과 상의를 한 뒤, 돈 천 냥을 뇌물로 보내 관찰사를 구슬려 삶았다. 그러자 관찰사는 검시 결과를 적은 문서와 장계를 강진현 사또에게 돌려보내고 그들의 죄를 따지지 않았다.

다음 해인 경오년(1810) 7월 28일, 큰 태풍이 남쪽에서 불기 시작하여 모래가 날고 돌이 구르고 바닷물이 출렁이는 게 마치 눈 덮인 산악에서 눈발이 날리듯 하였다. 흩날린 물방울들이 하늘가를 타고 날다가 소금비가 되어서 산꼭대기에까지 내렸다. 바닷가 주위의 벼나 기장, 풀과 나무들이 모두 소금기에 젖어서 선 채로 말라 죽었다. 큰 흉년이 들어 백성들의 고초가 이만저만이 아니었다.

나는 그때 신지도와 마주 보는 강진의 다산초당에 있었다. 억울한 장씨 여자 일을 기록한 〈염우부鹽雨賦〉를 그때 짓고, 모든 사실을 낱낱이 후세에 알리고자 하였다. 또 다음 해 그날에도 바람이 불고 재앙이 닥치는 게 지난해의 일과 비슷했다. 그러자 갯마을 무지렁이들이 처녀바람〔處女風〕이 불어 재앙이 닥친다고 한목소리로 하소연하였다. 그 뒤에 암행어사 홍대호洪大浩가 와서 그 이야기를 듣고도 또 입을 다문 채 그냥 줄행랑을 치듯 가 버리고 말았다.

― 〈고금도 장씨 딸에 대한 기사〔紀古今島張氏女子事〕〉

'소금비 노래'라는 뜻의 〈염우부鹽雨賦〉는 다산이 49세 때인 1810년(순조 10) 7월에 강진의 유배지에서 폭풍우로 산야의 초목과 곡물이 혹독한 피해를 당한 것을 목격하고 지은 글이다. 다산은 정조의 죽음과 이후 일어난 고변 사건, 그리고 여기에 연루된 장씨 일가의 억울한 사연을 '피해자'의 처지에서 고발기사처럼 기술했다. 실제로 인동작변은 1859년(철종 10)에 재심리가 진행되어 1861년 신원伸冤되었다.

그런데 인동작변이 일어난 1800년 다산은 고향인 경기도 광주에 있었고, 글에 나오는 내용 대부분은 훗날 다산이 장씨 가족의 증언을 통해 얻었을 가능성이 크다. 억울하고 힘없는 사람들의 억울한 사연을 마치 르포 문학처럼 상세히 기록하는 태도에서 참여파 지식인다운 면모가 유감없이 드러나는 기사이다.

아무개는 내 손에 죽지 않았소

　신유박해는 다산 일가뿐 아니라 수많은 사람들에게 크나큰 원한과 상처를 안겨 주었다. 그 참상을 잘 보여 주는 다산의 글이 있다. 이 글에 등장하는 이광익李光益은 순조 즉위 후 함경도와 황해도 병마절도사와 좌우 포도대장을 지낸 인물이다. 신유박해 당시 죄인들을 심문하는 위치에 있었지만, 무고한 사람을 처벌하는 것을 주저했다.

　이광익이란 사람은 훈련대장 이경무李敬懋의 형님 아들이다. 정조 대왕이 살아 계실 적에 오랫동안 높은 벼슬아치의 저택에 머물면서 그 누구보다도 큰 아낌을 받았다.
　신유년 신유옥사 때 그는 더러 승지 벼슬로 중죄인을 심문하였다. 하지만 늘 불쌍하게 여기는 표정이 역력하였다. 얼마 뒤에 임률과 함께 포도대장이 되어 백성들이 사는 데에서 잡아들인 자들을 치죄하였다. 또 황사영이 천주교도들을 구출해 달라는 편지를 북경의 신부에게 보내다 들통이 난 '황사영 백서 사건' 때에도 천주교도라는 죄목으로 잡혀 온 자들이 줄을 이었다. 서로 고발하여 끌어들이니 체포된 자만도 수천 명에 이르고 곤장으로 볼기를 맞고 죽어 버려진 자가 서로 몸을 베고 누워 길을 가득 메울 지경이었다.
　그런데 광익은 항상 핑계를 대어 피하고 죄인을 잔채질하는 일에 참여

하지 않았다. 임률도 끼어드는 게 탐탁지 않았지만 홍낙안과 이기경의 보복이 두려워서 그들을 따르지 않을 수 없었다. 그래서 그는 삽시간에 잔인한 인물로 이름이 나 버렸다.

중죄인에게 주릿대를 안기는 일이 다 끝나기도 전에 조정의 벼슬아치들이 바뀌고, 이광익은 중죄인을 제대로 다스리지 못했다는 추궁을 당한 뒤 용인의 시골 농막으로 물러나 조용히 살았다. 그는 밤마다 어린 종 한 명을 데리고 같이 잤다.

하루는 어떤 나그네가 해가 저물녘에 찾아와 밥을 얻어먹은 뒤, 하룻밤을 묵고 가게 해 달라고 부탁하였다. 광익은 그의 모습이 단정하여 함께 말을 섞어 볼 만하다고 여겨 하룻밤을 묵게 하였다. 줄곧 이야기를 나누다 밤이 깊은 뒤에 잠자리에 들었다.

깊은 잠이 들기도 전에 그 나그네가 일어나 옷을 여미고 살금살금 몸을 움직이더니, 곧장 장막 안으로 들어와 왼손으로 광익의 손을 잡고 오른손으로는 날이 하얗게 선 칼을 빼어 들고 짜랑짜랑 말했다.

"그대가 우리 아버님을 죽였으니, 지금 내가 그대를 죽여 아버님의 원수를 갚겠다."

광익이 눈을 슴뻑이며 되물었다.

"그대 아버지가 누구냐? 어느 날 죽었느냐?"

"우리 아버님은 조曺 아무개이시고, 어느 날에 돌아가셨다."

나그네 자객의 말을 들은 광익은 서슴없이 말하였다.

"조 아무개는 내 손에 죽지 않았다. 그날은 내가 관아의 일을 보지 않은 지 며칠째 되던 날이니 그대가 잘못 알고 있다. 내가 만약 무고한 사람을 죽였다면 내 한 몸 죽는 것이야 참으로 마땅하니 감히 피하지 않을 터이네만, 나는 참말로 조 아무개를 죽이지 않았는데 그대가 잘못 보복하고 있는 게 아닌가?"

광익의 말이 참되고 바르며 절실하여 털끝만큼의 거짓도 없었으므로, 나그네 자객은 광익의 손을 털썩 놓아주고 사과하며 말했다.

"나도 간가민가한 의심이 들었기 때문에 곧장 찌르지 못한 것이오."

그러고는 훌쩍 문을 나서 사라져 버렸다. 뒤에 이 말을 이석李晳에게 하였고, 이석은 나에게 또 이와 같이 이야기해 주었다. 훗날 광익은 또 어영대장에 올랐다.

― 〈이 대장이 자객을 만난 일에 관한 기사(紀李大將遇刺客事)〉

심환지와 함께 신유박해를 주도한 홍낙안과 이기경은 정치적 반대파에게 죄를 덮어씌워 죽이는 데 한 치의 주저함도 없었다. 비록 이광익은 박해에 적극 가담하지 않은 덕에 목숨을 부지했으나, 나그네 자객의 일은 당시 억울하게 죽은 사람이 얼마나 많았는지를 짐작하게 한다. 요즘 식으로 하면 신문 기사나 르포르타주(기록문학)에 속하는 이 글은, 신유사옥의 참상을 보여 주는 일종의 고발기사이다.

과거가 조선을 망친다

다산은 불합리하고 부당하며 현실에 하등 도움이 되지 않는 쓸모없는 공론을 경멸했다. 그래서 유학자들의 뜬구름 잡는 고담준론과, 그런 학자를 길러 내는 조선의 불합리한 교육제도를 강하게 비판했다. 다산이 보기에 과거제도는 이런 교육제도가 낳고 거꾸로 이런 제도를 강화시키는, 반드시 개혁해야 할 대상이었다.

과거 시험 수나라 양제 때 시작되어	詞科自隋煬
그 독이 한강과 대동강에도 흘러 왔네	流毒至洌浿
찬연하도다! 〈생원론〉이여	燁燁生員論
장단 맞추어 쾌재를 부를 만하구나	擊節成一快
구름과 노을처럼 뛰어난 재주를 가진 자라도	才俊如雲霞
줄곧 과거 시험장 안으로 들어가다 실패했네	盡向此中敗
양반귀족 늙어 흰머리 나도록	前鋒到白粉
화려하게 꾸미는 글 버릇 여전히 부지런하다네	雕飾猶未懈

– 〈고시27수古詩二十七首〉 중 25번째 수

〈생원론生員論〉은 명말·청초의 사상가인 고염무顧炎武(1613~1682)가 과거제도의 폐단을 비판한 글이다. 고염무는 명나라 때 유행한 양명학이 공리공론을 일삼는 데 환멸을 느끼고 청나라 시대를 대표하는 고증학을 꽃피운 인물이다.

〈생원론〉의 '생원'은 명청시대 지방 과거에 합격한 이들을 가리키는 말로, 이들이 관부에 들락거리며 지방정치를 쥐락펴락하며 이득을 취했다. 고염무는 〈생원론〉에서 과거제도의 폐단은 온 세상 사람이 죄다 생원이 되어야만 끝날 것이라고 통탄했다. 다산은 이를 이어받아 〈고염무의 '생원론'에 대하여〉를 쓰며, 아예 온 나라 방방골골 사람들을 모두 다 양반으로 만들어 버리자고 주장했다. 아예 다 양반이 되면 양반의 값어치가 없게 되니, 온 나라에 양반이 없는 거나 마찬가지가 아닌가?

중국에 생원이 있는 것은 마치 우리나라에 양반이 있는 것과 같다. 고정림顧亭林(고염무의 호)은 온 천하 사람이 모조리 생원이 될까 걱정하였다. 마치 내가 조선의 모든 사람이 양반이 될까 걱정하는 것과 같다. 그러나 양반의 폐단은 더욱 심하다.

생원은 실제로 과거에 나아가서 그 이름을 얻는다. 하지만 양반은 문과나 무과를 거치지도 않고 빈이름만 차고 있다.

오히려 생원은 인원수가 정해져 있으나, 양반은 도대체 제한이 없다. 생원은 세대에 따라 변천하는 것이 있지만, 양반은 한번 얻으면 오랜 세대가 지나도 버리질 않는다.

하물며 생원의 폐단을 양반이 모조리 갖추고 있는 데야 더 말할 나위가 있겠는가?

비록 그러할지라도 내가 바라는 바가 있다. 가령 온 나라 사람이 양반이 된다면, 이는 곧 온 나라에 양반이 따로 없는 셈이다. 젊은이가 있어야 어른이 드러나고, 천한 자가 있어야 귀한 자가 드러나는 법이다. 만일 모두 다 존귀하다면 이는 존귀한 사람이 따로 없는 셈이다. 관자管子(관중)가 말했다.

'온 나라 사람을 다 존귀하게 할 수는 없다. 모두 다 존귀해지면 되는 일이 없고, 나라에도 이롭지 않다.' — 〈고염무의 '생원론'에 대하여[跋顧亭林生員論]〉

과거제도에 대한 다산의 비판은 매우 구체적이고, 그 묘사가 생생하다. 과거 시험 공부가 숱한 인재를 망치고, 능력 있는 인재도 그 길로만 들어서면 평생 겉멋만 부리며 시험장 주변을 기웃거리다 패가망신한다.

다산은 중국과 조선의 사례를 비교한다. 중국은 지방장관이 행실과 학문이 있는 자를 천거하여 이들을 모아 시험을 보게 한다. 반면에 조선은 천거 같은 절차 없이 바로 시험을 보게 하고, 시험 과정에 부정부패가 난무하여 시험장에서 대필하여 합격하거나, 시험장에서 서로 죽이는 일까지 벌어진다. 어디 그뿐인가? 부잣집 자식은 돈을 주고 글을 사고 뇌물을 바치고 합격하기도 한다.

다음 글에 나오는 '첨간籤竿'이란 바구니를 장대에 달아 놓은 것으로, 과거 시험장에서 작성한 답안을 이 바구니에 넣어야만 채점관의 채점을 받을 수 있었다. 그런데 세도가 자제들이 무뢰배를 동원하여 자기 답안지만 첨간에 넣고 다른 사람은 넣지 못하게 몽둥이질을 하는 일도 일어났다. 오로지 과거 시험만을 위한 학문, 즉 '과거학'의 폐해가 이토록 심했다.

이 세상을 주관하면서, 마치 광대가 연극을 하는 것마냥 온 천하를 이끄는 것이 과거학科擧學이다.

요순과 주공·공자의 책을 읽고 도교와 불교와 황교黃敎(라마교)와 회교回敎(이슬람교)의 교리를 도외시하며, 시와 예를 이야기하고, 역사책을 논할 적에는 저절로 유학자의 모자를 쓰고 유학자의 옷을 입은 한 명의 선비다.

그러나 그 실상을 조사하여 보면, 글자를 빼앗고 글귀를 표절하여 좋은 곳만을 아름답게 꾸며서 한때나마 사람들의 눈을 현혹시킬 뿐이다. 그리고 요순을 참말로 우러러보지 않고 노자와 불교를 정말로 미워하지 않는 것은 물론이거니와, 마음을 다스리고 몸을 단속하는 법을 묻지도 않고, 임금의 잘못을 바로세우고 백성에게 은택을 베푸는 법에 대해서는 뜻조차 품지 않는다. 그리고서는 항우와 패공沛公(유방)의 일을 제목으로 내걸고서 경박하고 이치에 맞지도 않는 비비 꼬는 구절들을 쏟아 내며 글 짓는 것을 으뜸으로 여긴다.

실용성 없는 공허한 말들을 토해 내고 허황되기 짝이 없는 내용의 글을 지어 스스로 자신의 풍부한 식견을 뽐낸다. 그리하여 과거 보는 날 노름을 하듯 운 좋게 급제하기만을 바랄 뿐이다. 이들은 성리학을 하는 사람에게는 '거짓부렁이'라고 화내고, 훈고학을 하는 사람에게는 '별꼴 사납다'고 꾸짖는가 하면, 문장학에는 눈을 흘기며 업신여긴다.

그러나 스스로 하는 것을 보면 죄다 일찍이 문장학을 제대로 한 적도 없다. 자기들의 격식에 맞게 지은 글은 '으뜸'이라고 하고, 자신들의 격식에 벗어난 글은 '수준 낮다'고 하는가 하면, 교묘하게 지은 글은 신선처럼 떠받들고, 서툴게 지은 글은 노예처럼 멸시한다.

어쩌다 요행으로 명성을 얻게 된 자의 아버지는 효자를 두었다고 대견해 하고, 임금은 훌륭한 신하를 얻었다고 경하하고, 종친들은 예뻐하고 친구들은 존대한다.

그러나 그 곤궁함으로 뜻(급제)을 이루지 못한 자는, 비록 증삼曾參(효심)과 미생尾生(신의)과 같은 훌륭한 행실이 있고 저리자樗裏子(해학이 풍부하고 꾀가 많아 '지낭智囊'으로 불린 전국시대 진나라 사람)와 서수犀首(전국시대 위나라 사람으로 종횡가를 대표하는 공손연公孫衍)와 같은 훌륭한 지혜를 지녔다손 처도 거개가 늙수그레한 모습이 될 때까지 초췌하게 슬픈 한을 품은 채 죽어 간다.

아, 어찌 이런 법도가 있단 말인가?

어슬렁어슬렁 살고 있는 뭇 백성 무리들은 무릇 어리석고 무식하다. 그러므로 문학과 역사서를 공부하여 나라의 정치를 뛰어나게 이끌 수 있는 사람은 천 명이나 백 명 가운데 한 사람뿐이다.

지금 천하의 총명하고 슬기로운 재능이 있는 이들을 한결같이 모아 과거 시험장이라는 절구통에 깡그리 내던져 버리고는 마구 찧고 빠개는 절구질을 하면서, 오로지 그들이 자잘하게 부서지고 문드러지고 쓰러질까만을 걱정하니 이 어찌 슬픈 일이 아니겠는가!

일단 과거학에 빠져 버리면, 곧바로 예악禮樂(예법과 음악)은 생뚱맞은 일로 여기고 형정刑政(정치와 형벌)을 잡스런 일로 여긴다. 그리하여 목민牧民(사또)의 직책을 맡게 하면, 도리어 맡은 바 직무에 깜깜하여 오로지 구실아치들이 하자는 대로 따르기만 한다.

조정의 내직으로 들어와 재부財富(재물)나 옥송獄訟(송사)을 담당하는 벼슬자리를 맡으면, 산송장마냥 우두커니 자리만 지키고 앉아 봉급만 타 먹으면서 오로지 전례만을 물어 일처리를 한다. 외직으로 나아가 군사를 지휘해 적을 막는 권한을 맡기면, 도리어 군사를 부리는 일을 배운 적이 없다고 쫑알대면서 무인을 추대하여 선두에 세운다. 앞으로 천하의 어디에다 쓸 수 있겠는가?

일본은 바다 밖의 작은 촌락에 불과하다. 과거 시험이 없으므로 문학은 구이九夷(동방의 아홉 오랑캐)에서 뛰어나고 무력은 중국과 맞먹는다. 나라를 통치하는 규모와 기강이 선 까닭은 사람을 가르치고 책임을 떠맡기는 것이 삼엄하게 가지런하고 문란하지 않으며 조리가 있기 때문이다. 어찌 그것이 과거 시험이 없어서 드러난 효험이 아니겠는가!

지금 과거학은 역시나 이미 쇠했도다! 세도를 떵떵거리는 명문가 자제들은 이를 공부하길 마다하고, 오로지 시골구석의 헐벗고 굶주린 사람들만이 익히고 있다. 그런데 과거 시험장에서 문예를 겨루는 날에는 권세가의 자제들이 저잣거리의 노예들을 휘파람 소리로 불러 모아 접건摺巾과 단유短襦를 입힌다. 눈을 부라리고 주먹을 휘두르면서 주인의 시험지를 먼저 올리기 위해 첨간만 바라보며 서로 찌르고 다투어 몽둥이질을 한다. 그리하여 그 합격자를 점호하는 때에 이르면, '시豕' 자와 '해亥' 자도 분별하지 못하는 젖내 나는 어린애가 나아가 장원을 차지하기 일쑤다. 이러하니 과거학이 쇠폐해지지 않을 수가 없다! 만일 하늘이 보살펴 주어 이 쇠폐한 과거학을 마침내 변화시킨다면 이는 곧 조선 백성들의 복이다. 그렇지 않으면 과거를 도모하는 자와 함께 서로 손을 잡고 요임금과 순임금의 문하로 들어갈 수가 없다.

－〈오학론4五學論四〉

귀족 자제에게는 희망이 없습니다

1811년 겨울, 강진 유배지에 있던 다산은 흑산도에서 유배 중인 둘째 형님 정약전에게 편지를 띄운다. 이 편지에서 다산은 19세기 전반 조선 사회에서 목격한 상류층 젊은이들의 기회주의와 보신주의 그리고 안일하고 천박한 속물근성을 준엄하게 까발린다.

신분적으로 우위에 있는 특수층 자녀들이 학문에 열중하지 않고, 인격적으로도 수양이 덜 된 채로 벼슬자리를 꿰차는 현실은 충분히 우려할 만한 일이었다. 그런 사람들이 관료 자리에 앉으면 백성들의 삶은 도탄에 빠지고 나라는 큰 병이 들 수밖에 없다.

다산의 사회 비판은 늘 불합리한 신분제도에 대한 성토로 이어졌다. 출신을 차별하며 출신 지역에 따라 사람의 등급을 매기는 신분제도가 나라를 병들게 하고 백성을 헐벗고 굶주리게 하는 망국병이라고 진단한 다산은, 쇠락하는 조선을 다시 일으켜 세울 희망을 피지배층 아이들에게서 찾아낸다.

강진 읍내에 있을 때 아전 집안의 아이들 네댓 명이 제게 배우러 왔지만, 거의 모두가 몇 년 만에 폐하고 말았습니다. 어떤 아이 하나가 단정한 용모에 마음도 깨끗하고 글 쓰는 재주도 제법이고 문장도 역시 중간 정도의 재질을 가졌었습니다. 그 아이는 꿇어앉아서 이학理學(성리학)을 공부하였습니다.

　만약 머리 숙여 힘써 배운다면 이학래李鶴來와도 길고 짧음을 서로 겨룰 만하였습니다. 그런데 어찌 된 셈인지 혈기가 매우 약하고 비위가 아주 약하여 거친 현미밥이나 맛이 변한 간장은 절대로 목으로 넘기지 못했습니다. 이 때문에 저를 따라 다산초당으로 올 수가 없었습니다. 학문을 그만둔 지가 이제 벌써 네 해가 지났으니, 서로 만날 때마다 탄식하며 애석해 합니다.

　귀족 자제들에 이르러서는 모두가 쇠약한 기운을 띠고, 모조리 속되고 비루한 열등생들입니다. 정신이 총명하지 않아서 책을 덮으면 금방 잊어버리고, 뜻과 취향은 저속한 하류에 만족해 버립니다. 가령 《시경》·《서경》·《주역》·《예기》 등의 경전 가운데서 은미한 말과 미묘한 논의를 가끔씩 말해 주어 그들의 향학열을 북돋워 줄라치면, 도리어 그 모습이 마치 발을 묶어 놓은 꿩과 같습니다. 쪼아 먹으라고 권해도 쪼지 않고 머리를 눌러 억지로 곡식 낟알에 대 주어서 부리와 낟알이 서로 닿게 해 주는데도 끝내 쪼아 먹지 못합니다. 아아! 이 노릇을 어찌 해야 한단 말입니까?

　이곳 몇몇 고을만 그러한 것이 아니라 모든 도道가 그러합니다. 요즈음 경화京華(서울)의 귀족 자제들은 모조리 물고기와 새와 노루와 토끼를 사냥하는 일로 육경六經 공부를 대신합니다. 그런데도 진사에 합격하여 앵삼鶯衫(연소자로 생원·진사에 합격할 때 입던 연두색 예복)을 입는 200명 가운데

● 이학래는 다산이 강진에서 귀양살이 할 때 다산과 함께 《대동수경大東水經》(1814)을 정리한 제자이다. 《대동수경》은 《아방강역고我邦疆域考》(1811)와 함께 조선의 역사와 지리를 정리·연구한 대표적인 지리지로 손꼽힌다.

늘 50명을 넘게 차지합니다. 진사 급제를 하는 수석 세 명도 역시 그러하거늘, 세상에 다시 문학이 있을 수 있겠습니까?

무릇 갈수록 인재의 자취가 묘연해지고, 혹시 좀스런 재주라도 있어서 이름이라도 쓸 줄 아는 자는 모두가 하천下賤 출신들입니다. 사대부들은 지금 최후의 운명에 처해졌으니 사람의 힘으로는 어떻게 할 수가 없는 노릇입니다.

이곳에 왕래하는 소년이 몇 명 있고, 배우기를 청하는 어린이들도 몇 명 있습니다. 모두 양 눈썹 사이에 잡스런 털이 더부룩하고, 그지없이 몽매한 기운이 온몸을 덮고 있으며 쇠약한 기상이 하늘에까지 닿고 있습니다. 비록 골육의 정이 무겁다 한들 어찌 깊이 사랑할 수 있겠습니까? 천운이 이미 그러하니 어찌할 도리가 없습니다. 또 이덕조李德操(다산의 맏형 정약현의 처남인 이벽李檗의 자)가 이른바 '먹을 수 있는 물건'이라 한 것과 같으니, 앞으로 이들을 어디에 쓰겠습니까?

사나이란 모름지기 맹금이나 맹수같이 사납고 맹렬한 기상이 있어야 합니다. 부드럽게 바로잡고 법도에 맞게 다듬어 가야만 비로소 쓸모 있는 물건이 되는 것입니다. 선량한 사람은 단지 자기 한 몸만을 선하게 할 정도에 맞을 뿐입니다. 또 그중에 한두 가지 말할 만한 재주가 있는 자라도 그 학문이 꼬불꼬불하여 어려운 길로는 들어가지 않고 곧바로 지름길만을 지나가려고 합니다.

그리하여 《주역》에 대해서는 고작 제가 지은 《주역사전周易四箋》만을

˚ 독이 없다는 말이다. —원주

알고, 《서경》에 이르러서는 다만 제가 지은 《매씨서평梅氏書平》만을 아는 식인데, 그 나머지도 모두 마찬가지입니다. 무릇 노력하지 않고 얻는 것은, 비록 하늘을 놀라게 하고 땅을 움직이게 할 만큼 만고에 처음 나온 학설이라 할지라도 모두 예사롭게 간주하여 저절로 하늘에서 이루어진 것으로 치부해 버리기 때문에 살갖에 깊이 있게 와 닿는 것이 없습니다.

예를 들면 귀한 집 자제들이 태어나면서부터 고량진미를 물리도록 실컷 먹어서 비록 꿩이나 곰 발바닥으로 요리한 맛있는 음식이라도 보통으로 여겨, 거지나 배곯은 사람이 마치 목마른 말이 냇가로 기운차게 달려가는 것마냥 허겁지겁 먹으러 달려드는 기상이 없는 것과 같습니다.

다른 학파의 문자를 대하면 너무도 쉽사리 포기해 버립니다. 그리하여 스승이 전수해 주는 것조차 죄다 대수롭지 않은 걸로 간주해 버립니다. 심한 경우에는 케케묵어 낡은 말이라고 헐뜯기까지 하니 어찌 답답하지 않을 수 있겠습니까?

이 세상에 살면서 두 가지 학문을 같이 익히지 않을 수 없습니다. 하나는 속학俗學이라 일컫고, 또 하나는 아학雅學이라고 말합니다. 마치 후세의 악부樂府에 아악雅樂과 속악俗樂이 있는 것과 같습니다. 이 귀족 자제 무리들은 아雅만 알고 속俗을 알지 못합니다. 그래서 도리어 아雅를 속俗으로 여겨 버리는 폐단이 있습니다. 이는 그들의 허물이 아닙니다. 바로 시세가 그렇게 만들고 있는 것입니다.

― 〈둘째 형님께 글월 올립니다 ― 1811년 겨울(上仲氏―辛未冬)〉

뱀 대가리를 쳐서 죽여라

태어나면서부터 입에 금수저를 물고 태어나는 상류층 자제들이 설렁설렁 공부하여 과거에 합격하고, 아무런 문제의식 없이 관리가 되는 현실은 답답하기 그지없다. 그들은 더 나아가 백성을 괴롭히며 재물을 빼앗는 탐관오리가 되어 나라를 망치기까지 한다.

다산은 탐관오리와 못된 아전 무리를 '뱀'에 비유하며 풍자하였다. 비판적이고 현실참여적인 의식을 직설적으로 표현할 수 없는 유배자 신분의 다산에게, 동물 우언寓言(우화寓話) 형식의 잡문雜文은 그의 생각을 에둘러서 전달하는 데 아주 유효한 방식이었다.

잔악한 탐관오리는 이를테면 종류가 가지가지인 뱀이다. 방자하게 까불며 게걸스럽게 제 배를 채우는 뱀은 죽여 없애야 한다. 어떤 이가 이 말을 듣고, 삼라만상에는 다 만들어진 뜻이 있지 않느냐며 다산의 주장이 어질지 못하다고 반박했다. 그러자 다산은 쓸모없는 나무는 베어 버려야 소나무가 잘 자라고, 사나운 길짐승은 죽여 없애야 사슴이 편하다고 비유적으로 대답한다. 그것이 곧 하늘땅의 '지극한 어짊'이다.

징글징글한 뱀들이 개구리와 올챙이, 비둘기와 까치를 악다구니로 집어삼키고 있지만, 개구리와 비둘기를 구해 줄 의로운 매는 어디에서도 찾을 수 없다. 이것이 바로 당시 조선 사회의 답답한 현실이었다.

다산 선생이 세상에서 물러나 다산관茶山館(다산초당)에 살고 있었다.

이미 한여름이 되어 풀과 나무들이 우거지자 징글징글한 뱀과 살무사가 꼬여 득시글거렸다. 꿈틀거리고 구불구불하게 기어가며 노니는 그 굴곡진 꼬락서니가, 마치 머리를 치면 꼬리가 솟구치고 꼬리를 치면 머리가 일어서고 허리를 치면 머리와 꼬리가 함께 솟아나는 솔연사率然蛇가 똬리를 돌돌 만 것 같았다.

거꾸로 대롱대롱 매달린 꼴은 마치 촉산蜀山(중국 사천성에 있는 산)의 건비사褰鼻蛇와 같이 느지럭거렸다. 인끈 무늬와 비단 색감같이 물크러진 몸뚱어리가 연잎과 새발마름에서 헤엄치며 굼실굼실 노닐고, 묵은 등나무와 괴이한 덩굴 같은 것이 배나무와 돌배나무를 둥글게 감고 엉키어 간댕거렸다.

심지어는 우물에 들어가거나 부엌에 근드렁근드렁 누워 있고, 기둥에 휘감아 들며 벽을 뚫었다. 가치작거리며 쫓아도 가지를 않고 뱀굴과 집터에 한바탕 질펀하게 우글거려, 무릇 일하거나 쉬면서 한가로이 노니는 사람들이 밥을 먹어도 입맛이 떨어졌고 잠자리도 껄끄러워 편히 잘 수가 없었다. 고물고물 곰지락거리고 대가리를 쳐들며 자라는 뱀은 아무런 죄가 없는 목숨들을 제멋대로 물고 독을 쏘아 해치웠다. 두꺼비와 개구리 따위는 풀어 주거나 놓아주는 일도 없이 토실토실하고 긴 넓적다리를 물고 침 독을 쏘아, 가늘든 크든 가리지 않고 잡아먹었다.

살찌고 얼룩덜룩한 뻐꾸기, 여위고 수척한 제비와 참새도 냉큼 먹어서 토할 줄을 몰랐다. 밤낮으로 알둥지를 뒤져 새둥우리를 엎고 알을 홀딱 삼켜 버리니, 그 새끼의 혈맥이 끊어지는 광경을 보고 애간장이 타도록 화를 내며 떠들썩떠들썩 울부짖는 어미 새들의 울음소리가 처참하고 애처롭고 슬프고 가엾기 짝이 없었다. 그러나 의로운 매도 오지 않고 푸른 하늘의 송골매도 퍼드덕거리며 뱀에게 달려들지 않았다.

이와 같이 구불구불하고 기세가 그악스런 뱀들은 방자하게 까불며, 제멋대로 배를 게걸스럽게 채웠다. 그 불꽃을 삽시간에 토하는 번개처럼 혀를 널름거리면서 걸신스럽게 먹어 치워 배에 울퉁불퉁한 덩어리가 굳은 채 꼬불꼬불해졌다. 모지락스런 뱀들의 죄가 극악무도하니, 결코 어진 덕으로만 다스릴 바가 아니었다.

그리하여 원정園丁(정원사)을 불러 뜰아래 세우고, 훈계를 되풀이하며 약속을 조목조목이 받아 하냥다짐을 또렷하게 해 두었다. 그 훈계에서 이와 같이 말했다.

"오로지 이 추악한 악당이 정말로 살판이 났는지 득시글득시글 들끓으며 나의 정자와 연못을 더럽히고 나의 섬돌과 뜰을 망그러뜨리고 있다. 그 뱀독에 쏘이면 그만 목숨을 홀연히 잃는다. 꿩이 알을 품을 때 새끼를 지키기 위해 둥지 주위에 두는 웅황雄黃(광물의 일종)도 그 사악함을 물리치지 못하고, 뱀독을 없애는 약초인 평제蓱薺도 그 해독의 명성에 들어맞지 못한다. 뱀에게 한번 물리기만 하면 후회한들 아무런 소용이 없고, 물린 팔목을 잘라 내야만 안녕할 수 있다.

이것이 이른바 마땅히 끊어야 할 것을 끊지 않아 도리어 그 화를 당하는 격이다. 지금부터는 무릇 이 독충을 만나거든 깡그리 죽이고 놓아주지 말라! 약용으로 쓰이는 오초사烏梢蛇와 백화사白花蛇에게 재물을 빼앗기지 말아야만 한다. 나타나면 큰 가뭄이 들며 날개가 넷이고 다리가 여섯인 사익육족四翼六足 탓에 오싹오싹한 소름이 돋지 않도록 하라!

비록 다시 승냥이 몸통과 사람 머리를 한 시신사豺身蛇와, 뿔 달린 뱀인 용각사龍角蛇가 신기한 탈바꿈을 자주 부리고, 기다란 털북숭이 몸뚱어리를 지닌 체호사彘豪蛇와, 보이면 물난리를 부른다는 계관사鷄冠蛇의 꼴값이 위험하고 무서울망정, 붉은 칼을 뽑아 들어 칼솜씨를 뽐내고 상아홀을 아끼지 말며, 기필코 뱀 대가리를 댕강 자르고 머릿골을 먼저 흠씬 두들겨 패고 으깨어 숲과 산의 해로움을 영원토록 없애라!

참고 용서하는 잘못을 범하지 말라!! 네가 만약 이와 같이 하지 않으면 매질과 욕지거리가 있을 것이다."

내가 말을 채 마치기도 전에 오그라들어 퍼지지 않는 얼굴로 그 눈썹 사이를 찡그리면서 대꾸하는 자가 아뢰었다.

"선생님께서는 어찌 그리 어질지 못한 말씀을 하십니까? 무릇 큰물이나 하늘과 땅 이미 나누어지자, 온갖 생명체들이 자연의 운명을 받아 부드럽거나 사납거나 포악한 것은 각자가 그 나름대로의 본성을 따르기 때문입니다.

난새(鸞)가 있는 반면에 올빼미가 있고, 기린이 있는 반면에 경獍(범과 비슷한 맹수로 태어나자마자 어미를 잡아먹기 때문에 불효자를 비유한다.)이 있습니다. 중국 하나라의 무뢰배인 오奡와 춘추시대에 날마다 죄 없는 사람을 죽이고 그들의 간을 회쳐 먹은 큰 도둑놈 도척盜蹠이 있는 한편, 안자顔子(공자의 제자 안회)와 맹자가 있습니다.

삼라만상이 똑같지 않은 것은 저마다 본래 타고난 순수한 맘씨가 있기 때문입니다. 둥근 우주가 널리 온갖 만물을 감싸고 안아 주므로 만물 중에서 버릴 만한 것이 없습니다. 하느님의 뜻을 궁리하고 그 조화를 알면 온갖 것들 가운데 쓰이지 않는 게 없습니다. 어지러이 널려 있어도 그 한쪽으로 치우쳐 있지 않습니다. 이게 바로 하늘과 땅의 커다란 가슴통인 것입니다.

그러므로 뱀에게는 뱀의 기질이 있는 것인데, 선생께서는 어찌 그리도 뱀을 지나치게 미워하시는가요? 또한 뱀을 어찌 그리 소홀히 대하시는지요?

해마다 뱀띠 해와 용띠 해가 있고, 하늘에는 용이 있습니다. 여섯 개의 발과 네 개의 날개를 가진 비유사肥蟒蛇는 태화산太華山(중국 섬서성에 있는 화산)에서 영험함을 빛나게 떨칩니다. 재동梓潼 신령님은 서쪽의 파巴(중국 사천성)에 사당을 세워 온갖 변화의 권한을 자기 맘대로 부리지 못한 것이 없고, 하늘의 조화를 들숨날숨처럼 들이쉬고 내뿜습니다. 그러므로 수나라 임금이 길가에서 상처 입은 뱀을 치료해 주자 그 뱀이 진주 구슬을 물어다가 믿음으로써 은혜를 갚을 수 있었습니다.

사악함을 드러내기 위해 술잔에 들어가고, 푸른 주머니가 새로 변하여 날고, 흰옷이 말에서 내려 너울너울 춤을 추었습니다. 뱀은 천 번이든 만 번이든 무수히 모양새를 바꾸어 귀신도 되고 요물도 되어서 똬리를 튼 채 주춧돌처럼 도사리고 있으므로 어찌할 수 없는 노릇입니다. 선생님께서 가벼이 그 칼날 같은 뱀 혓바닥에 덤벼들려고 하니, 세상물정에 어두워 번거로움을 맞당기는 일이 아닌가요?"

선생이 허허 웃으며 말했다.

"아아, 어찌하여 그대는 삼라만상의 종류를 모르는가. 만물을 낳는 일은 모름지기 하늘이 하지만, 그것을 다루는 일은 모름지기 사람이 하지 않는가.

그러므로 옹이가 많아 쓸모없는 가죽나무와 상수리나무, 그리고 가시가 있어 먹지도 못하는 절명茆莢은 베어 버려 소나무와 대나무를 무럭무력 자라게 해야 하네. 호랑이와 표범과 같이 생명을 해치고 상하게 하며 피를 마시고 살진 고기를 즐기는 사나운 길짐승은 가을사냥으로 잡아 없애 사슴과 노루를 편안하게 해 주어야 하네. 가라지를 솎아 내어 곡식의 싹이 기름지게 자라도록 하며, 돌을 쪼아 옥을 드러내고, 간사하고 아첨하는 무리를 쫓아내어 어진 신하를 보살펴야 하는 법일세.

이것이 하늘땅의 지극한 어짊이네! 그러므로 주공周公께서 예법을 세울 때 산을 다스리는 벼슬아치를 두어 살무사와 뱀을 몰아내게 하였네. 손숙오孫叔敖(춘추시대 초나라 사람)는 어릴 적에 머리가 둘 달린 요망하고 간사한 양두사兩頭蛇(이 뱀을 보는 사람은 죽었다고 한다.)를 보고 죽여 땅에 묻었기에 마침내 초나라 정승에 오르는 복을 받았네.

낮은 벼슬아치일 때 큰 뱀을 죽여 훗날 송나라를 세운 기노寄奴(위진남북조시대에 남조 송나라 무제 유유의 어릴 적 이름)가 사나운 뱀을 활로 쏘아 죽이니 사방의 나라가 복종하였네. 호랑이 머리에 사람 몸뚱이인 강량신強良神이 뱀의 머리를 물어뜯으며 멀리 달렸고, 천둥과 번개의 신인 뇌공雷公이 도끼를 메고 용을 내쫓았네. 사람과 신이 미워하는 것으로 바로 이 독충(뱀)보다 더한 게 없네.

비록 뱀의 그 기운이 능히 사슴을 먹고, 힘이 능히 코끼리를 삼키며, 몸이 낭풍閬風(불사약을 가진 신녀 서왕모가 산다는 곤륜산 봉오리)의 뜰을 두르고, 꼬리가 높고 드넓은 곤륜산을 감싸며 하늘의 문까지 날아오르는 큰 소리를 내며 욱시글득시글 들끓어 널리 퍼지는 것일지라도, 오로지 쳐부수고 으스러뜨려 육포도 뜨고 국도 끓여서 진秦나라 사람들의 잔칫상 먹을거리로 주어야 마땅하네!"

— 〈격사해擊蛇解〉

횃대에 걸린 치마도 없다

　다산은 특히 백성의 재물을 빼앗는 관리들을 극도로 혐오했다. 탐관오리의 악행은 고스란히 백성들의 부담으로 이어질 수밖에 없고, 이는 조선 사회를 그 뿌리부터 썩게 했다. 물론 조선이라는 나라가 채택한 유교정치의 명분은 '수령은 백성의 어버이'라는 것이었다. 다산은 이것이 얼마나 가증스러운 허위인지를 폭로하였다. 사또가 어버이이기는커녕 도리어 백성을 잡아먹는 승냥이였던 것이다.

　여기 관청의 검문을 빙자한 아전들의 토색질을 견디지 못해 삶의 터전을 떠나 유랑 길에 나서는 가장이 있다. 그 사연이 기막히다. 다산이 머물던 초당 남쪽에 있는 용마을(龍村)과 봉마을(鳳村)에 사는 두 사람이 장난질 삼아 서로 치고 박다가 한 사람이 죽는 사고가 생겼다. 마을 사람들은 관검官檢(관에서 하는 검시)이 두려워 죽게 한 사람에게 자결하라고 했다. 그 사람은 스스로 생을 마감했다.

　그런데 그로부터 두어 달이 지난 어느 날, 아전들이 그 소문을 듣고 찾아와 두 마을의 죄상을 캐겠다고 위협하며 마을 사람들에게 돈 3만 냥을 뜯어냈다. 이제 두 마을에는 쌀 한 톨과 베 한 오라기도 남지 않았다. 그 혹독함이 흉년보다 더 심했다. 아전들이 돌아가자, 두 마을 사람들도 모조리 뿔뿔이 떠나갔다. 오로지 부인 하나가 남아 현령에게 그 사정을 하소연했다. 현령이 말했다. "네가 나가서 찾아보거라."

승냥이야, 이리야!	豺兮狼兮
우리 송아지 이미 채갔으니	既取我犢
우리 염소는 물지 말라	毋噬我羊
장롱엔 이윽고 저고리마저 없고	笥既無襦
횃대엔 이미 걸린 치마도 없다	椸既無裳
장독 항아리에 남은 소금도 없고	甕無餘鹽
뒤주 쌀독엔 남은 식량도 없다	甁無餘糧
가마솥 이미 빼앗아 가고	錡釜既奪
숟가락 젓가락마저 깡그리 털어 갔구나	匕筯既攘
도적도 외적도 아니면서	匪盜匪寇
왜 그리 못된 짓만 하느냐?	何爲不臧
사람 죽인 자는 벌써 자결하였거늘	殺人者死
또 누굴 죽일 참이냐?	又誰戕兮
이리야 승냥이야	狼兮豺兮
우리 삽살개 이미 채 갔으니	既取我尨
우리 닭일랑 잡아가지 말라	毋縛我鷄
자식까지 이미 팔았다만	子既粥矣
내 처야 누가 사 가랴	誰買吾妻
너는 내 살가죽 벗기고	爾剝我膚
내 뼈까지 쳐부수었다	而槌我骸
우리 논밭을 보라	視我田疇
또한 얼마나 큰 슬픔이냐	亦孔之哀

가라지도 나지 않는데	俱莠不生
쑥인들 명아주인들 자라겠느냐?	其有蒿萊
사람 죽인 자는 벌써 자결하였거늘	殺人者死
또 누구에게 화 입히려고 하느냐!	又誰災兮
승냥이야! 호랑이야!	豺兮虎兮
말한들 무슨 소용이랴?	不可以語
날짐승아! 길짐승아!	禽兮獸兮
꾸짖은들 무엇 하랴?	不可以詁
또한 사또 어버이 있다지만	亦有父母
믿은들 무엇 하랴?	不可以恃
하소연하였지만 싸늘한 말만 되돌아오고	薄言往愬
귀 막고 들은 체도 않더라!	寞如充耳
우리 논밭을 보라	視我田畸
또한 얼마나 무지막지하게 끔찍하냐	亦孔之憯
이리저리 떠도네! 요리조리 구르네!	流兮轉兮
구덩이에 처박히며	顚於坑坎
사또 아비여! 사또 어미여!	父兮母兮
고량진미 모조리 즐기고	粱肉是啖
사랑방에 둔 기생	房有妓女
연꽃 봉오리 같은 얼굴이네	顏如菡萏

— 〈시랑豺狼〉, 1810

조정은 백성의 심장이요

　기사년己巳年(1809)에 큰 가뭄이 들었다. 지난해 겨울부터 이듬해가 되도록 풀 한 포기 없는 붉은 땅이 천 리에 이르렀다. 다산초당에서 귀양살이 하던 다산은 마음이 시려 차마 그 광경을 똑바로 쳐다보지 못할 정도로 처참한 심정이었다. 살고 싶은 의욕조차 사라졌다.
　그러나 죄를 짓고 유배를 온 처지이니 백성들의 상황을 임금께 아뢸 방도가 없었다. 그저 자신이 목격한 광경을 시가詩歌로 엮는 수밖에. 이때 다산은 "중풍과 마비 증세가 점점 심해지고 온갖 병이 얽히고 달라붙어" 언제 죽을지도 모르는 절박한 상황에서, 가뭄과 관리들의 탐학으로 고통받는 백성들이 눈에 밟혀 괴로워하였다.
　그리하여 다산은 친구 공후公厚(김이재金履載의 자)에게 편지를 띄워 자신의 심정을 털어놓았다. 공후는 안동 김씨로 신유사옥 때 강진 바다 건너 고금도(완도)로 유배를 갔다가 1805년에 해배되어 고향으로 돌아간 뒤 이조판서까지 지낸 인물이다. 다산은 공후에게 지금 호남에는 탐관오리들이 발호하고 민막民瘼(백성의 고통)이 너무 극심하여 이대로 가면 머지않아 민란이 일어날 것이니 빨리 그 방지책을 강구하라고 일러준다.
　다산의 학문을 "조선 정신의 지극한 보배"라고 극찬한 위당爲堂 정인보 鄭寅普(1893~ ?)가 이 편지를 보고 이렇게 말했다 한다.
　"다산 선생은 신이 아니냐! 갑오고부甲午古阜 난(갑오년 동학농민혁명)의 징조를 그때 벌써 보지 아니하였느냐. 별것이 아니다. 지극정성인지라 남이 못 미치는 데까지 미치고 남이 못 보는 것까지 보는 것이다. 다산의 눈에 선하게 보이던 것이 하필 이것뿐이랴. 슬프다. 이 정성을 지금에 와서 누가 알랴."

　지금 호남 일대에 근심스러운 일이 두 가지 있습니다. 그 하나는 백성들의 소요이고, 또 하나는 아전의 탐학입니다. 몇 해 사이 명망 높은 집안에서 깊은 산골로 옮겨 간 자들이 몇 천 명에 이릅니다.
　전라도 무주와 장수 사이에는 노숙하는 자가 산골짜기에 가득하고, 순창과 동복(화순) 사이에는 유랑하는 백성이 길을 가득 메웠으며, 바닷가 근처의 여러 고을에는 텅 빈 마을이 쓸쓸하고 을씨년스러워 논밭의 값어치가 없습니다. 그 모양은 보기에도 허둥지둥할 정도로 황망하고, 그 소리는 듣기에도 흉흉하며, 그 가난하고 약한 자들은 옮겨 가지도 못하고 있습니다.
　또한 모두가 그 사창社倉(환곡 저장고)의 돈을 헐고, 그 문중의 재물을 헤쳐 앞을 다투어 술과 잘게 썬 고기를 사고, 악기를 메고 산에 오르고 물 위에 배를 띄우고, 낮으로만은 성에 차지 않아 밤까지 흠뻑 마시고 왁자지껄 떠들며 허벅지를 치고 손뼉을 치며 진탕 놀고 있습니다. 즐거움이 아니라 이른바 앞으로 닥칠 슬픔을 달래는 꼴입니다. 이에 그 까닭이 어디에 있겠습니까?
　뜻을 잃고 나라를 원망하는 무리들이 허황된 뜬소리를 퍼뜨려 위태로운 말로 선동하고, 참위(미래의 조짐이나 예언)의 그릇된 설을 지어내어 백성들을 현혹시키고자, 한 사람이 거짓말을 퍼뜨리면 만인의 입은 참말로 알고 전합니다. 비록 장의張儀·공손연公孫衍(연횡책과 합종책을 주장한 중국 전국시대의 유세가들)의 말재주가 있을망정 또한 그 음모를 밝혀낼 도리가 없는 탓입니다.

그런데도 수령이란 벼슬아치들은 소매로 귀를 가린 채 들은 체 만 체하고, 감사(관찰사)란 높은 벼슬아치들도 냉담하게도 전혀 마음을 쓰지 않고 있는 형국입니다. 이는 마치 자녀가 지랄병에 걸려 함부로 고함을 치고 어지러이 갈팡질팡하는데도 아버지와 어머니와 형이란 사람이 어디가 아픈지를 전혀 묻지 않는 것과 마찬가지입니다.

조정은 백성의 심장이고, 백성은 조정의 팔다리입니다. 힘줄과 경락의 연결 그리고 혈맥의 흐름은 잠시라도 막히거나 끊길 수 없는 노릇입니다. 지금 백성들이 두려워하고 근심하고 있는데도 위로해 주지 않고, 전라도 일대가 어지러운데도 어루만지며 진정시킬 대책을 꾀하지 않고 있습니다. 오로지 서로 알력을 일삼으며 엎치락뒤치락 뒤집어엎기만을 서두를 뿐입니다. 으리으리하게 큰 집도 일단 한번 무너지면 제비가 지지배배 울고 참새가 짹짹 우는 소리도 들을 수 없다는 것을 모르는 꼴입니다.

참으로 백성들의 말과 같다면 반드시 남쪽에 우환이 있을 것입니다. 마땅히 성곽과 갑병을 정비하고 장수를 뽑아 군졸을 훈련시켜 요충지를 지키게 하여, 밖으로는 외적의 침입을 막고 안으로는 백성들의 사기를 북돋워야 합니다. 병을 숨기고 침술을 꺼리다가 종기를 크게 키워 어느 날 느닷없이 일시에 닥치는 환란을 당해서는 아니 됩니다.

만약 그렇게 할 수 없다면, 마땅히 사신 한 명을 내려보내어 조정을 믿고 두려움에 떨지 않도록 백성들에게 오롯이 알려야만 합니다. 그 얼토당

토않은 뜬소문을 퍼뜨린 자를 찾아내어 처벌해야 합니다. 사는 곳을 옮기거나 떠도는 자들은 까닭을 따지지 말고 일제히 그 고향으로 되돌려 보내야 합니다. 손해를 보게 함으로써 징계하는 일을 그만둘 수 없는 노릇입니다. 이미 저렇게도 하지 않고 또 이렇게도 하지 않으며, 그 뿌리박힌 폐단을 제멋대로 방치하며 전혀 상관하지 않으니 이것이 어찌 국법이란 말입니까?

탐관오리가 제멋대로 법을 어기는 짓이 세월이 흐를수록 늘어나고 나날이 심해지고 있습니다. 여섯, 일곱 해 동안 동쪽과 서쪽으로 수백 리를 거침없이 내닫다 보니 갈수록 더욱 기발하고, 온 고을마다 모두 그러하니 더러운 소문과 나쁜 냄새가 참혹하여 차마 들을 수가 없을 지경입니다.

사또는 아전들과 함께 돈놀이를 하며 아전으로 하여금 간악한 짓을 하도록 사주하니, 백성들은 온갖 부스럼과 멍 때문에 편히 안심하고 살아갈 수가 없습니다. 법 아닌 법이 달마다 곧바로 생겨나서 이제는 일일이 하나 둘 셀 수조차 없을 지경입니다.

조그만 고을의 낮은 벼슬아치들도 재상과 교제를 맺지 않은 자가 없습니다. 재상의 편지가 기껏 내려올 양 치면 기세가 산처럼 등등하게 솟아올라 그 편지를 지나치게 부풀려 위세를 부리고 위아래에 뽐내는데도, 수령은 도리어 주눅이 들어 움츠러들고 감히 그 채찍이나 치도곤도 내리지 못합니다. 백성들은 두렵고 겁이 나서 감히 그 잘못을 고발하지도 못하니, 아전들의 어깨만 이미 기고만장해져 애오라지 백성들만 노략질하는 데 여념이 없습니다.

한 고을을 헤아려 보면 그 안에 이런 자가 대여섯을 밑돌지 않으니, 양

떼 속에서 범을 쫓아 버리지 않고 논에서 피를 제거하지 않는다면 그 어찌 양이 튼튼하게 잘 자라고 벼가 무럭무럭 커 나갈 수 있겠습니까!

늘 감사가 군현을 순행할 적이면 가는 곳마다 반드시 이 대여섯 명의 아전을 불러 좋은 얼굴빛으로 대해 주고 음식을 내려 줍니다. 무릇 이런 접대를 받은 자들이 물러나서는 온갖 나쁜 짓을 저지르며 하늘과 땅도 두려워하지 않는다는 것을 깨닫지 못하니 애석할 뿐입니다! 전라도가 이러하니 여러 도의 형세를 알 수 있고, 여러 도가 이러하니 나라가 장차 어찌 되겠습니까?

이 몸은 중풍과 마비 증세가 점점 심해지고 온갖 병이 얽히고 달라붙어 언제 죽을지 모르겠습니다. 기쁜 마음으로 장강(㿗江)(풍토병·전염병이 창궐하는 강)에 뼈를 바치겠으나, 오로지 마음속에 서려 있는 우국충정만은 터뜨릴 길이 없는 까닭에 점점 더 가슴이 답답하고 뱃속에 응어리가 생겨 갑니다.

그리하여 술이 조금 취한 김에 붓 가는 대로 이와 같이 흉금을 글로 털어놓았습니다. 엎드려 바라건대 오로지 밝게 살피시고 저의 그 미친 어리석음을 용서하여 주십시오.

─〈김공후에게 보냅니다〔與金公厚〕〉, 1809

"아빠는 집을 나가고, 엄마는…"

여기 졸지에 고아 아닌 고아가 된 오누이가 있다. 누나는 예닐곱 살, 남동생은 이제 겨우 두세 살 정도이다. 아빠는 진작 집을 나가고, 엄마는 사흘이나 굶은 오누이를 데리고 동냥을 다니다가 아이들을 몰래 버리고 떠나 버렸다. 시장에서 마지막으로 엿을 사 먹이고, 숲에 가서 아이들을 재운 다음에 온다간다 말도 없이 떠나 버린 것이다.

소설에나 나올 법한 이야기이지만 이 처참한 상황은 다산이 직접 목격한, 당시 조선에서 비일비재하게 벌어진 일이다. 19세기 초가 되도록 여전히 후진적인 농업경제국을 면치 못하고 있던 조선에서 가뭄은 더할 나위 없는 재앙이었다. 1809년의 대가뭄은 이듬해까지도 백성들의 삶을 나락으로 떨어뜨렸다. 유리걸식을 하며 굶어 죽은 자가 부지기수였다. 백성들은 극심한 굶주림에 천륜까지 저버린 지 오래였다. 지아비는 아내를 버리고, 어미는 자식을 버렸다. 이 아이들을 어찌할 것인가? 이제 곧 해가 지고 어두워질 텐데, 아이들은 돌아갈 집조차 없다. 엄마를 잃고 눈물 콧물 흘리며 떠도는 애처로운 오누이의 모습이 눈에 선하다.

> 아이 둘이서 나란히 걸어 다니네
> 한 애는 총각머리 한 애는 댕기머리
> 총각머리 아이 이제 갓 말 배우고

댕기머리 아이 머리카락 길게 땋아 늘어뜨렸네   羈者髽垂

엄마 잃고 울면서   失母而號

저 갈림길에 놓여 있네   於彼叉岐

붙들고 까닭 물었더니   執而問故

목메어 울며 말 더듬네   嗚咽言遲

"아빠는 벌써 집을 나갔어요   曰父旣流

엄마는 짝 잃고 떠도는 새 되었고요   母如鰥雌

쌀독 이미 바닥나서   瓶之旣罊

사흘이나 밥 짓지 못했어요   三日不炊

엄마랑 나랑 울고 울어   母與我泣

눈물이 뺨 타고 턱까지 흘러내렸어요   涕泗交頤

어린 남동생 젖 달라고 울어도   兒啼索乳

젖도 말라붙었지요   乳則枯萎

우리 엄마 내 손 잡고   母攜我手

젖먹이 이 애와 함께   及此乳兒

저기 저 산골마을에 가서   適彼山村

동냥해서 우릴 먹였어요   丐而飼之

물가 시장 데려가서는   攜至水市

엿도 사서 먹여 주었어요   啖我以飴

이 길가 너머로 데려와서는   攜至道越

어미 사슴 새끼 품듯 껴안고 재웠어요   抱兒如麛

어린 동생은 벌써 포근히 잠이 들고	兒旣睡熟
나도 죽은 듯 잠들었다가	我亦如尸
이미 잠깨어 이리저리 둘러보아도	旣覺四視
엄마가 이곳에 보이지 않아요"	母不在斯
말하면서 울다가	且言且哭
눈물 콧물 주르륵주르륵 흘리네	涕洟漣洏
해가 지고 날이 깜깜해지면	日暮天黑
뭇 새들도 떼 지어 날아 둥지에 깃드는데	棲鳥群飛
외로이 떠도는 두 아이	二兒伶俜
넘성거릴 집 문도 없네	無門可闚
불쌍하도다! 이 낮은 백성들이	哀此下民
그 천륜마저 잃었는지	喪其天彝
부부 사이 사랑도 못하고	伉儷不愛
자애로운 어미도 제 새끼 사랑 않고	慈母不慈
옛날 내가 암행어사 나갔던	昔我持斧
그해가 갑인년(1794)이었는데	歲在甲寅
임금님께서는 고아들 돌보아서	王春遺孤
신음하거나 앓게 하지 말라 분부하셨도다!	毋俾殿屎
무릇 감사와 사또들은	凡有司牧
감히 그 분부 어기지 말라!	毋敢有違

- 〈유아有兒〉, 1810

다산은 49세(1810) 무렵에 〈시랑〉과 〈유아〉를 포함해 〈쑥을 캐다〔采蒿〕〉 〈모를 뽑다〔拔苗〕〉 〈메밀〔蕎麥〕〉 〈보리죽〔熬麩〕〉 등 여섯 편의 사언시를 지었다. 이 시들을 엮어 모아 '전간기사田間紀事'라 이름 붙이고, 이를 지은 까닭을 밝혔다.

> 기사년(1809)에 나는 다산초당에 머물고 있었다. 그해는 크게 가물어 지난해 겨울부터 봄을 거쳐 입추가 되도록 푸른 풀 한 포기 없는 붉은 땅이 천 리에 이르렀다. 유월 초가 되자 유랑민들이 길을 가득 메우기 시작했다. 나는 마음이 시리고 눈을 뜨고 보기에도 처참하여 살고 싶은 의욕이 없어질 지경이었다.
>
> 죄를 짓고 귀양살이를 온 신세로는 사람 축에 끼지도 못하였기에, 굶주린 백성들이 먹는 오매烏昧(고사리)에 대해서도 아뢸 길이 없었고, 은대銀臺(승정원)에 〈유민도流民圖〉를 바칠 방도도 없었다. 때때로 본 것들을 기록하여 시가로 엮었다.
>
> 무릇 처량한 쓰르라미나 귀뚜라미가 풀밭에서 함께 슬피 우는 것처럼 촌마을 사람들과 함께 울면서, 다만 '성정의 올바름〔性情之情〕'을 구하고 하늘땅의 '화목한 기운〔和氣〕'을 잃지 않기 위해서였다. 오래 써 모은 것이 몇 편 되니, 이름을 붙여 '전간기사'라고 하였다.　－〈전간기사田間紀事〉의 원주

여기서 '기사紀事'는 '사실대로 기록한다'는 뜻으로, '전간기사田間紀事'는 '촌마을의 현실을 사실대로 기록했다'는 의미다.

'오매', 곧 고사리는 송나라 때의 명재상 범중엄이 지방을 순시한 후 굶

주린 백성들이 양식 삼아 먹던 고사리를 황제에게 올리며 이를 외척들에게 보여 사치하지 말라고 간언한 일을 가리킨다. 〈유민도〉는 송나라 사람 정협이 기근으로 떠도는 유랑민의 처참한 상황을 그려 송나라 신종에게 바친 것으로, 신종은 이 그림을 보고 잘못을 뉘우치는 조서를 내리고 왕안석의 신법을 폐지했다.

다산이 말하는 '성정의 올바름'과 '화목한 기운'이란 무엇인가? '성정의 올바름'은 사회의 모순을 용납하지 않으려는 의지고, '화목한 기운'은 마땅히 이루어야 할 정의와 평등이 실현되는 질서일 터다.

멀쩡한 아이들을 고아로 만들고 이들을 비참하게 방치하는 사회는, 분명 이러한 의지와 질서가 사라진 사회이다. 이런 현실을 임금에게 낱낱이 알리고 싶지만, 귀양을 온 죄인 신분의 다산에게는 언감생심이었다. 다산은 그저 촌마을 사람들과 함께 울면서 이를 기록할 뿐이다. 다산의 기막힌 슬픔과 처절한 분노가 고스란히 터져 나오는 현실고발 참여시다.

큰 도적을 잡아야 백성이 산다

〈전간기사〉에서 다산은 흉년으로 처참한 지경에 몰린 백성들의 생활고를 기록하며 각 시마다 다음과 같은 부제를 달았다.

"가을이 오기도 전에 기근이 든 탓에 들에는 푸른 풀이 없다. 아낙네들은 쑥을 캐어다 죽을 쑤어 끼니를 때웠다."(《쑥을 캐다》)

"모가 말라 모내기를 할 수 없는 농부들이 마른 모를 뽑아내는 울음소리가 온 들판에 메아리쳤다. 어느 아낙은 너무 억울해서 울부짖는 소리가 하늘에 닿았는데, 자식 하나를 죽여서라도 바칠 것이니 비를 왕창 쏟아지게 해 달라고 넋두리했다."(《모를 뽑다》)

"〈메밀〉은 사또를 풍자한 시다. 조정에서는 메밀 종자를 나누어 주도록 영을 내렸다. 하지만 그 영을 받들지도 않고서 쓸데없이 엄한 형벌로 백성들에게 빨리 심으라고 독촉만 하였다."

"〈보리죽〉은 흉년을 슬퍼한 시다. 가을 추수를 할 가망이 없어져 부잣집에서도 모두 보리죽을 먹는 형편이고, 신세가 외로운 자들은 보리죽도 먹기 어려운 실정이었다. 내가 다산초당에 있을 때도 앞마을 사람들이 모두 보리죽을 먹고 있었다. 나도 가져다 먹어 보았다. 보릿겨와 모래가 절반이나 섞여 있어 먹고 나면 속이 쓰려 견딜 수가 없었다."

도탄에 빠진 백성들의 삶이 이러하건만, 감사와 수령과 아전들은 한통속이 되어 백성들을 수탈하기에 바빴다. 다산은 그들을 시로 가차 없이 풍자하고 질타했다. 그런데 아전들의 부패상을 고발한 '삼리시三吏詩'(〈용산 구실아치〔龍山吏〕〉, 〈파지 구실아치〔波池吏〕〉, 〈해남 구실아치〔海南吏〕〉)를 연이어 쓰고 난 뒤에는, 1811년 귀양이 풀릴 때까지 시흥이 솟지 않은 듯싶다. 1818년 고향 마재로 돌아가기 전까지 여덟 해 동안 다산이 쓴 시가 보이지 않는다. 이 기간에 다산은 경세와 경전 위주의 저술 작업에 몰두하며《경세유표經世遺表》(1817)와《목민심서》(1818) 등 불세출의 역작을 남겼다.

다산의 시나 저술에서 공통적으로 보이는 사상은, 한 마디로 '우국애민憂國愛民'이다. 나라를 걱정하는 마음은 백성을 가엾게 여기는 마음에서 나온다. 백성을 가엾게 여긴다는 것은 무엇인가? 백성의 처지에서 생각하는 것이다. 임금도 임금이지만, 백성의 삶을 가장 가까이서 접하는 목민관牧民官의 역할이 중요한 까닭이 여기에 있다.

목민관은 '백성을 기르는 벼슬아치'로 고을의 원員(수령)이나 절도사, 관찰사, 목사, 현령 따위와 같은 외직 문관을 통틀어 이르는 말이다. 목牧(목동)은 소나 양을 풀어 기를 때 맹수가 가축을 습격하지 못하도록 하고, 좋은 풀밭을 찾아 가축들을 배불리 먹여야 한다. 목민관도 이처럼 백성들의 안전과 생계에 힘써야 한다. 그들이 백성의 처지에서 백성의 이야기를 듣고 백성을 가엾게 여긴다면, 아무리 중앙 정치가 부패해도 백성들의 삶은 바닥으로 추락하지 않을 터이다.

그러나 조선 후기의 현실은 정반대로 흘러갔다. 중앙 조정에서 아무리 개혁적인 정책을 펴려 해도, 지방의 썩은 관리들이 중간에서 백성들에게 돌아갈 몫을 빼앗고 갈수록 극심한 횡포를 부렸다. 다산이 틈날 때마다 지방의 벼슬아치들을 비판한 까닭은 그들의 존재와 역할이 백성들의 삶에 절대적인 영향을 끼쳤기 때문이다. 《목민심서》 역시 조선 후기 지방 정치의 부패상과 목민관의 임무를 소상히 밝힌 책이다. 그러나 비단 작은 고을의 현령과 현감만 문제였을까?

다산은 현령·현감·군수·부사·목사·부윤 같은 고을의 수령, 곧 요즘 식으로 말해 시장이나 군수 등은 '소도小盜'라고 말한다. 그렇다면 '대도大盜(큰도둑)'는 누구인가? 지방의 경찰권·사법권·징세권 따위의 행정에서 절대 권력을 행사한 조선 팔도의 으뜸벼슬인 관찰사, 즉 종2품의 감사가 바로 큰 도둑이다. 다산의 다음 글을 읽다 보면 '감사 덕분에 비장 나리가 호사한다'는 속담이 괜스레 생긴 게 아님을 알 수 있다.

다산은 백성을 살리려면 이 큰 도둑을 잡아야 한다고 생각했다.

밤새 담에 구멍을 뚫고 문고리를 따고 들어가서 주머니를 샅샅이 뒤지고 상자를 열어 옷·이불·제기·술그릇 따위를 슬그머니 훔치기도 하고, 가마솥을 떼어 메고 달아나는 자가 도둑놈인가?

아니다. 이는 단지 굶주린 자가 먹을거리가 급한 나머지 저지른 짓이다. 칼과 몽둥이를 품에 품고 길목에 숨어 마부를 기다리고 있다가 가로막고 그 소와 말과 돈을 빼앗은 다음 그 사람을 찔러 죽이고 증거를 없애는 자가 도둑놈인가?

아니다. 이는 단지 본성을 잃어버린 어리석은 자의 짓일 뿐이다. 말안장 밑에 무늬를 수놓은 언치를 깐 준마를 탄 채 부하들 수십 명을 이끌고, 횃불과 창과 검을 벌여 세운 다음 부잣집을 골라 곧장 대청으로 올라가 주인을 포박한 뒤, 재물이 들어 있는 창고를 깡그리 털고 나서는 그 곳간을 불사르고 감히 말하지 못하도록 거듭 다짐을 받는 자가 도둑인가?

아니다. 이는 단지 배우지 못한 흉악한 자의 짓일 뿐이다.

그렇다면 어찌 해야 도둑놈이란 말인가?

부절符節(신분을 증명하는 징표) 주머니를 허리에 차고 인수印綬(무관이 차던 길고 넓적한 끈)를 늘어뜨리고서 성城 한 곳이나 보堡 한 곳을 독차지하고, 채찍과 매와 차꼬와 수갑을 진열해 놓고 날마다 춥고 배고프고 지쳐 파리한 백성들을 매질하며 피를 빨아 마시고 기름을 핥아 먹는 자가 도적인가?

아니다. 이는 단지 엇비슷할 뿐이지 역시나 작은 도둑〔小盜〕이다.

이보다 더 큰 도적〔大盜〕이 있다. 큰 깃발을 세우고 큰 양산을 받치고 큰 북을 치고 큰 나팔을 불면서, 말 두 마리가 끄는 수레를 타고 옥으로 만든 해오라기가 달린 모자를 쓰고 있다. 따르는 무리로는 부사 두 명, 사관 두 명, 서리 여섯 명, 보졸 수십 명, 수레를 끄는 하인과 심부름꾼과 군노와 노복의 무리가 수십 수백 명이다.

여러 현과 역참에 안부를 묻고 영접하는 구실아치와 하인이 수백 명, 기마가 일백 필, 복마蔔馬(짐 싣는 말)가 일백 필, 아리따운 옷 입고 예쁘게 화장한 부인이 수십 명, 동개韇(활과 화살을 넣어 어깨에 메는 통)를 메고 행렬의 맨 앞에 서서 가는 비장 두 명과 맨 뒤에 가는 비장 세 명, 따라가는 역관이 한 명, 말 타고 따라가는 향정관鄕亭官이 세 명, 부절 주머니를 차고 인수 끈을 늘어뜨린 채 숨을 죽이면서 말 타고 따라가는 사람이 네댓 명이다. 더러는 붉기도 하고 더러는 희기도 한 차꼬와 몽둥이를 포개어 싣고 가는 자가 네 명, 등에는 횃불을 지고 손에는 청사초롱을 들고 대기하고 있는 사람이 수백 명, 손에는 채찍을 쥐고서 백성들이 하소연을 하지 못하도록 으르는 자가 여덟 명, 길가에서 보고 탄식하고 부러워하는 사람이 수천 명이다.

이르는 곳마다 화포를 쏘아 사람들을 놀라게 하여 태뢰太牢(소를 통째로 바쳐 제사를 지냄)를 갖추어 올리는 자가 넘어지기까지 한다. 식사 한 끼에 행여나 간을 잘못 맞추었거나, 먹을거리가 식었거나 하면 요리사에게 곤장을 치는 자가 모두 여남은 명이다.

죄를 낱낱이 들어 꾸짖는다.

"길에 돌멩이가 깔려 내 말이 넘어졌다."

"크게 떠드는 소리를 막지 못했다."

"영접하는 부인네들이 적었다."

"병풍과 장막과 대자리와 돗자리가 볼품없었다."

"횃불이 밝지 않고 구들이 따뜻하지 않았다."

이와 같이 하고 끝을 보는가?

아니다. 앉고 나서는 서리와 졸사를 불러서 여러 군현에 곡식을 돈으로 환산하여 바치라는 공문을 보내라고 명령한다. 곡식 일 곡斛(10말)의 값으로 150냥을 바치면 노하여 꾸짖으면서 200냥까지 값을 올리게 한다. 곡식을 짊어지고 오는 백성이 있으면 곡식은 받지 않고 돈 200냥을 물도록 한다. 이듬해 봄에 200냥을 셋으로 나누어 그중 하나를 백성에게 주면서 말한다.

"이것이 곡식 일 곡 값이다."

바닷가에는 부자에다가 큰손 장사치들이 많아서 곡식 값이 폭등하면 광에 저장했던 곡식을 깡그리 내어다 비싸게 팔아 돈을 만든다. 산골 고을에는 곡식이 많아 썩으면 이를 싸게 사서 곳간에 저장하고 길가에 쌓아 놓기도 한다.

그리하여 곡식에 다리가 달려 하루 사이에 백 리를 달리고, 이레면 칠백 리를 달려가서 바닷가에까지 다다른다. 바닷가에서 배를 주리다 쇠약해진 백성들은 배고픔을 견디다 못해 아내까지 팔아 자식에게 죽을 먹이고, 피거품을 토하다가 잇달아 쓰러져 죽는다. 이렇게 해서 남은 돈을 계산해 보면 수천수만 냥에 달한다.

묏자리를 두고 송사를 거는 사람은 귀양 보낸다. 사또가 가혹한 정치를 한다고 하소연하면 유배 보내고, 그 벌금으로 40냥에서 100냥까지 내게 한다. 병든 소를 도축한 자는 유배 보내고 그 벌금으로 30냥에서 100냥까지 내게 한다. 이렇게 해서 남은 돈을 계산해 보니 수백 수만 냥에 달한다.

토호와 간사한 아전들이 도장을 새겨 위조문서를 만들고 법률 조문을 멋대로 해석하여 법을 남용하면, 이렇게 말하며 가려 주고 숨겨 준다.

"이것은 연못 속 물고기이기 때문에 살필 것이 못 된다."

어버이에게 효도하지 않고 아우와 화목하게 지내지 못하고 아내를 박대하고 음란한 짓을 하여 인륜을 저버린 자가 있으면, 이렇게 말하며 전혀 모르는 체하고 지나쳐 버린다.

"이는 말을 전한 자가 잘못 기별한 것이다."

부절 주머니를 차고 인끈을 늘어뜨린 사람이 곡식을 팔고 부세를 도적질한 짓이 이와 같다. 그런데도 이를 용서하고 지켜 주는 것은 물론이거니와, 인사고과를 매길 때에도 으뜸으로 쳐주어 임금님을 속인다. 이런 자가 어찌 큰 도적이 아니겠는가? 큰 도적이다!

이와 같은 큰 도적은 야경을 도는 사람도 감히 따지지 못하고, 의금부에서도 감히 붙잡지 못하고, 어사도 감히 공격하지 못하고, 재상도 감히 말하지 못한다. 그래서 제멋대로 난폭한 노략질을 일삼아도 그 누구 하나 감히 꾸짖지 못한다. 전원 별장을 짓고 수많은 두렁이 잇따른 논밭을 가진 채 평생토록 안락하게 지내지만 아무도 미주알고주알 트집 잡지도 못한다.

이런 사람이 어찌 큰 도적이 아니겠는가? 큰 도적이다!

군자는 말한다.

"큰 도적을 없애지 않으면 백성이 모조리 죽을 것이다!"

― 〈감사론監司論〉

아전 술 한 잔에 환자還子가 석 섬

'구실아치'는 조선시대에 관아의 지방관 밑에서 일을 보는 하급 관리를 이르던 말이다. 한자어로는 소리小吏·아전衙前·이속吏屬·하리下吏라고 하였다. 특히 호장戶長·이방吏房·수형리首刑吏의 권력이 드세 '3공형三公兄'이라고 불렸다.

"구실아치는 시골 사대부"라는 속담이 있다. 구실아치들이 서울 조정의 고관대작 사대부처럼 행세하며 백성들의 재물을 노략질한다는 뜻이다. "아전 술 한 잔에 환자還子가 석 섬"이라는 속담도 있다. 지방의 구실아치들에게 작은 신세라도 지면 몇 곱절로 되갚아야 한다는 말이다. 다산의 시에서도 갖은 횡포와 수탈을 일삼는 구실아치의 부패상이 그려져 있다.

용산 구실아치

구실아치들 용산 마을 들이닥쳐	吏打龍山村
소 뒤져 벼슬아치에게 넘겨주네	搜牛付官人
소 몰고 멀리멀리 사라지는 꼴을	驅牛遠遠去
집집마다 문에 기대 멀뚱멀뚱 보고만 있네	家家倚門看
사또님 노여움만 막으면 그만이지	勉塞官長怒
뉘라서 약한 백성 속병 알아주리?	誰知細民苦

한여름 유월에 쌀 찾아 바치라 하니	六月索稻米
모진 고통 수자리 살기보다 심하다네	毒痛甚征戍
세금 내리라는 임금님 좋은 말씀 끝내 오지 않고	德音竟不至
숱한 목숨 서로 베고 죽을 판이네	萬命相枕死
오로지 구차한 삶만 서글플 뿐	窮生儘可哀
차라리 죽는 자가 더 낫구나!	死者寧啓矣
아낙네는 과부되어 지아비 없고	婦寡無良人
할아버지는 아들 손자도 없다네	翁老無兒孫
눈물 방울방울 떨어뜨리며 우는 소를 보노라니	泫然望牛泣
내 눈물도 줄줄 떨어져 베치마를 적시네	淚落沾衣裙
촌마을 모양새 참으로 황폐하고 메말랐거늘	村色劇疲衰
구실아치 놈 버텨 앉아 왜 돌아가지도 않는가	吏坐胡不歸
쌀독 바닥난 지 이미 오래거니	瓶罌久已罄
무슨 수로 저녁밥 지을 건가?	何能有夕炊
구실아치 놈 죽치고 앉아 산목숨 끊게 하니	坐令生理絶
온 이웃 모두 함께 목메어 운다네	四隣同鳴咽
소 잡아 포 떠서 세도가에 바치면	脯牛歸朱門
못된 꾀부리는 구실아치 출세 이로써 판가름 난다네	才諝以甄別

파지 구실아치

| 구실아치 놈들 파지 마을 들이닥쳐 | 吏打波池坊 |

떠들썩하게 호령하는 꼴이 군대 점호 같구나　　　　　　喧豗如點伍
염병에 귀신 되거나 굶어서 죽고　　　　　　　　　　　瘟鬼並餓莩
마을 농막에 농사짓는 장정이라고는 없다오　　　　　　村野無農丁
애꿎은 고아와 과부만 다그쳐 묶고서는　　　　　　　　催呼縛孤寡
채찍질로 앞길을 더 보채는 꼴이　　　　　　　　　　　鞭背使前行
개나 닭을 쫓듯 몰아대고 꾸짖어　　　　　　　　　　　驅叱如犬雞
뻗은 행렬이 고을 성 가까이까지 미어터지네　　　　　　弥亘逼其城
그중 가난한 선비 한 사람　　　　　　　　　　　　　　中有一窮士
야위어 홀쭉한 몸뚱이 홀로 가장 외롭구나　　　　　　　瘠削最伶俜
하늘 불러 죄 없음을 하소연하는　　　　　　　　　　　号天訴无辜
구슬픈 목소리도 끊이질 않네　　　　　　　　　　　　哀怨有餘声
감히 가슴뼈에 맺힌 속말도 못하고　　　　　　　　　　不敢发衷臆
오로지 눈물만 줄기차게 흘리네　　　　　　　　　　　但見涕縱橫
구실아치 놈 멍청하다고 화를 내며　　　　　　　　　　吏怒謂其癡
욕하고 매질하며 본보기로 뭇사람들 겁박하네　　　　　　侮辱懾眾情
높은 나뭇가지에 거꾸로 매다니　　　　　　　　　　　倒懸高樹枝
상투가 나무뿌리까지 닿았네　　　　　　　　　　　　髻与树根平

"추생鰌生(변변찮은 소인)이 콧대만 높아 무서운 줄도 모르고　鰌生敢昂昂
감히 네놈이 감영을 거역하다니　　　　　　　　　　　敢宁逆上營
글줄 읽었으면 의리를 알 터인데　　　　　　　　　　　读书会知义
나라 세금은 서울에다 바치는 것 아닌가!　　　　　　　王税输上京

네놈에게 유월까지 말미 줬으면	饒尒到季夏
너를 생각해 준 은혜가 가볍지 않거늘……	念尒恩非輕
포구에서 위풍당당한 세곡선 기다리건만	裒舸滯浦口
네놈 눈에는 왜 보이지 않는단 말이냐"	尒眼胡不明
뽐 나는 위세 언제 다시 부릴 겐가?	立威更何時
공형公兄(구실아치)으로 위세 부릴 때가 좋은 게지!	指揮有公兄

해남 구실아치

나그네가 해남에서 와	客從海南來
두려운 길 피해 오는 참이라면서	爲言避畏途
주저앉으니 헐떡이는 숨 오래도록 가라앉지 않고	坐久喘未定
겁에 질려 여전히 벌벌 떠네	怖惕猶有餘
만일 승냥이나 이리 만난 게 아니라면	若非値豺狼
오랑캐라도 만난 게 틀림없으리!	定是遭羌胡
"세금 달달 볶는 구실아치가 마을에 나타나	催租吏出村
동남쪽 모퉁이에서 매 마구 때린다오	亂打東南隅
신관 사또 명령은 더욱 엄하여	新官令益嚴
기한을 넘길 수가 없다오	程限不得踰

만 섬 싣는 주교사의 큰 배가　　　　　　　　　　　舟橋司萬斛船
　　　정월에 벌써 서울을 떠났건만　　　　　　　　　　　正月離王都
　　　배가 늦추어지면 반드시 모가지가 날아가는 건　　　遲船必殞首
　　　예전부터 있어 왔던 가르침이라오　　　　　　　　　鑑戒在前車
　　　아이고 아이고 온갖 집 통곡소리 시끄럽지만　　　　嗷嗷百家哭
　　　노 젓는 주교사 뱃사공들 즐겁기만 하다오　　　　　可以篙鞋夫
　　　나는 시방 사나운 호랑이 피해 왔으매　　　　　　　吾今避猛虎
　　　누가 다시 죽어 가는 나를 구해 줄까나?"　　　　　 誰復恤枯魚

　　　두 눈에 방울 눈물 뚝뚝 떨어지더만　　　　　　　　泫然雙目垂
　　　땅이라도 꺼질듯 한바탕 울음소리 길게 퍼지네　　　突然一嘯舒

　　1810년에 씌어진 이 시들의 원래 제목은 각각 '용산리龍山吏', '파지리波池吏', '해남리海南吏'이다. 당나라 시인 두보의 시 〈삼리三吏〉에서 운을 빌려 썼다. 당시의 사회상과 아전상, 그리고 백성의 고통을 남김없이 드러낸 사회시의 걸작으로 꼽힌다.
　　'용산리'는 현재 강진군 도암면 용흥리로, 다산초당과 멀지 않다. '파지리'는 강진읍 서쪽 지역으로, 역시 강진군 도암면에 속한다.
　　1810년 6월이었다. 지난해의 가뭄으로 백성들이 굶어 죽는 상황에서 세

---

* '주교사舟橋司'는 조선시대에 한강에서 물건을 배로 실어 나르는 일 등을 맡아보던 관아로, 임금이 거둥할 때 한강에 부교를 놓는 일과 전라도와 충청도에서 조세로 내는 물건을 나르는 일 등을 관리하였다.

금을 쌀로 내라고 하는 것은, 차라리 전라도 사람들 보고 다 죽으라는 소리나 마찬가지였다. 본래 음력 6월은 지난해 가을에 추수한 곡식이 이미 바닥나고 보리를 거두는 철이다. 이런 시기에 세미를 독촉하는 것은 호랑이보다 더 무서운 가혹한 세정稅政이었다.

더군다나 〈조승문〉에서 보았듯이, 설사 참혹한 기근에서 살아남은들 그들을 기다리는 것은 양반에게 기생하며 백성들의 몫을 착복하는 아전들이었다. 오죽하면 굶어 죽은 백성들의 변신체인 파리에게 차라리 해골로 누워 아무것도 모르게 된 것을 축하한다고 했을까! 감사가 큰 도둑이고 수령이 작은 도둑이면, 아전은 무엇인가? 도둑에게 기생하는 좀벌레가 아닌가?

다산은《목민심서》에서 수령은 청렴하고 검소해야 할 뿐만 아니라, 마땅히 그 행정 실무를 장악해야 한다고 강조했다. "시나 읊조리고 바둑이나 두면서 정사를 아랫것 아전들에게 맡겨 두는 것은 큰 잘못이다."《목민심서》〈율기律己〉)

수령이 행정 실무를 몸소 관장하는 것은 부끄러운 일이 아니라 지극히 당연하다는 것이다. 다산이 수령 중심의 행정을 강조한 까닭은, 지방행정에서 하급 벼슬아치의 부정부패가 극심하다는 것을 알았기 때문이다. 아전은 대부분 토박이들인 데 비해 수령은 상피제相避制에 따라 타 지방에서 차임되어 오고, 수령은 임기가 끝나면 교체되지만 아전은 교체되지 않기에 늘 문제가 불거질 수밖에 없었다.

"지금의 수령은 그 임기가 길어야 혹 2년 가고, 그렇지 않으면 몇 달 만에 바뀌게 되니 그 됨됨이가 주막에 지나가는 나그네와 같다."《목민심서》〈부임赴任〉)

따라서 수령이 백성을 잘 다스리려면 먼저 아전을 다스려야만 했다.

백성은 토지를 논밭으로 삼지만 아전은 백성을 논밭으로 삼는다. 백성의 껍질을 벗기고 골수를 긁어내는 것을 농사짓는 일로 여기고, 머릿수를 모으고 마구 거두어들이는 것을 수확하는 일로 삼는다. 이러한 습성이 이루어져서 당연한 짓으로 여기게 되었으니, 아전을 단속하지 아니하고서는 백성을 다스릴 수 있는 자는 없을 것이다.
— 《목민심서》〈이전吏典〉

심지어 아전들은 서울에 사는 대신들을 움직여 수령을 내쫓기까지 했다.

지금의 향리는 재상과 결탁하고 감사와 연통해 있어 위로는 수령을 업신여기고 아래로는 백성을 수탈하니, 능히 여기에 굴복하지 않을 수 있는 자는 훌륭한 수령이다.
— 《목민심서》〈이전吏典〉

바로 이것이 크고 작은 일을 막론하고 아전에게 맡기지 말고 수령이 직접 챙기라고 거듭 강조한 이유이리라.

한 자리를 오래 꿰차고 있지 못하도록 하라

아전이 본래부터 간사한 것은 아니다. 아전들을 간사한 자로 만드는 것은 법이다. 간사함이 발생되는 까닭은 이루 다 셀 수가 없다.

무릇 직책은 낮은데도 재주가 넘치면 간사하게 된다. 지위는 하찮은데도 지식을 숭배하면 간사하게 된다. 땀을 적게 흘렸는데도 효과가 빠르면 간사하게 된다. 나는 한 자리에 오래 있는데 나를 감독하는 사람이 자주 바뀌면 간사하게 된다. 나를 감독하는 사람의 행동 또한 바른 도에서 나온 것이 아니면 간사하게 된다.

아래에는 한편인 무리가 많은데도 윗사람이 외롭고 우매하면 간사하게 된다. 나를 미워하는 사람이 나보다 약한 탓에 나를 두려워해서 고발하지 못하면 간사하게 된다. 내가 꺼리는 사람이 함께 죄를 범했는데도 서로 버티고 고발하지 못하면 간사하게 된다. 형벌이 문란하여 염치가 설 곳이 없으면 간사하게 된다.

더러는 간사한 탓에 지위를 잃기도 하고, 더러는 간사하지만 지위를 잃지 않기도 하고, 더러는 간사한 짓을 하지 않았는데도 간사한 짓을 했다는 것으로 지위를 잃는다면 간사하게 된다. 간사함이 발생하기 쉬운 것이 이러하다.

그래서 지금 아전을 부리는 방법은 모두가 간사함이 발생하게 되는 이유가 아닌 것이 없다. 그런데도 아전으로 하여금 그렇게 하지 못하게 하는 술책은 없다. 이러하니 아전이 어찌 간사해지지 않을 수 있겠는가?

무릇 나라에서 공경대부와 선비의 관직을 마련하고, 공경대부와 선비의 봉록을 제정하여 공경대부와 선비들을 우대하는 것은 무엇 때문인가? 백성을 다스리기 위함이다. 그 직책이 이미 백성을 다스리는 것이라면 재주를 시험하고 기예를 뽑고 치적을 평가하고 벼슬과 녹봉을 올려 줌에 있어서도 마땅히 백성을 다스리는 것을 기준으로 삼아야 한다.

지금은 그렇지 않다. 시와 부賦로 시험하고 씨족으로 뽑고 청환淸宦(학식과 문벌이 높은 사람에게 주는 규장각·홍문관 벼슬로, 지위와 봉록은 높지 않으나 훗날 높이 될 자리) 경력으로 평가하고, 당파의 세찬 기세로 벼슬과 녹봉을 올려 주고 있다.

백성을 다스리는 데 이르러서 말한다.

"이것은 비천한 일이다."

그러고는 아전에게 맡겨 그자들로 하여금 백성을 다스리게 한다. 오로지 때때로 한 번씩 와서 엄한 위엄과 가혹한 형벌을 가하면서 말한다.

"간사한 아전은 마땅히 징계해야 한다."

이는 손님이 와서 주인에게 심한 모욕을 가하는 꼴이다. 아전 또한 하늘을 쳐다보면서 갓끈이 끊어질 정도로 크게 웃으면서 말한다.

"우리가 너와 무슨 관계가 있기에 호통을 치느냐?"

이러하거늘 아전들의 간사함을 어찌 징계할 수 있겠는가?

옛날에 조광한(한漢나라 소제와 한나라 선제 때의 명신)은 하간의 군리群吏였고, 윤옹귀(한나라 선제 때의 청렴하고 유능한 관리)는 하동의 옥리獄吏였고, 장창(한나라 선제 때 서울시장 격인 경조윤에 오른 대신)은 졸사卒吏였고, 왕준(한나라 성제 때 경조윤에 오른 명신)은 서좌書佐(서기)였다.

그런데도 모두 조정에 올라가 천자의 대신이 되었고 그 공적과 재능이 찬란히 빛났다. 그리하여 가는 곳마다 백성이 두려워하여 복종하였고 군현이 크게 잘 다스려졌다. 이와 같은 일은 어찌하여 그런 것인가? 저들은 자신이 익힌 것을 그대로 시행하여 순리대로 일을 했기 때문이다.

흉년에 도적이 일어나서 북 치는 소리가 서울까지 울릴 때, 부賦를 잘 짓는 사마상여(한나라 무제 때의 문인)를 시켜 도둑을 그치게 하면 이를 그치게 할 수 있겠는가? 큰 옥사가 일어나서 죄수들이 감옥에 가득하여 해를 넘겨도 판결이 잘 안 될 때, 송頌을 잘 짓는 왕자연(한나라 선제 때의 문인 왕포)을 시켜 이를 판결하게 한다면 범죄가 그치겠는가?

그러므로 아전에게 간사한 짓을 못하게 하려면, 조정에서 사람을 뽑을 적에 오로지 시와 부에만 의거하여 뽑지 말고 행정사무에 달통한 사람을 현의 지방장관에 오르게 해야 한다. 군현을 다스리는 일이 쇠퇴해지고, 몹시도 교활하여 다스리기 어려운 아전이 있을 적마다 이들을 시켜 다스리게 하고 나서 참으로 좋은 치적을 올리면 아무런 의심도 없이 공경의 자리에 올려야 한다. 그렇게 한다면 아전의 간사함이 그칠 것이다.

비록 그러나 아전들은 대대로 그 직책에 오랫동안 종사하여 세력이 단단히 뿌리박혀 있기 때문에, 설령 능력이 있는 고을 원님일지라도 걱정하지 않을 수 없다. 좋은 방법이 있다.

무릇 아전의 모든 직책 가운데 중요하고 권한이 있는 자리를 한 고을에 열 자리를 넘지 않도록 하는 것이다. 이는 관리 파견을 맡은 자, 곡식 장부를 맡은 자, 논밭을 맡은 자, 군사 행정을 맡은 자이다. 아무리 큰 고을이라도 열 명을 넘지 않는다. 이 열 사람을 지금 감영·군영·수영에 속한 서리를 뽑는 법처럼 늘 몇 백 리 밖에서 뽑아 오고, 또 그 직무에 오래 있지 못하게 해야 한다. 오래 있다고 해 보았자 두 해이고, 그 나머지는 모두 한 해를 만기로 삼는다면 아전이 간사한 짓을 할 수 없게 될 것이다.

무릇 간사한 짓은 오래 있는 데서 생긴다. 한 자리를 오래 꿰차고 있지 못하게 하면 간사함도 노련해지지 못하는 법이다. 아전들이 모두 여러 군현으로 옮겨 다니고, 영원토록 머물 곳이 없으면 창고에 간사한 짓이 있을 경우 이를 감출 수 있겠는가? 군사행정에 간사한 짓이 있을 경우 이를 숨길 수 있겠는가?

감출 수도 없고 숨길 수도 없으면 드디어 간사한 짓이 없어지게 될 것이다. 간사한 짓을 깨뜨리는 방법이 이와 같이 실천에 옮기기가 쉽다. 그럼에도 옛날 버릇만을 그대로 따라하면서 이를 바로잡지 못하니 나라고 한들 어찌 할 수 있겠는가?

그러므로 이런 말이 있는 것이다.

"아전이 본래부터 간사한 것은 아니다. 그들을 간사한 자로 만드는 것은 법이다."

– 〈간리론奸吏論〉

다산은 이 논술문에서 아전의 부정부패를 제도적으로 봉쇄할 수 있는 방도를 제시하였다. 그러나 어찌 아전만 문제이랴. 구실아치들을 단속해야 할 사또의 횡포가 큰 도둑인 감사나 좀벌레인 구실아치보다 더하면 더했지 결코 덜하지 않았다. 다산은 〈호랑이사냥(獵虎行)〉(1808)에서 "가혹한 정치는 호랑이보다 더 무섭다"(가정맹어호苛政猛於虎)는 말이 결코 옛말이 아님을 낱낱이 고발하였다.

목민관(사또)들은 호랑이 가죽이 탐나 시도 때도 없이 호랑이 사냥을 하고, 구실아치들은 이를 핑계 삼아 백성들을 토색질하고 온 마을을 쑥대밭으로 만들었다. 호랑이 사냥이 벌어지면 벼슬아치들을 먹일 닭과 돼지를 잡고, 새로 방아를 찧어 쌀밥을 짓고, 술을 걸러야 하니 호랑이들보다 민초들의 고초가 더 심할 지경이었다.

상황은 세월이 흘러도 좀처럼 나아질 기미가 보이지 않았다. 1832년 가뭄과 홍수로 흉년이 들어 백성들의 고통이 심했다. 그런데도 수령은 시도 때도 없이 농사짓는 백성들을 데려다가 가마를 메게 했다.(시〈가마꾼의 탄식〔肩輿叹〕〉) 다산은 《경세유표經世遺表》〈지관地官・호조戶曹〉 편에서 이렇게 논술했다.

방을 수색하고 땅을 파며, 목을 달아매고 결박을 한다. 솥과 가마를 들어내고, 송아지와 돼지를 빼앗아서 온 마을이 시끄럽게 되고, 우는 소리는 하늘에 진동하여 천지의 화기和氣를 해쳐 쓸쓸해진 인가가 비참하기만 하다. 벼슬아치들이 지나가면 열 집에 아홉은 비게 되며, 추녀가 무너지고 벽이 부서지며, 창문이 넘어져 버린다.

욕심쟁이 신선도 있는가?

다산은 탐욕과 허세, 몰염치를 싫어했다. 이런 행동으로 사람들의 눈살을 찌푸리게 하는 위선자는, 그가 꼭 벼슬아치가 아니어도 다산의 쓴소리를 피할 수 없었다.

조신선曹神仙이라는 사람은 책을 파는 거간꾼이었다.

붉은 수염이 덥수룩하고, 우스갯소리를 번드르르하게 잘하고 눈까지 번쩍거려 신통한 기운이라도 있는 듯했다. 무릇 구류九流*의 여러 학자들이 쓴 옛날 책 가운데 그 차례와 줄거리를 모르는 바가 없이 술술 이야기하며 평론하는 품이, 마치 학식이 넓고 고상한 군자와 같았다.

그러나 욕심이 많은 심보를 가졌다. 무릇 고아나 과부의 집에서 간직하고 있는 서질書帙(책)을 별안간 싼값에 사들여, 그것을 팔 때에 이르러서는 갑절로 팔아 이문을 크게 남겼다. 그래서 책을 판 사람들이 많이도 언짢게 여겼다.

그는 자신이 살고 있는 집을 알려 주길 꺼리어 이를 아는 사람이 없었다. 아무개는 그가 서울 남산 옆 석가산 골에 산다고 했으나, 역시나 또렷하지

---

* 중국 후한 초기의 역사가 반고班固가 서술한 《한서漢書》〈예문지藝文志〉는 제자백가 중에서 아홉 학파만을 '구류'라고 불렀다. 곧 유가儒家·도가道家·음양가陰陽家·법가法家·명가名家·묵가墨家·종횡가縱橫家·잡가雜家·농가農家이다.

가 않았다.

건륭乾隆 병신년(1776, 영조 52) 무렵, 나는 경사京師(서울)에서 노닐다가 조신선을 처음 보았다. 얼굴과 머리털을 보아 하니, 마흔 살이나 오십 줄 가까이 보였다. 경신년(1800) 즈음에 이르러서도 그 생김새가 조금도 쭈글쭈글 늙지 않고, 내리내리 병신년 그때의 얼굴 꼴과 마찬가지였다.

요즈음 아무개가 말했다.

"도광道光 경진년(1820, 순조 20) 무렵에도 역시 그랬습니다."

하지만 나는 몸소 보지는 못했다. 지난번에 소릉 이가환이 말했다.

"건륭 병자년(1756, 영조 20) 무렵에 내가 이 사람 조신선을 처음 보았는데, 역시 마흔 살이나 오십 살밖에 안 돼 보이더군."

앞뒤로 헤아려 보니 백 살이 넘은 지 이미 오래였다! 수염이 붉게 된 것도 어찌 이치에 맞지 않겠는가?

외사씨外史氏(다산)는 말한다.

"도교에서는 마음을 깨끗이 하고 욕심을 적게 갖는 것을 신선이 되어 구름 위로 날아오르는 본바탕으로 삼고 있다. 오히려 조신선은 욕심이 많으면서도 여전히 이처럼 늙지 않았다. 그래, 세상이 망할 때가 오고 풍속마저 속되게 변하였으니, 신선조차도 세속에 얽매이지 않을 수 없단 말인가?"

— 〈조신선전曹神仙傳〉

조선시대에는 지식과 정보를 전하는 가장 중요한 매체가 책이었다. 그런데도 조정에서는 서점을 세우는 것을 규제하고 금지하였다. 그래서 '책중개인'인 '서쾌書儈' 혹은 '책쾌冊儈'(순우리말로는 '책주름')가 서적의 유통을 담당했다.

조신선은 다산뿐만 아니라 조희룡趙熙龍(화가)과 조수삼趙秀三(시인)도 그의 전기를 썼을 정도로 영·정조시대 지식인들 사이에서 유명한 책주름이었다. 그는 단순한 책장수가 아니었다. 제가백가 서적에 해박하여 선비 학자라는 오해를 받을 정도의 지식인이었다.

그러나 실상 그는 욕심쟁이에 불과했다. 장사치답게 고아나 과부의 집을 찾아다니며 책을 헐값에 사들여 비싼 값에 되팔았다. 그런 그가 도사나 신선처럼 얼굴이 늙지 않고 백세가 넘도록 살았다는 이야기가 떠돈다는 것은 무슨 뜻인가? 도가에서는 욕심을 적게 갖는 것이 신선이 되는 근본이라 했거늘, 그토록 욕심을 부리고도 백 살이 넘도록 산다니 참으로 이상한 일이 아닌가? 조신선의 이중적인 행태를 은근히 비꼬아 나무라는 다산의 문체가 재미있다.

당나라 장수 소정방이 용을 잡아?

실학자 다산에게 허무맹랑한 전설이나 뜬금없는 믿음은 비판하고 경계해야 할 대상이었다. 사실에 근거하여 진리를 탐구하는 '실사구시實事求是'를 지향하는 실학자의 눈에는 마땅히 세상에 떠도는 터무니없는 이야기들이 곱게 보이지 않았을 것이다.

소정방蘇定方이 부여 낙화암 근처에 있는 조룡대에서 백마로 신룡을 낚았다는 전설은 몇 가지 사실만 꿰어 맞춰 봐도 황당하기 그지없는 이야기다. 다산은 이 전설이 허황된 것임을 논리적으로 지적한다.

> 옛날에 내가 서울에서 노닐 때, 아무개 집의 벽에 걸린 그림 한 폭을 보았더랬다.
>
> 황금 투구를 쓰고 무쇠 갑옷을 걸친 용맹한 장수가, 팔에는 무쇠 끈 한 가닥을 감고, 강물 한가운데 있는 바위 위에 서서 죽자구나 하고 용을 낚으려는 차였다. 용은 입을 크게 벌린 채 하늘을 향하여 머리를 쳐들고, 발로는 돌을 붙잡고 위로 끌려가지 않으려고 앙버티었다. 쌍방 모두 서로 안간힘을 쓰면서 피나는 싸움을 벌이고 있었다.

* 소정방은 7세기 당나라 장군으로, 660년 나당연합군의 총사령관으로 13만 군사를 이끌고 백제 사비성을 함락시켰다. 의자왕과 태자를 사로잡아 백제를 멸망시킨 뒤, 661년 고구려 평양성을 포위했으나 실패했다.

"저것은 무슨 그림이오?"

"옛날에 당나라 장수 소정방이 백제를 칠 때 백마강白馬江에 다다랐지요. 신비한 용 한 마리가 짙은 안개와 괴상스러운 바람을 일으켜서 배에 탄 군사들이 강을 건널 수가 없었습니다. 그리하여 소정방이 크게 화가 나서 노발대발하며, 백마를 미끼로 삼아 그 용을 낚아 죽여 버렸습니다. 그런 뒤에야 비로소 안개가 걷히고 바람이 자서 군사들이 강을 건너갈 수 있었습니다. 이 그림이 바로 그 이야기를 그린 것입니다."

내가 말했다.

"이상하도다!"

그리고 이야기하였다.

올 가을에 나는 금정(충청남도 청양군)에 있었다. 부여 현령 한원례韓元禮가 여러 차례 나에게 글을 보내어 백제의 옛 유적지를 함께 유람하자고 졸랐다. 드디어 구월 보름에 고란사皐蘭寺 아래에 배를 띄우고, 이른바 조룡대釣龍臺(용이 할퀸 자국이 남아 있는 백마강의 괴석) 위에 올라가서 구경하였다.

아! 우리나라 사람들이 너무나 황당한 것을 좋아하는 게 이다지도 깊단 말인가?

조룡대는 백마강 남쪽에 있다. 만약 소정방이 참말로 이 조룡대에 올라왔다면 군사들은 이미 강을 건넌 뒤였을 것이다! 그러하니 어찌 눈을 부릅

---

* 1795년 주문모 신부의 밀입국이 발각되었다. 다산도 연루되어 충청도 금정 찰방, 곧 역참의 벼슬아치로 좌천되었다.
* 백제가 망할 때 낙화암에서 떨어진 삼천 궁녀의 넋을 위로하기 위해 고려 때 백마강변에 세운 절.

뜨고 감때사납게 용을 낚을 필요가 있었겠는가?

　조룡대는 백제성 북쪽에 있다. 소정방이 정말로 조룡대에 올라왔다면 백제성은 이미 함락되었을 터다! 배를 탄 군사들이 바다 어귀로부터 들어와서 백제성 남쪽에 이르렀으면 마땅히 뭍으로 올라왔을 것이다. 어찌하여 또 강의 근원까지 수십 리를 거슬러 올라와 이 조룡대 아래에 이르렀겠는가?

　신라의 시조(박혁거세)가 태어난 때는 한漢나라(기원전 202년에 세워진 중국 왕조) 선제 시기와 맞먹는다. 그런데 기록되어 있는 옛일들이 모두 황당하여 사리에 크게 어긋나 있다. 백제가 망한 시기도 당나라 고종(재위 649~683) 때의 일이다. 용을 낚았다는 전설이 이처럼 어처구니없이 황당무계하다.

　하물며 한나라와 당나라 이전의 사실이야 더 말할 나위가 있겠는가? 동국東國(조선)의 일은 고려 이전까지는 모두 물어보기가 조심스럽도다!

– 〈조룡대기釣龍臺記〉, 1795

산하는 옹색한데 당파 싸움 드세네

5

서로 싸운 지 200년, 조선 당쟁사

제가끔 당파 갈라 쉴 새 없이 아옹다옹 싸우는 꼴	蠻觸紛紛各一偏
귀양살이 나그네 되어 깊이 생각하니 눈물 줄줄 흐르네	客窓深念淚汪然
산하는 옹색하게 삼천리가 고작이거늘	山河擁塞三千裏
비바람 섞어 치듯 서로 싸운 지 이백 년이네	風雨交爭二百年
수많은 영웅호걸 길을 잃어 슬퍼했고	無限英雄悲失路
논밭 두고 다투는 형제 어느 때나 부끄러워할까	幾時兄弟恥爭田
만일 끝없이 솟아나는 은하수로 씻어 낼 수 있다면	若將萬斛銀潢洗
맑은 날 상서로운 햇살이 온누리 비추련만	瑞日舒光照八埏
	—〈견흥遣興〉, 1801

삼천 리도 못 되는 조그마한 땅덩어리에서 서인·동인·남인·북인으로 갈리고, 여기서 또다시 노론·소론·시파·벽파로 갈기갈기 갈려 골육상쟁을 벌인 지 200년. 자기와 생각이 같으면 동패로 여기고, 생각이 다르면 사문난적으로 몰아 공격하는 당동벌이黨同伐異 200년.

여기서 '200년'이란 임진왜란 이후 동서분당으로 선비들이 갈라진 때로부터 200년이 흘렀다는 말이다. 흔히 조선시대 사림정치의 대표적인 병폐로 지적되는 당쟁은 그 뿌리가 이렇듯 깊고, 다산은 그 당파 싸움의 대표적인 희생자로 꼽힌다. 다산이 처했던 정치적 환경을 이해하려면 이 역사를 간략히 살펴보아야 한다.

조선 선비들을 동인과 서인이라는 두 파로 가른 '동서분당'의 시작은 사소한 일에서 비롯되었다. 1574년(선조 7), 이조전랑으로 있던 오건이 자리를 옮기면서 김효원金孝元이 이조정랑으로 천거를 받았다. '이조전랑'은 이조의 정5품 정랑과 정6품 좌랑을 함께 이르던 말로, 관원을 천거·전형하는 큰 권한을 가진 직책이었다. 삼사 가운데 특별히 명망이 높은 사람이 선발되었고, 그 후임은 전랑이 추천하도록 되어 있었으며, 전랑을 거치면 대개 재상까지 될 수 있었다.

김효원은 선조 초기에 공신 관료 집단인 훈구파가 몰락하고 초야에 묻혀 있던 사림파가 대거 진출할 때 그 대표자 격으로 얘기되던 인물이다. 그런데 외척 심의겸沈義謙이 김효원의 천거를 반대하고 나섰다. 김효원이 명종 대의 척신인 윤원형의 문객 노릇을 했다는 이유였다.

심의겸은 명종의 비 인순왕후의 아우였으나, 김효원과 마찬가지로 퇴계 이황의 문인이었다. 당시 서른 두 살의 김효원이 신진 사림파였다면, 서른 아홉 살의 심의겸은 선배 사림파였다. 결국 심의겸의 반대로 김효원은 이조정랑 자리에 오르지 못하다가 나중에 이조정랑에 등용되었다. 이듬해 김효원이 자리를 옮기며 심의겸의 아우 심충겸이 후임으로 거론되자, 이번에는 김효원이 이를 반대하였다. 왕실의 외척으로서, 조정의 인사를 처리하는 막중한 직책을 맡아서는 안 된다는 것이었다.

이로 인해 조선의 선비들은 김효원을 지지하는 세력과 심의겸을 지지하는 세력으로 나뉘게 되었다. 김효원의 집이 서울 동쪽인 낙산 밑의 건천동에 있었기 때문에 그 일파가 '동인東人'이 되고, 심의겸의 집은 서울 서쪽인

정동에 있었기 때문에 그 일파가 '서인西人'이 되었다. 부제학 이이李珥가 두 사람을 외직으로 내보내 당쟁을 잠재우려 했으나, 두 세력의 앙금은 그 뒤로도 계속 이어졌다. 결국 동서분당은 훈구와 신진의 싸움이 아니라, 신진 사림파 내부의 분열이었던 셈이다.

그러면 남인과 북인은 어떻게 나왔을까? 그 원인을 제공한 사건이 1589년(선조 22)에 벌어진 '기축옥사', 다른 말로 '정여립 반란 사건'이다. 이이의 제자인 정여립이 이이를 공격하는 동인에 가담했다가 선조의 미움을 받고 쫓겨난 후 대동계를 조직하여 역모를 꾀하다가 들통이 났다. 그런데 이 사건에는 구체적인 물증도 없고, 고변은 황해도에서 올라왔는데 전라도 인사들이 대거 연루되는 등 석연치 않은 점이 많았다. 서인을 대표하는 정철 등은 이 사건을 이용해 전라도 출신 및 급진적 인물들을 1천 명 가까이 죽였다.

이후 서인이 정권을 잡았지만, 정철이 광해군을 세자로 책봉하자고 했다가 선조의 미움을 받아 서인이 실각하고 나서 다시 동인이 득세했다. 이때 정철에 대한 처벌 수위를 놓고 동인 내부에서 유성룡·우성전 등의 온건파와 정인홍·이발·이산해 등의 강경파가 갈렸다. 우성전의 집이 남산 밑에 있어서 '남인南人', 이발이 집이 북악산 밑에 있어서 '북인北人'이 되었다. 학문적으로 남인은 대부분 영남 출신으로 퇴계 이황을 따랐고, 북인은 조식과 서경덕의 제자들이 중심이었다.

이렇듯 남인과 북인이 동인에서 갈라져 나왔다면, 노론과 소론은 서인에서 분열되었다. 1659년과 1674년 효종과 효종의 비가 세상을 떠나면서 1·2차 '예송논쟁'이 벌어졌다. 효종의 어머니인 자의대비의 상복 문제를 둘러싼 이 논쟁의 요지는, 효종을 장자로 볼 것인가 둘째 아들로 볼 것인가 하는 것이었다. 이는 효종의 형인 소현세자가 아버지 인조의 견제 속에 의문의 죽음을 당하면서 생긴 일이었다. 당시 송시열을 중심으로 한 서인과 당시 집권층이던 남인이 대립했는데, 1680년(숙종 6) 남인이 정권에서 축출되고 서인이 정권을 잡았다.(경신환국)

이때 남인에 대한 처벌을 놓고 서인이 강경파와 온건파로 분리되면서 노론과 소론으로 나뉘었다. 강경한 태도를 보인 사람들이 주로 노장층이어서 '노론老論', 온건파들이 주로 젊은 층이어서 '소론少論'이 되었다. 1683년 노장파가 남인을 강력히 탄압하자, 소장파가 이에 반대하는 상소를 올린 것이 직접적인 발단이었다. 송시열이 노론이었고, 윤증 등이 소론이었다. 그러나 노론의 집권은 얼마 못 가, 장희빈의 아들을 왕세자(훗날 경종)로 세우는 것에 반대한 송시열을 사사하고 인현왕후 민씨를 폐출하는 기사환국(1689)으로 막을 내렸다. 이로써 남인 세력이 득세하기 시작하였다.

그러나 채 다섯 해가 지나지 않아, 다시 남인이 무너지고 서인이 집권하면서 인현왕후가 복위되었다. 이후 왕세자 문제를 놓고 서인 내부에서 노론과 소론의 대립이 격화되었다. 숙종 사후 경종 대에 소론은 사화를 일으켜 노론을 제거했으나, 경종 사후 영조의 등극을 반대하던 일부 남인과 손을 잡고 일으킨 '이인좌의 난'(1728)의 실패로 몰락의 길을 걸었다.

영조 집권기에 장헌세자(사도세자)의 폐위와 사사를 둘러싸고 나온 정파가 시파와 벽파이다. 장헌세자를 동정하는 입장이 '시파時派', 장헌세자의 죽음을 합리화한 쪽이 '벽파僻派'이다. 시파는 대부분 남인 계통이었고, 벽파는 대부분 노론 계통이었다.

정조가 즉위한 뒤 노론 위주의 정국에서 탈피해 왕권을 강화하려 했을 때 이를 지지한 세력이 시파(시류時流에 편승한다), 이와 반대로 장헌세자를 배척한 세력이 벽파(편벽偏僻하다)가 되었다. 순조 즉위 후 일어난 신유박해는 유교적 질서를 지키려는 목적도 있었으나, 시파 중에서 천주교를 연구하는 학자나 신자가 많아서 시파를 탄압할 의도도 있었다.

이후 조선 말기까지 200년간 조선 정국은 대체로 서인 중에서도 노론이 주도했다. 다산은 정치적으로 남인 시파에 속했다.

당쟁 그치고 화합하세

나라의 가난을 근본적으로 해결하고 공평한 분배를 제도적으로 확보할 수 있어야만 당파 싸움과 동포 형제끼리의 갈등을 풀 수 있다는 다산의 생각은, 훗날《경세유표》를 비롯하여 수많은 경세학 연구서에 오롯이 드러나 있다.

당파 재앙 오래도록 그치지 않으니
이야말로 참으로 통곡할 일이로다
듣지 못했네, 낙당 촉당 후예들이
끝내 지씨 보씨로 나뉘어 피붙이싸움 벌였다는 말을
우리나라 당쟁 기질 양심마저 내버리고
가는 밧줄이나 겨자씨만 한 잘못에도 마구 죽이네
어린 양들은 소리 지르지 못하고 죽으나
승냥이와 범은 오히려 눈알을 부라리네
높은 자는 기회 잡고자 이를 갈고
낮은 자는 숫돌에 칼날과 화살촉 날카로이 가네
누가 능히 큰 잔치 열어
휘장 둘러친 눈부신 집에
일천 동이 술 빚어 놓고

만 마리 소 잡아 저민 고기 차려 놓고 萬牛臠爲炙
옛날에 물든 버릇 고치기로 함께 다짐하며 同盟革舊染
화평한 복을 구할까나! 以徼和平福

– 〈고시27수古詩二十七首〉 중 네 번째 수

중국 송나라 철종 때 낙양의 정이程頤가 주축이 된 낙당洛黨, 촉蜀(사천성)의 소동파가 중심이 된 촉당蜀黨, 삭방의 유지劉摯가 이끈 삭당朔黨을 '원우삼당元祐三黨'이라고 했다. 이들은 붕당이 달라 정치적으로 대립했지만, 황제를 보필해 '원우元祐(철종)의 치세'를 일궈 냈다.

중국 춘추시대에 진晉나라의 공족인 지과智果이 지씨 문중의 후사 문제로 지선자智宣子와 의견이 충돌해 성을 보씨로 바꾸었다. 훗날 지씨는 망하고 보씨만 남게 되었다.

낙당과 촉당과 삭당은 비록 여러 당파로 나뉘어 정쟁은 벌였을망정, 파벌을 이용해 사리사욕을 채우면서 지족과 보족처럼 갈라져 골육상쟁을 일삼지는 않았다.

이 시에서 '양'은 청렴결백한 군자, '승냥이와 범'은 사납고 악독한 간신을 비유한다. 다산은 죄 없이 외딴 벽지로 유배를 와서 고초를 겪는 자신이 바로 시파와 벽파 싸움의 희생물이라는 사실을 꿰뚫어 보았다. '높은 자'(노론 벽파)는 뒤에서 조종하고, 그들에게 빌붙은 지위 '낮은 자'(공서파)는 칼날과 화살촉을 간다는 비유에서 신유사옥의 본질이 드러난다.

신유박해 때 피해를 입은 사람들은 대부분 남인 중에서 신서파信西派, 곧 서학을 믿는 이들이었고 윤행임 등 일부 노론 시파도 참형을 당했다. 심환지 등 노론 벽파 세력이 이들을 처벌하는 데 앞장설 때, 남인 중에서 공서파攻西派(서학을 공격) 이기경 등도 가담했던 것이다.

 다산은 그 자신이 신유박해로 거의 멸문의 화를 입었지만, 동서남북으로 갈려 싸우는 당쟁을 멈추고 나라를 위해 화합하자고 진심으로 호소하였다.

큰 고래 죽이려 온갖 꾀를 짜낸다네

1801년 2월 신유박해로 다산은 경상도 포항 장기로 유배를 왔다. 비록 그해 10월 황사영 백서 사건으로 다시 투옥되어 11월에 전라도 강진으로 재유배를 당하지만, 약 8개월간 경상도 끝에서 바다를 실컷 보고 지냈다.

영일만에 위치한 장기는 지금도 고래 산지로 유명한 곳이다. 다산은 이곳에서 범고래 등 고래의 습성을 관찰했다. 성질이 난폭하여 바다의 살해자라고 불리는 범고래는, 무릇 40여 마리씩 무리를 지어 다니며 큰 입과 튼튼한 이빨로 물고기나 오징어, 바다표범과 물개를 잡아먹으며, 때로는 돌고래나 큰 고래들을 습격하기도 한다. 다산은 범고래가 무리를 지어 큰 고래를 죽이는 걸 보며, 문득 중앙 정계에서 벌어지는 피비린내 나는 권력 투쟁을 떠올린다.

범고래海狼란 놈 이리 몸통에 수달의 가죽	海狼狼身而獺皮
가는 곳마다 열 놈 백 놈 떼 지어 다니면서	行處十百群相隨
바닷물 속에서 사냥질할 때 나는 듯이 빨라	水中打圍捷如飛
느닷없이 덮쳐 오면 물고기들도 모른다네	欻忽掩襲魚不知
큰 고래長鯨란 놈 한입에 물고기 천 섬 삼키니	長鯨一吸魚千石
큰 고래 한번 지나가면 물고기 흔적도 없고	長鯨一過魚無跡

물고기 차지 못한 범고래는 큰 고래 원망하여
큰 고래 죽이려고 온갖 꾀를 짜낸다네

한 떼는 고래 머리 들이받고
한 떼는 고래 뒤 에워싸고
한 떼는 고래 왼쪽에서 틈을 노리고
한 떼는 고래 오른쪽을 침범하고
한 떼는 물에 잠겨 고래 배때기 올려치고
한 떼는 튀어 올라 고래 등에 올라타서

아래위 사방에서 함께 호령하며
살갗 할퀴고 속살 깨무는 게 어찌나 잔인하고 포악한지
고래가 우레같이 울부짖으며 입으로 물을 뿜어
바다 물결 들끓고 갠 하늘에 무지개 일어나네

무지개 점점 사라지고 파도 차츰 잔잔하니
아아, 애닯도다! 고래 이미 죽고 말았구나
혼자서는 뭇 힘을 당해 낼 겨를이 없어
작은 교활함이 도리어 거대한 사특함을 해치웠네

너희 놈들 혈전 왜 이 지경에까지 이르렀느냐?
원래는 기껏해야 먹이다툼인 것을,

호호탕탕 가도 가도 끝없는 드넓은 바다에서　　　瀚海漭洋浩無岸
너희 놈들 지느러미 흔들고 꼬리 치면서　　　汝輩何不揚鬐掉尾相休息
어찌 함께 편히 살지 못하느냐?

- 〈해랑행海狼行〉, 1801

    1800년 음력 6월 28일 정조의 갑작스런 죽음으로 노론 벽파가 시파를 단숨에 제거한 뒤 권력을 거머쥐었다. 이듬해에는 남인들이 신유사옥으로 무자비하게 처형되거나 귀양을 갔다. 정치적 격변의 와중에 다산과 그의 형제들도 참변을 겪었다. 이런 다산에게 바닷속 생물들의 다툼이 예사로 보이지 않은 것은 어찌 보면 당연하다.

    다산의 대표적인 우화시寓話詩로 꼽히는 이 시에서 범고래와 큰 고래, 또 물고기는 누구일까?

    범고래는 권력을 쥔 봉건귀족 세도가들, 큰 고래는 왕(순조)이나 혹은 왕 뒤에서 대리청정을 하는 세력(정순대비를 위시한 노론), 물고기는 백성을 상징할 수 있다. 큰 고래와 범고래가 모두 물고기들을 잡아먹는 지배집단으로 그려져 있다. "거대한 사특함(왕권)"에 맞서서 기승을 부리는 세도 집단, 즉 "작은 교활함(신권)"의 발호와 흉계로 물고기(백성)들만 고통스럽다.

전라도에 대한 물음에 답하다

다산의 고향은 경기도 광주군 마재, 오늘날 경기도 남양주시 조안면 능내리다. 그리고 어른이 되어서는 서울에서 벼슬살이를 하였다. 그런 그가 전라도 강진으로 귀양을 가자, 북쪽(서울) 사람들은 다산이 죽을 곳으로 가는 줄로만 알았다. 다산도 처음에는 그리 생각하고 마음을 단단히 먹었음직하다.

다산이 전라도에서 다섯 해 남짓 유배를 살고 있을 때, 북쪽에 사는 아무개가 전라도에 대한 편견을 품고 여러 물음을 던졌나 보다. 이에 대해 다산은 몸소 겪은 경험을 바탕으로 대꾸하였다. 당시에 북쪽 사람은 전라도가 덥고 습한 기후 탓에 풍토병이 창궐하는 곳, 교활하고 야박한 풍속의 땅, 뱀과 지네가 득실거리는 야만의 땅이라는 편견을 갖고 있었다. 전라도에서 몸소 여러 해를 살아 본 다산의 생각은 어떠했을까?

북쪽 사람이 나를 위해 슬퍼하고 근심하며 말했다.

"탐진耽津(전라도 강진)이란 데는 탐라耽羅(제주)의 나루터이며, 장려瘴癘(축축하고 더운 땅에서 생기는 염병 따위의 풍토병)의 고을로서 죄인을 귀양 보내는 곳이라네. 그대가 어찌 살 수 있겠는가?"

내가 대답했다.

"아! 왜 그런 말을 하는가? 탐진의 원통함이 줄곧 이러하였단 말인가? 내가 다섯 해 동안 살면서 무더위는 북쪽 지방보다 덜한 것을 느꼈다네.

특히 겨울 추위가 그리 매섭지 않네. 곰곰이 생각해 보건대, 귤이 회수를 넘으면 탱자가 되듯이, 지금 탐진에는 귤과 유자가 생산되는데 월출산(전라도 영암) 북쪽만 가면 곧장 변하여 탱자가 된다네.

이 탐진 땅은 중국의 회남과 남북의 위도가 거의 같네. 일찍이 중국 사람 중에 회남 땅을 일러 남방의 장려 고을이라고 말하는 자를 본 적이 있는가?

탐진은 북쪽의 한양과는 팔백여 리가 떨어져 있고, 북극과의 위도 차이는 3도가 조금 넘네. 그러므로 겨울 해는 한양에 비해 조금 길어서 몇 자 되는 서까래 길이에도 창문 해가 그 중간에 있고, 여름 해는 한양보다 조금 짧아서 점심밥을 다소 늦게 먹으면 저녁밥이 이미 쉬어 버린다네.

무릇 여름을 갈라 겨울에 베푸는 것은 북쪽 사람들의 지극한 바람이요, 몹시도 좋아하는 즐거움이네. 곧 강진이 이와 같으니 어찌 좋은 고장이 아니겠는가? 엄동설한에도 땅이 얼지 않고 부드러워 밭을 쟁기질하고, 배추와 겨자 싹이 모두 푸릇푸릇 자라며, 어리고 노란 병아리도 노니네.

사람들이 그러한 것을 보면서도 이곳을 굳이 축축하고 더운 땅에서 생기는 풍토병 기운이 서린 염장炎瘴의 고을이라고 말하는 까닭은, 북쪽 지방 여름날의 해가 짧은 한은 서늘한 기운이 더 많을 수밖에 없다는 것을 모르는 탓이네.

장인 어르신 홍 공洪公(홍화보)께서 일찍이 함경도 절도사로 북쪽의 주둔지 경성을 다녀와서 말씀하셨네.

"사월까지도 들판에 눈이 여전히 덮여 있다네."

내가 여쭈었네.

"오곡이 어찌 익습니까?"

홍 공께서 대답하셨네.

"한여름에는 호되게 뜨거워서 금이나 돌도 타고 녹을 지경이며, 좀 더 북쪽으로 올라가면 '양갑숙羊胛熟'이어서 곧장 해가 뜬다네."

이치가 마땅히 그럴싸하지 않은가?

내가 또 이 사실을 가지고 가늠해 보았네. 지역마다 땅의 서늘함과 뜨거움은 속일 수가 없다는 걸세. 피부의 촉감으로 증명할 수 있고 계산으로도 알 수 있네.

그러나 옛날에 아무개가 무더운 변경이라고 지적하자 온갖 사람이 따라서 그렇게 지적하고, 그리하여 그러한 지적이 꼬리에 꼬리를 물어, 마침내는 그 터무니없음을 분명하게 밝힐 도리가 없어지게 되네. 하물며 사람의 현명함과 어리석음 및 그 공로와 죄과가, 더러는 서로 현격한 차이가 나서 이를 근거할 만한 형체가 없어지니 어쩌란 말인가!"

북쪽 사람이 나를 위해 슬퍼하고 근심하며 말했다.

"전라도의 풍속이 교활하고 경박하고 야박한데 탐진이 특히나 심하다네. 그대가 어찌 견딜 수 있겠는가?"

내가 말했다.

"아아! 말을 어찌 그리 까닭도 없이 하는가? 탐진의 백성들은 벼 베기가 끝나면, 농토가 없는 가난한 백성들이 곧바로 그 이웃 사람의 농토를 경작

'양갑숙羊胛熟'은 해가 질 때 삶기 시작한 양고기가 익을 때쯤이면 해가 다시 뜬다는 뜻으로, '밤의 길이가 짧다'는 것을 빗댄 말이다. 《신당서新唐書》〈회골전回鶻傳〉에 나온다. '회골回鶻'은 돌궐족의 한 분파로 오늘날의 위구르족을 가리킨다.

하네. 마치 자기의 전답인 양 보리를 심는다네. 내가 물었네.

'잘하는 일일세! 보리가 익으면 그것을 절반으로 나누는가?'

대답하더군.

'아닙니다.'

또 물었네.

'세금을 낼 때 그 반을 부담하는가?'

대답하더군.

'아닙니다.'

보리가 익으면 경작자가 그것을 다 차지하지, 땅주인과 나누지도 않고 또한 세금을 낼 때 돕지도 않는 것일세.

또 물었네.

'모내기를 할 때 품앗이로 보답하는가?'

대답하더군.

'아닙니다.'

내가 물었네.

'땅의 힘이 떨어지지 않는가?'

대답하였네.

'어찌 그렇지 않겠습니까!'

물었네.

'보리를 미처 베어 내지 못하고, 비가 내려 모심기를 해야 할 경우 서로 폐가 되지 않던가?'

대답하였다네.

'어찌 그렇지 않겠습니까!'

아아, 이 얼마나 어진가! 이들은 무회씨無懷氏의 백성인가, 아니면 갈천씨葛天氏의 백성인가?

관아에서 체문帖文(사또가 향교 유생에게 가르침을 주는 글)을 내려 주고, 세전을 받을 때에는 집집마다 12전씩을 물려도 들어주고, 집집마다 25전씩을 물려도 들어준다네. 오늘 징수하고 내일 또 징수하여도 들어주고, 그저 내라는 대로 들어주며 모름지기 그 쓰임을 따지지도 않는다네.

그 종에게 사사로이 증여를 할 때에 채마밭을 살 만한 큰 재산을 실어 가도 묻질 않네. 기생을 끼고 호수에서 뱃놀이를 하는 돈으로 써 버려도 캐문지를 않지. 이래도 도리어 경박하고 야박하다고 말할 수 있겠는가? 살피기를 공평한 눈으로 하고, 평가하기를 공정한 세 치 혀로 한다면, 그 누가 어질고 그 누가 도적이 되겠는가?"

북쪽 사람이 나를 위해 슬퍼하고 근심하며 말했다.

"탐진 땅에는 지네가 한 자(尺)나 되고 뱀과 독사가 득시글득시글 꼬인다네. 살갗을 물리면 피가 흐르고 부르트고 부어오르는데, 온갖 약이 효험이 없고 소중한 생명까지 위태로워지네. 그대가 어찌 견딜 수 있겠는가?"

내가 대답했다.

"아! 하늘이 만물을 낳은 것은 그것을 이용하되 모자람을 돕고 채우는 것이지, 사람을 해치려는 게 아니네. 지네가 벽을 기어오를 때에는 뭇 발

무회씨와 갈천씨는 중국 상고시대 전설의 제왕이다. 이들이 나라를 다스릴 때에는 말하지 않아도 믿고, 가르치지 않아도 교화가 이루어졌다.

로 기는 소리가 한꺼번에 들리고, 설레설레 주위를 맴돌다 피부에 닿을 때에는 깊은 잠도 화들짝 깬다네.

 손으로 들창문을 두드리며 가벼이 몇 마디 인기척을 내면 지네는 이내 엎드려 숨고, 그 기는 소리도 조용히 사라지네. 이에 촛불을 밝히고 잡으면 백에 한 마리도 놓치지 않으니, 이는 자애로운 하늘의 세심한 마음 씀씀이라네.

 하늘이 지네로 하여금 기어갈 때 소리가 나지 않게 하였다면 어찌 잠에서 깨어날 수 있겠는가? 지네로 하여금 인기척을 듣고 곧바로 줄행랑치게 했다면 어찌 잡을 수 있겠는가?

 우연히 한 번 물린다 한들 지렁이의 즙이 금단金丹(묘약)으로서, 기껏 창병瘡病(피부병)으로 전염된들 뜻밖에도 통증을 가라앉혀 주니, 이는 자애로운 하늘이 미리 대비시켜 준 거라네.

 뱀이나 살무사가 사람을 무는 경우는 천백 명 중에 한 사람꼴로 드물다네. 또한 문둥병·음위증陰痿症(발기부전)·연주창連珠瘡(목 언저리에 생긴 멍울이 곪아 터져서 생긴 부스럼)·등창 따위의 병을 앓는 자가, 뱀을 삶아서 먹든가 살무사의 회를 떠서 맛난 안주거리로 먹으면, 침을 놓고 뜸을 뜨는 번거로움도 없이 그 병이 곧잘 낫는다네. 지네 가루는 정저疔疽(술이나 기름진 음식, 상한 음식을 먹고 습열독이 몰려 불에 덴 것처럼 부르트고 속에 물이 들어차는 종기)를 치료해 주네.

 이는 자애로운 하늘이 우리를 사랑하여 내려준 은총일세. 신묘한 쓰임과 깊은 이익이 이와 같거늘, 늘 하늘을 원망하며 스스로 슬퍼하니 어찌 거짓이 아니겠는가?"

― 〈탐진대耽津對〉, 1805

다산은 강진 땅의 어질고 후덕한 풍속을 이야기하며, 다른 지방 사람들이 전라도에 대해 갖고 있는 편견은 이렇듯 근거가 없는 선입견이라고 밝혔다. 이와 관련하여 지역 차별 문제에 관한 주목할 만한 글이 있다.

다산과 함께 벼슬살이를 했던 사람 가운데 정언 벼슬을 지낸 김희락金熙洛이란 이가 있었다. 다산의 기록을 보면 두 사람은 젊은 시절에 경상도 안동에서 처음 안면을 트고, 그 뒤 김희락이 벼슬길에 올라 조정에서 다시 만났다.

의성 김씨 명문가 출신인 김희락이 흥양(전라도 고흥) 현감으로 발령을 받았다. 당시 공교롭게도 병으로 자리에 누워 있던 다산은 그를 몸소 만나 전별하지 못한 심정을 글로 써서 보냈다.

요사이 사람은 수령을 맡았다 하면 늘 말한다네.
"이 지방은 인심이 나쁘다."
이 말 한 마디가 천 사람의 마음을 잃게 하네.
동해건 서해건 마음도 같고 도리도 같네. 그러므로 열 가구의 마을에도 반드시 충성스럽고 믿음직스러운 사람이 있고, 궐리(공자의 고향) 친족 중에서도 역시나 광동狂童(악동)이 있기 마련일세.
옛사람은 제노齊魯(제나라와 노나라가 있던 산동성. 문명의 땅)를 촉蜀(오랑캐가 사는 야만의 땅)으로 대우하였네. 해서는 안 될 일도 많았겠지만, 촉 땅에도 본래는 제노 땅과 같은 바탕이 있다고 생각해야 비로소 조금은 이치에 닿을 것일세.
나의 친구여, 무릇 고집 세고 어리석은 백성과 교활한 아전을 만나거든 꾸짖으며 말하소!

"홍양에는 본래 좋은 풍속이 있었는데 너희들이 어찌하여 그것을 더럽히느냐?"

홍양 사람들이 기뻐할 것이네.

만일 이리 말한다 해 보세.

"홍양 사람들은 모두 이렇다."

곧바로 홍양 사람들이 성을 낼 터일세.

– 〈거관사설居官四說〉

'거관사설居官四說'은 벼슬아치, 그중에서도 지방 사또들이 지켜야 할 네 가지 조목을 이야기한 글이다. 만약 오늘날 어느 자치단체장이 "이 지방은 인심이 나쁘다"고 하면, 그 사람은 분명 그 지역 사람들에게 인심을 잃을 것이다. 전라도 출신 악당이 한 명 있다고 해서 전라도 사람을 죄다 싸잡아 욕할 수는 없는 노릇 아닌가.

이는 다른 지역도 마찬가지다. 다산은 성인이신 공자의 고향에도 못된 짓을 골라서 하는 놀부 심보 악동은 있기 마련이라고 한다. 또한 중원 사람들이 오랑캐 땅이라고 손가락질하는 촉나라에도 공맹의 유학이 탄생한 제노 땅의 군자처럼 인자하고 교양 있는 사람은 살기 마련이고, 설령 제노 땅일망정 촉 땅의 오랑캐처럼 야만스럽고 포악한 무뢰배가 살 수 있다고 역설한다.

"동해건 서해건 마음도 같고 도리도 같다〔東海西海, 心同理同〕"는 말은 영남이든 호남이든 사람의 마음과 살아가는 도리는 같다는 뜻이다.

신분과 지역 차별을 없애십시오!

앞서 〈귀족 자제에게는 희망이 없습니다〉에서도 보았듯, 다산은 조선의 신분제도가 근본부터 잘못되었다고 믿었다. 누구의 자식인지, 어느 지역에서 태어났는지에 따라 그 사람의 능력과 됨됨이를 규정하는 신분제도가 그로 인해 직접적인 피해를 입는 평민과 서얼과 노비 등 하층민뿐만 아니라, 그 덕에 아무런 노력도 하지 않고 미래를 보장받는 특권 양반층의 정신, 더 나아가 조선 전체를 망가뜨린다고 비판하였다.

다산은 인사가 만사이고 인재가 나라의 미래를 좌우하는데도, 지역·적서嫡庶(적자와 서자)·당파 차별이 인재의 등용을 가로막고 있다고 진단했다. 그의 과거제도 비판도 이러한 맥락에서 나왔다. 불합리한 신분제도가 주로 과거제도로 유지 강화되었기 때문이다. 그래서 〈반산 정수칠을 위해 주는 말〔爲盤山丁修七贈言〕〉에서 "과거학은 이단 가운데서도 그 폐해가 가장 혹심한 것"이고, "과거 시험을 위한 학문은 그 해독을 생각해 보면 비록 홍수와 맹수라도 비유할 바가 못 된다"고 통탄했다. 또한 임금에게도 대범하게 간언하였다.

신이 엎드려 생각하건대, 인재를 얻는 것이 어렵게 된 지가 오래되었습니다. 온 나라의 뛰어난 영재를 가려 뽑아 발탁하더라도 되레 모자랄까 염려됩니다.

하물며 그 열 명 중에서 여덟이나 아홉을 버린단 말입니까? 온 나라의 살아 있는 목숨들을 다 모아 기르더라도 오히려 흥성하지 못할까 두렵습니다. 하물며 그 열 명 중에서 여덟이나 아홉을 포기한단 말입니까.

소민小民(평민)이 그 가운데 버림받은 자이고, 우리나라의 의원·역관·율학律學·역원曆員·서화원書畵員·산수원算數員이라고 하는 중인中人이 그 가운데 버림받은 자입니다. 서관西關(평안도)과 북관北關(함경도) 사람이 그 가운데에 버림받은 자이고, 해서海西(황해도)·송경松京(개성)·심도沁都(강화도) 사람이 그 가운데에 버림받은 자입니다. 관동關東(강원도)과 호남湖南(전라도)의 절반이 그 가운데 버림받은 자이고, 서얼이 그 가운데 버림받은 자입니다.

북인과 남인은 버림받은 것은 아니지만 버림받은 것이나 마찬가지입니다. 그 가운데 버림받지 않은 자는 오로지 벌열閥閱(권문세가) 몇 십 가문뿐입니다. 그 가운데서도 사건으로 인해서 버림을 당한 자가 또한 많습니다.

무릇 모든 것을 버림받은 집안 사람들은 죄다 스스로를 내팽개쳐 문학·정무·돈·곡식·갑병甲兵(전쟁) 따위의 일에 마음을 쓰려고 하지 않습니다. 오로지 비분강개하여 슬픈 노래를 부르고 술이나 마시면서 제 풀에 방탕해지고 맙니다. 이로 인해 마침내 인재도 활기차게 번성하지 않습니다. 사람들은 그러한 집안에 인재가 번성하지 않는 것을 보고 꾸중합니다.

"저들은 참으로 버림받은 게 마땅하다."

아! 어찌 그것이 하늘의 뜻이겠습니까? 어찌 천지가 그 정신을 모으고, 산천이 그 기액을 정독亭毒(잘 자라도록 돌보아 기름)하여, 반드시 몇 십 집안 사람들에게만 모아 주고 나오게 한단 말입니까? 어찌 그 더럽고 혼탁한 기운을 그 나머지 사람들에게만 뿌려 주겠습니까?

그 태어난 곳이 나쁘다고 하여 정녕 버리는 것입니까? 김일제金日磾는 휴도에서 태어났으니 서융西戎(서쪽 오랑캐)이고, 설인귀薛仁貴(당나라 장수)는 삭방에서 출생하였으니 북적北狄(북쪽 오랑캐)이고, 구준丘濬(명나라의 저명한 정치가)은 경주에서 출생하였으니 남만南蠻(남쪽 오랑캐)입니다.

그 어머니의 친정이 비천한 서얼이라고 해서 정녕 버리자는 것입니까? 한위공韓魏公(북송의 정치가이자 명장 한기韓琦)은 청주 관아 계집종의 아들이었고, 범중엄의 어머니는 그 더러운 행실이 있었습니다. 소강절邵康節(이정과 주자에게 큰 영향을 미친 북송시대의 유학자)의 형제는 셋이었는데 저마다 성이 달랐습니다.

만일 이러하다고 모두 버릴 수 있겠습니까? 서류庶流(서자)도 청직淸職(홍문관에서 문서를 담당하거나, 임금에게 바른말을 아뢰는 간관이나 세자를 가르치는 시강 직책)이 되게 하자는 의논이 때로는 시행되기도 하고, 때로는 막히기도 하였습니다. 그러나 시행된다고 해도 서류들이 기뻐할 것은 못 됩니다.

만일 삼망三望에 주의注擬된 사람이 반드시 모두 서류라면, 이는 서류의

흉노족 왕의 장남으로, 부왕이 한나라 무제와의 전투에서 패하여 한나라에 포로로 끌려왔다. 그 뒤 무제의 신임을 받아 한나라 벼슬아치로 공을 세워 김金씨 성을 하사 받고 투후秺侯에 봉해졌다.

범중엄은 어머니가 개가하자 의붓아버지의 성씨를 따라 주朱씨가 되었다. 독학으로 한림 벼슬을 한 뒤에 표문을 올려 옛 성을 되찾고 어머니를 다시 찾아가 극진히 봉양하였다. 다산은 〈서얼론庶孽論〉에서 "송나라에서 만일 한기와 범중엄의 등용을 막았더라면, 홀笏을 잡고 정좌하여 나라의 형세를 태산처럼 안전하게 만들고, 서하西夏의 간담을 서늘하게 할 수 있었겠는가"라고 했다.

관리를 임명할 때 인사 전형을 맡은 관청에서 세 사람의 후보를 올려 임금의 비점批點(결재)을 받는 것. 문관은 이조에서, 무관은 병조에서 맡았다.

정언正言(사간원 정6품)이 되었을 뿐이지 일찍이 진짜로 정언이 된 적이 없습니다. 어느 관직으로 서류의 등용을 제한하고, 어느 품계로 한정한다면 이는 모두 사람을 버리는 꼴입니다.

태상太上(최고의 대책)은 동·서·남·북을 가로막지 말고, 멀거나 가깝거나 귀하거나 천하거나 간에 가리는 것이 없게 하여, 마치 중국의 제도와 같게 해야 마땅합니다. 현명한 자는 매우 적고, 어리석은 자는 매우 많습니다. 공정한 자는 매우 적고, 치우치고 사사로운 자는 매우 많습니다. 그러하니 말할지언정 시행되지 못하고, 시행된다 하더라도 혼란이 있을 것입니다.

다만 한 가지 시행할 만한 대책이 있습니다. 십 년마다 한 차례씩 무재이능과茂才異能科를 베푸는 것입니다.

서북 지방과 양도兩都(개성·강화도)의 중인 서류로부터 일반 천민에 이르기까지, 무릇 경학에 밝고 품행을 닦으며 문학과 정사에 남달리 뛰어난 자가 있으면, 묘당廟堂(의정부)·관각館閣(홍문관·예문관·규장각)·대성臺省(사헌부의 대사헌 이하 지평·사간원의 간관)의 신하들로 하여금 저마다 들은 대로 추천하게 하는 것입니다. 또 관찰사와 같이 지방에 머무는 신하들로 하여금 각자 아는 대로 천거하게 하는 것입니다.

대략 백 명을 추천하여 이들을 서울로 모이게 한 다음, 그 경학을 시험하고, 그 시부를 시험하며, 그 논책을 시험하십시오. 예로부터 나라가 흥하고 망한 자취를 묻고 지금의 경세제민의 방도를 탐문한 다음, 열 명을 뽑아서 과거 시험을 볼 자격을 주는 것입니다. 무릇 이 과거에 합격한 자는 아래로는 사헌부·사간원·홍문관·예문관·규장각, 위로는 의정부와 이조에 이르기까지, 이른바 벌열 가문과 같이 임명하는 데 얽매임이 없이 하여 그 자손들로 하여금 영원토록 청명한 집안이 되게 하는 것입니다.

이리하면 나라의 풍속을 고치지 않고도, 재능이 있으면서도 벼슬길이 막혀 있던 인재를 떨쳐 일어나게 하고, 어둡고 답답한 울분을 소통시켜 줄 수 있으니 이보다 더 좋은 대책은 없습니다. 이와 같이 하면 비분강개하여 슬픈 노래를 부르고 술을 마시며 제 풀에 넘어져 허랑방탕하던 자들도, 앞으로 모조리 자신을 수양하고 행실을 삼가며 문학·정사·돈·곡식·갑병에 대한 일에 마음을 두게 될 것입니다.

그리하여 인재가 성대하게 일어나 조선이라는 한 나라가 밝게 빛나며 홀연히 바뀔 것입니다.

— 〈통색의通塞議〉

다산은 지역·신분 차별을 없앨 현실적인 방안으로 '무재이능茂才異能', 곧 신분에 상관없이 능력에 따라 관직을 주는 과거제도를 설치하자고 제안했다. 천한 신분이든, 어떤 지역 출신이든 간에 차별을 두지 말고 탁월한 능력과 훌륭한 인품의 소유자라면 발탁해서 등용하자는 논변이다. 다산이 제안한 구체적인 방안은 이러하다.

우선 인재 추천권이 있는 공직자들을 총동원하여, 경전에 밝고 행실이 얌전하고 문학과 정사에 뛰어난 사람을 추천받는다. 이때 출신지나 출신 성분에 구애를 두지 말아야 한다. 그렇게 1백여 명의 인재를 천거받아 서울에 모이게 한 후 경학과 시부詩賦, 정책과 역사학에 대한 시험을 보여 그중에서 열 명 정도를 뽑아 국가의 인재로 발탁한다. 이들을 양반 출신 과거 합격자들과 차별 없이 등용하자는 것이 '무재이능과茂才異能科' 과거제도의 핵심이다.

다산은 여기서 더 나아가, 논설문 〈서얼론(庶孼論)〉에서 서얼들의 출사를 막는 것은 부당하며, 사헌부와 사간원 같은 대간 벼슬 정도가 아니라 능력이 있으면 정승까지도 시켜야 한다고 주장했다. 이는 곧 양반 위주의 신분제도를 혁파하자는 주장이었고, "낡고 병든 조선을 새롭게 설계하는(新我之舊邦)" 청사진이었다.

살쾡이 대신 사냥개를 부르리

남산골 할아범 살쾡이놈 길렀더니	南山村翁養狸奴
해묵고 꾀 늘어 요망한 늙은 여우 따라하네	歲久妖凶學老狐
초가집에 아껴 둔 고기 밤마다 훔쳐 먹고	夜夜草堂盜宿肉
항아리 단지 뒤집고 잇달아 술잔과 술병마저 깨뜨리네	翻甁覆甕連觴壺
어두움 틈타 우쭐대며 못된 짓 함빡 하고	乘時陰黑逞狡獪
문 밀고 큰소리치면 그림자도 없이 사라지네	推戶大喝形影無
홀연 등불 밝혀 살피면 추악한 행적 널려 있고	呼燈照見穢跡徧
침 흘린 이빨 자국 고기 찌꺼기 난잡하게 어질러져 있네	汁痕狼藉齒入膚
잠 설친 할아범 근력 딸려	老夫失睡筋力短
온갖 궁리 다 해도 긴 한숨만 휘영청 늘어지네	百慮皎皎徒長吁
이 살쾡이놈 저지른 큰 죄 생각하면	念此狸奴罪惡極
당장 칼을 뽑아 천벌을 주고 싶네	直欲奮劍行天誅
하늘이 네놈 낼 제 본디 어디에 쓸 참이던가?	皇天生汝本何用
쥐 잡아 백성 앓음 덜라고 네놈에게 명했거늘,	令汝捕鼠除民痛
들쥐는 밭둑에 쥐구멍 파서 벼이삭 물어다 쌓아 두고	田鼠穴田蓄穧穗
집쥐는 온갖 것 훔쳐 가지 않은 게 없고	家鼠百物靡不偸
백성은 쥐 등쌀에 나날이 핼쑥해지고	民被鼠割日憔悴
살이 타고 피가 말라 피골마저 말라 가네	烹焦血涸皮骨枯

(중략)

네놈 이제까지 쥐 한 마리 잡지 않고 　　　　　汝今一鼠不曾捕
돌아보니 한갓 네놈 스스로 도둑질 범했구나 　　顧乃自犯爲穿窬
쥐란 본디 좀도둑이라 그 피해가 적지마는 　　　鼠本小盜其害小
네놈은 지금 힘도 세고 기세도 높고 　　　　　　汝今力雄勢高心計麤
속셈마저 더럽구나
쥐가 못하는 짓도 오로지 네놈 뜻대로 하니 　　　鼠所不能汝唯意
처마에 기어올라 지붕 벗기고 　　　　　　　　　攀簷撤蓋頹堊塗
맥질한 진흙마저 무너뜨리는구나
지금부터는 쥐떼들이 꺼릴 것도 없으니 　　　　　自今群鼠無忌憚
쥐구멍 밖으로 들락날락 껄껄대며 그 수염을 흔드는구나 　出穴大笑掀其鬚
그 훔친 장물 모아다가 네놈에게 뇌물 바치고 　　聚其盜物重賂汝
천연덕스럽게 네놈과 한통속으로 돌아다니는구나 　泰然與汝行相俱
늘 알랑대며 떡고물 탐내는 쥐새끼가 　　　　　　好事往往亦貌汝
네놈을 사자로 여기고
뭇 쥐들 고관대작의 마부마냥 네놈을 떠받드는구나 　群鼠擁護如騶徒
관아에 모여 나팔 불고 북치고 　　　　　　　　　吹螺擊鼓爲法部
대장기 높이 들고 앞장서 가는구나 　　　　　　　樹纛立旗爲先驅
네놈 큰 가마 타고 몸을 굽혔다 폈다 으스대니 　　汝乘大轎色夭矯
쥐떼들 기꺼이 앞다투어 달리며 　　　　　　　　　但喜群鼠爭奔趨
거리낌 없이 좋아라 하는구나
나는 이제 몸소 붉은 활에 큰 화살 메워 네놈 쏘고 　我今形弓大箭手射汝

만일 쥐가 제멋대로 설치면 차라리 사냥개를 부르리라 若使橫行寧嗾狗
— 〈이노행狸奴行〉, 1810

다산은 유배 직후 범고래 이야기인 〈해랑행海狼行〉처럼 중앙 정계의 권력투쟁을 풍자하는 우화시를 지었다. 하지만 유배 생활이 10년쯤 지나자 풍자의 대상이 사뭇 달라졌다. 남산골 할아범은 백성, 쥐는 횡포를 일삼는 고을 사또와 그들을 따라다니며 백성을 수탈하는 아전 무리를 상징한다. 살쾡이는 악덕한 지방 벼슬아치들을 다스리는 감사나 관찰사이다.

쥐, 곧 지방의 벼슬아치들이 백성들의 삶을 돌보기는커녕 백성을 수탈하고 횡포를 부리고 있다. 그런데 살쾡이는 자신에게 주어진 감찰 임무를 똑바로 하지 않고, 도리어 못된 쥐들과 한통속이 되어 쥐들이 수탈한 것을 뇌물로 받아먹는다. 지방의 수령과 아전이 좀도둑이라면, 감사(관찰사)는 큰 도적인 셈이다.

이 시에서 다산은 큰 도적, 곧 살쾡이부터 활로 쏘아 죽이겠다고 한다. 지방에서 귀양살이를 하며 19세기 향촌 사회의 모순을 몸소 체험한 후, 아랫물을 맑게 하려면 윗물을 정화시켜야 함을 절감했기 때문이다.

다산에게 유배라는 고통스러운 체험은 자신보다 더 낮은 땅에서 힘겹게 살아가는 백성들의 삶을 겸허하게 돌아보는 계기가 되었다. 그렇게 돌아본 백성들의 삶은 저 높이서 내려다보던 평온한 풍경과 전혀 딴판이었다. 그 비참함과 쓰라림은 상상 이상이었다.

그래서 다산의 사회 비판 참여시에는 지배층인 양반으로서 또한 조정 신료로서 마땅히 해야 할 책무를 다하지 못했다는 자책과 반성이 그 밑바탕에 깔려 있다. 유배라는 개인적인 체험이 개인의 차원을 넘어 사회적 공분으로 승화된 것이다.

다산의 반성과 사회 비판은 여타의 '유배문학'과 그 근본부터가 다르다. 흔히 '유배문학의 원류'라고 알려진 고려가요 〈정과정鄭瓜亭〉이나 선조 때 정철이 지은 〈사미인곡思美人曲〉처럼, 임금에 대한 그리움을 호소하며 중앙 정계에서 권력을 누리던 시절로 다시 돌아가길 갈구하는 모습은 찾아볼 수 없다. 또한, 민초들의 삶을 그리면서도 위에서 내려다보는 시선(지배층 양반)이나 '관찰자(목가적)'의 시선에서 더 나아가지 못한 다른 한시들과는 하늘과 땅 차이다.

서시는 눈살을 찌푸려도 예쁘지만

당시 조선에는 정치적·사회적 문제가 잔뜩 쌓여 있었다. 그런데도 위정자와 양반 선비란 자들은 여러 당파로 찢어져 당쟁이나 일삼으며, 송나라와 명나라의 성리학을 절대이념으로 숭상할 뿐 현실적인 문제 해결에는 거의 손을 놓고 있었다.

다산은 조선 선비들이 '중국 것'이라면 사족을 못 쓰며 겉멋에만 잔뜩 취해 있는 폐단도 성리학의 공리공론에서 비롯되었다고 진단한다. 당대의 지배철학인 성리학의 비현실성에서 벗어나 경세치용의 실학으로 사상의 변혁이 일어나야만 화합과 소통의 정치가 펼쳐질 수 있다고 생각했다. 그랬으니 성리학이라는 '주머니 속에' 갇혀 세상 이치에 통달한 양 허세를 부리는 조선 지식인들의 작태가 얼마나 가소로워 보였을 것인가?

푸른 치마 곱사등이 저 사람은 뉘인가?	靑裙踽僂彼何人
저라산 아래 감호 물가에 사는 여자라네	苧羅山下鑑湖濱
붉은 곱슬머리 쑥대강이같이 헙수룩하게 흩뜨려졌고	蓬頭亂髮紅拳曲
언청이에 성긴 이 삐뚤빼뚤 퍼렇게 드러났네	齦齒歷齒靑輪囷
살갗에 때 서 말은 쌓여 있고	膚革定皆三斗垢
규방에 쌓인 먼지 천 섬이 넘는다네	閨房不減千斛塵
등에 붙은 옴딱지 여전히 두꺼비 족속이고	背胕仍是蝦蟆族

턱 밑살 자루 축 늘어져 흡사 사다새 같다네 　　　　胡囊恰如淘河群
(중략)
서시는 워낙 예뻐 눈살 찌푸려도 곱지만 　　　　　　西施本好矉亦好
너는 찡그려도 얼굴 본바탕 지키는 것보다 못하구나! 　汝矉不若守天眞
아아! 눈살 찡그림 흉내 어찌 너뿐이겠느냐? 　　　　　繿唑效矉豈唯汝
벼슬길에서 이러한 찡그림을 나는 숱하게 보았구나 　　我見世路多此矉
강좌 사람 모조리 나막신 굽 높고 　　　　　　　　　江左盡躡高齒屐
업하 사람 죄다 절각건 썼었지 　　　　　　　　　　鄴下皆戴折角巾
범 그리려다 따오기가 된들 부끄러울 줄 모르건만 　　畫虎刻鵠恬不愧
가는 허리 길게 쪽진 머리 어찌 화낼 만하랴? 　　　　細腰尺髻那足嗔
한단 걸음걸이 수릉 것만 못하였고 　　　　　　　　　邯鄲不如壽陵故
우맹도 끝내는 위오와 진짜로 똑같지는 못하구나 　　優孟終非蔿放倫
하늘에서 받은 체질이 제각기 다른데 　　　　　　　　天生體質各有分
어이하여 함부로 남만 따르다 제 몸을 버리는가? 　　胡爲殉物舍吾身

— 〈동시의 찡그린 얼굴에 부치다〔題東施效矉圖〕〉, 1807

서시西施가 누구인가? 중국 춘추시대 월나라 왕 구천이 얻은 절세의 미녀로, 원래 절강성 저라산 아래에서 땔감을 파는 아가씨였다. 월나라의 충신 범려가 서시를 호색가인 오나라 왕 부차에게 바쳐 결국 오나라를 멸망케 했다. 부차는 서시의 미색에 빠져 정치를 태만히 하다가 나라를 잃고 말았다.

서시는 어릴 적부터 심장병이 있어서 얼굴을 찡그리고 다녔는데, 같은 마을 여자들이 서시 흉내를 내면 아름답게 보일 것이라 생각해 통증으로 찡그리는 서시의 얼굴까지 흉내 냈다고 한다. 마을 여자들이 그러는 모습을 보면 줄행랑을 치고 싶을 정도로 흉해서, '빈축顰蹙(눈살을 찌푸리고 얼굴을 찡그림)을 산다'는 말이 유래되었을 정도다. 동시효빈東施效顰(남의 결점을 장점인 줄 알고 본떠서 더욱 나빠지다)이라는 고사성어도 이로부터 생겨났다.

다산이 46세에 지은 이 시에는 아무 생각 없이 남을 흉내 내는 것이 얼마나 어리석은지를 보여 주는 예들이 가득하다.

우선 강좌 사람들의 나막신 얘기부터 살펴보자. 강좌江左는 장강 하류, 지금의 강소성 일대이다. 남조시대 '강동의 제1인자'라고 불린 송宋나라 사영운謝靈運이 산수를 좋아하여 늘 산에 오르면서 나막신을 즐겨 신었는데, 올라갈 때는 앞굽을 빼고 내려올 때는 뒷굽을 뺐다고 한다. 이를 사람들이 무턱대고 따라한 것이다.

이어서 나오는 업하 사람 이야기는 후한後漢의 곽태와 관련이 있다. 그는 학문이 높아 제자가 수천 명에 달했는데, 언젠가 비를 만나 그가 쓴 두건의 한쪽 귀가 꺾였다. 이를 본 사람들이 일부러 그렇게 두건의 한쪽 귀를 접어서 쓰면서, 그 두건을 일러 '절각건折角巾'이라고 하였다.

범을 그리려다 따오기가 된 사연은, 후한의 명장 마원馬援이 조카인 엄嚴과 돈敦에게 이르기를 후덕하고 신중하고 청렴결백한 관리였던 용백고를 배우다가 제대로 안 되면 고니를 새기려다 집오리가 되는 격이어서 괜찮지만, 의협심 강한 호걸인 두계량을 배우려다 안 되면 이는 범을 그리려다가 개를 그리는 꼴이어서 안 된다고 한 데서 유래하였다.

가는 허리 길게 쪽진 머리는, 마원의 아들 요가 명덕황후에게 상소한 내용에서 나왔다. 명덕왕후는 후한 제2대 황제인 명제의 황후로서 마원의 딸이니, 요는 황후의 오빠였다. 요는 상소문에서 아뢰었다.

"전傳에 이르기를, '오나라 왕이 검객을 좋아하니 상처 입은 백성들이 많았고, 초나라 왕이 '가는 허리'(여자)를 좋아하니 궁중에는 굶어 죽은 사람이 많았다'고 하였습니다. 또한 장안에서 하는 말들이 '성안에서 상투 높은 것을 좋아하니 사방에서 한 자씩이나 높아졌다'고 하옵니다."

요는 무턱대고 남을 흉내 내는 행태를 비꼬았던 것이다.

한단의 걸음걸이 역시 비슷한 의미다. 연나라 수릉의 어린애가 조趙나라 수도 한단에 와서 걸음걸이를 배우다가 결국은 자기 나라 걸음마저 잊어버리고 기어서 돌아갔다는 이야기다.

'우맹의 변장술도 끝내는 위오와 진짜로 똑같지는 않다'는 것도 가짜는 아무리 해도 진짜만 못하다는 말이다. 춘추시대 초나라의 재상 위오(손숙오)가 죽고 그의 아들이 매우 곤궁해지자, 악공인 우맹이 위오가 살아생전에 입었던 복장을 하고 한 해 넘게 위오의 거동과 모습을 익힌 다음 초나라 장왕을 찾아가 노래로써 왕을 설득시켰다고 한다.

이러한 사례들을 나열하며 다산이 하고 싶은 얘기는 무엇이었을까? 바로 남의 것을 맹목적으로 흉내 내는 노예 사대정신, 중국의 것을 무조건 추종하는 조선의 소중화주의를 경계한 것이다. 오늘날이라고 해서 다를까?

중국 간다고 건들거리지 말라

신유박해가 일어나기 두 해 전인 1799년. 다산의 친구 한치응韓致應이 북경으로 가는 사신단의 서장관書狀官으로 발령받았다. 서장관은 외교 사신단 가운데에서 기록을 담당한 임시 벼슬로, 정사正使와 부사副使를 수행했다. 당시 조선 선비들에게 중국은 세상의 중심이었다. 한치응도 들뜬 모습을 감추지 못했다. 지금으로 치면 미국에 간다며 좋아한 것이다.

한때 '죽란시사竹欄詩社'(1796년 다산의 집에서 살구꽃·복숭아꽃·참외꽃·연꽃·국화·큰눈·분매가 피면 함께 모여 시를 짓자고 한 초계문신 15명의 모임) 동인으로 사귀던 친구의 그런 모습을 본 다산이 한마디 하였다.

만리장성의 남쪽과 오령五嶺*의 북쪽에 세운 나라를 중국中國이라고 부르고, 요하의 동쪽에 세운 나라를 동국東國(조선)이라고 부른다. 동국 사람이 중국에 유람을 가면 사람들은 감탄하고 으쓱대고 부러워하지 않는 자가 없다.

내가 보기에는 그 이른바 중국이란 것이 왜 '가운데〔中〕'가 되었고, 이른바 동국이란 것이 왜 '동쪽〔東〕'이 되어야 하는지를 모르겠다.

---

* 월성越城·도방都龐·맹저萌渚·기전騎田·대유大庾 등 다섯 고개로, 중국 호남성·강서성 남부와 광서성·광동성 북부 경계에 있다.

무릇 해가 정수리 위에 있으면 정오다. 정오는 해가 들고 낢의 차이가 있지만 그 시각은 같다. 곧바로 내가 서 있는 곳이 동쪽과 서쪽의 한가운데다. 북극은 땅에서 몇 도가량 높은 데 있고 남극은 땅에서 몇 도가량 낮은 데 있다. 오로지 그 전체 거리의 반쯤에 자리하고 있다면 곧 내가 서 있는 곳이 남쪽과 북쪽의 가운데다.

무릇 이미 동서남북의 한가운데에 자리를 잡은 곳이라면 어디든 중국이 아닌 곳이 없는데, 어찌 이른바 동국이라 부르는 대로 보고만 있단 말인가? 무릇 이미 어디를 가더라도 중국이 아닌 곳이 없는데, 어찌 이른바 중국이라 부르는 대로 보고만 있단 말인가? 곧 이른바 중국이라고 부르는 나라는, 어찌하여 그렇게 불리는가?

요堯·순舜·우禹·탕湯의 다스림이 있는 곳을 중국이라고 부르며, 공자·안자·자사子思·맹자의 가르침이 있는 곳을 중국이라 부른다. 지금 그래서 중국이라 부를 만한 까닭이 어찌 있으랴? 성인의 다스림과 성인의 가르침과 같은 것을 동국이 이미 얻어서 옮겨와 버렸다. 다시 또 구태여 먼 곳에서 그것을 구해 올 필요가 있는가?

오로지 논밭에 씨를 뿌리고, 종자를 심는 데에 편리한 농사법이 있어서 오곡이 무성하게 자라고 있다. 곧 이것은 옛날의 훌륭한 벼슬아치들이 남겨 준 은혜이다. 문학과 예술에 해박하고 고상한 재능이 있어 비속하고 속되지 않다. 곧 이것은 옛날의 이름난 선비들이 물려준 운치다. 지금 마땅히 중국에서 취해야 할 이익은 오로지 이런 것들뿐이다. 이 밖에는 억세고 사나운 풍속과 음탕하고 교묘하고 기괴한 기예들로, 예의와 풍속을 소멸시키고 사람의 마음을 방탕하게 하며 옛날 임금들이 애쓰던 것들이 아닌데 어찌하여 볼거리라 하겠는가?

　나의 벗 혜보俟甫 한치응이 앞으로 명령을 받들어 연경燕京(북경)으로 가 중국에서 꽤나 노닐게 되었다고 스스로 얼굴에 거들먹거리는 빛이 역력했다. 그래서 내가 짐짓 중국과 동국이라는 학설을 지은 까닭은 우쭐한 그의 기를 꺾어 놓고, 이처럼 그를 고무시키고 격려하기 위해서다.

— 〈교리 한치응을 사신으로 연경에 떠나보내며〔送韓校理致應使燕序1〕〉, 1799

　중국中國은 어찌하여 '가운데〔中〕' 나라이고, 우리나라는 어찌하여 '동국東國'인가? 다산은 첫마디부터 상식의 허를 찌른다. 다시 말해서, 중국은 그 이름처럼 세계의 중심이 아니라는 말이다. 지구는 둥글다. 따라서 바라보는 지점과 각도에 따라 어디나 중심이 될 수 있다. 그런데 왜 중국만을 세상의 중심으로 여기는가? 다산은 해박한 천문지리 실력으로 중국만이 중심 국가가 아님을 설파하고 있다.

　다산은 같은 남인 실학자인 이기양李基讓이 1800년 사신으로 청나라 연경에 갈 때에도, 중국에 가거들랑 남들처럼 나라 경제를 축내는 사치성 소비재는 가져오지 말고, 문익점처럼 이용후생의 물품이나 가져오라고 당부하며, 중화주의를 자연과학적이고 지리학적 논리로 부정하였다.

　　옛날에 대부가 다른 나라에 사신으로 가면 한 가지 조그마한 일을 보고서도 그 나라에 예의가 두터운지 얕은지를 알았습니다. 한 가지의 하찮은 물건을 보고서도 그 나라 법과 기강이 느슨한지 제대로 서 있는지를 알았습니다.

이것으로 그 나라의 성함과 쇠약함을 예측하고 흥함과 쇠퇴를 결정하였습니다. 이를 두고 점국覘國(남의 나라 형편을 헤아려 앎)이라고 하는 것입니다. 점국은 명민함과 민첩함과 예지가 보통 사람보다 뛰어난 사람이 아니면 할 수 없는 일입니다.

논밭이 잘 가꾸어진 것을 보고 그 농사짓는 기구들이나 살펴본다든지, 물산의 풍부함을 보고 그 생산하는 방법을 알아내는 것은 통역관 한 사람으로도 능히 할 수 있는 일입니다. 어진 사람인가, 어리석은 사람인가를 따질 일이 뭐 있겠습니까?

연경이 한양에서 삼천여 리나 떨어져 있지만 관개冠蓋(벼슬아치)의 오고 감이 길 위에서 끊이지 않고 잇따랐습니다. 그렇지만 아직까지 이용후생利用厚生이 되는 물품들은 일찍이 단 한 가지라도 얻어 가지고 돌아와서 전한 이가 없었습니다. 어찌하여 사람들이 무심하고 냉담하게도 백성에게 문물의 혜택을 베풀 뜻이 이처럼 극심스레 없었단 말입니까?

복암伏菴 이 공李公(이기양)께서는 젊어서 실용적인 학문에 뜻을 두었으나, 음보蔭補(과거를 보지 않고 조상 덕으로 벼슬을 얻음)로 벼슬길에 올라 오래도록 승진이 막혀 이름을 떨친 바가 없었습니다.

성상聖上(임금님)께서 그의 어짊을 아시고 벼슬을 내려주시고, 몇 해가 지나지 않아 벼슬이 아경亞卿(판서 바로 아래 벼슬인 참판) 자리에 올랐습니다. 이제 또 다른 나라에 사신으로 가니, 나라가 공에게 의지하는 뜻이 어찌 이다지도 큽니까! 공께서는 앞으로 어떠한 방법으로 나라에 보답하려 하십니까?

우리나라 백성을 위해서 이용하는 기구를 편리하게 하고 살림살이를 넉넉하게 하여 삶을 기름지게 할 방도를 생각하여, 만세토록 오랜 은혜를 입도록 해 주신다면 이야말로 나라에 보답하는 길이 얕지 않을 것입니다.

설령 두 나라 사이에 불미스런 일이 있다손 치더라도, 그대라면 더더욱 다른 나라의 허실을 능히 넉넉하게 살필 수 있을 것입니다. 하물며 눈으로 목격하고 손으로 만져 볼 수 있으니, 상제象鞮(역관)들조차 할 수 있는 일을 그대가 어찌 못하시겠습니까?

옛날 고려시대에 문익점이 목화씨를 얻어 가지고 돌아와 심게 하였습니다. 아울러 그 씨아攪車(목화의 씨를 빼는 기구)와 광거軠車(실 뽑는 기구)를 만드는 기술까지 알아 가지고 와서 백성들에게 전하였습니다. 민간에서는 광거를 물레文來(문익점이 가져 오다)라고 이름 지어 그 공로를 잊지 않고 있으니, 어찌 위대한 일이 아니겠습니까?

그대가 사신으로 행차하는 데 오로지 이러한 것만을 힘써 주시기를 바랍니다.
― 〈참판 이기양을 연경에 사신으로 떠나보내며 送李參判基讓使燕京序〉

이렇듯 다산은 화이론華夷論을 부정하고 조선시대 집권층의 존명尊明(명나라 숭배) 사상을 반박하고, 한 발 더 나아가 조선인이 오랑캐라고 깔보던 만주족이 세운 청나라를 두둔하기도 했다.

성인의 법은 중국이면서 오랑캐 짓을 하면 오랑캐로 대우하고, 오랑캐이면서도 중국 짓을 하면 중국으로 대우한다. 중국과 오랑캐의 구분은 그 도道와 정치에 있는 것이지 지역에 달린 것이 아니다.
― 〈탁발씨의 위나라를 논하다 拓跋魏論〉

청나라가 중원을 통일할 때에 군사의 칼날에 피도 묻히지 않았고, 시장에서는 점포를 옮기지 않았었다. 귀영가貴盈哥 이래로 태백泰伯과 중옹仲翁의 풍도를 지닌 자가 여럿이 있었으니, 또한 거룩하지 않은가.

– 〈동호론東胡論〉

귀영가는 후금後金을 세운 누르하치의 차남으로 황위를 동생에게 양보했고, 태백은 주周나라의 시조인 고공단보古公亶父의 아들로 역시 아버지가 동생에게 왕위를 물려주려는 것을 알고 달아나서 오吳나라를 세웠다. 또한 중옹은 한나라 선제 때 황태자를 가르치다 사직하면서 하사받은 금을 친족들에게 나눠주며 "어질면서 재물이 많으면 그 뜻을 해치고, 어리석으면서 재물이 많으면 허물만 늘린다"고 말해 칭송을 받았다.

어찌 이들을 오랑캐라고 깔볼 수 있겠는가. 다산의 말대로 중국과 오랑캐의 구분은 그 도와 정치에 있는 것임을.

6

모두 사람을 살리기 위함이다

예법에 매여 병자를 모른 체한다면

1776년 열네 살의 소년 다산은 다음과 같은 시를 지었다.

처음 읽다 남은 책을 끝내려던 차였건만	始爲殘書卒
안타깝게도 갑작스레 병이 몸을 휘감았네	翻咥一病纏
노란 낙엽 진 대문을 닫고서	閉門黃葉裏
푸른 소나무 앞에서 약을 달이네	煮藥碧松前
어지러운 머리카락 손질 남의 손 빌려 하고	髮亂從人理
쓴 시를 입으로만 전할 뿐이네	詩成只口傳
일어나 서쪽으로 가는 길 보니	起看西去路
눈바람이 차디찬 하늘 가득 휘몰아치네	風雪滿寒天

– 〈시골집에서 병석에 누워[田廬臥病]〉

이 시에는 "1776년 초겨울 의사 이헌길이 구해 준 약을 먹고 병을 앓은 지 한 달 만에 나았다. 11월이었다."라는 부제가 달려 있다.

이헌길李獻吉은 누구인가? 조선 영조 때 유의儒醫, 즉 '선비 의사'이다. 그의 코가 비사증으로 두툴두툴하게 부어서 커지고 붉은 점이 있는 주부코라서 '주부코 의사'라는 별명으로 불렸다. 그는 특히 두진痘疹(두창痘瘡), 곧 천연두天然痘(손님마마)의 약방문을 독자적으로 연구하여 그 치료법을 알았다. 1775년(영조 51) 홍역이 유행했는데, 마침 서울에 간 이헌길이 자신이 알아낸 비방으로 많은 목숨을 구했다. 그러면서 앞으로 열두 해 뒤에 다시 이 병이 퍼질 것이라고 예언했다. 과연 그 예언은 들어맞았다.

　이헌길이 한양에 올라와 의술을 펼칠 때, 열세 살의 다산은 고향인 경기도 광주군 마재에 살고 있었다. 그런데 장가를 든 지 몇 달 만에 병들어 누웠다가 의사 이헌길의 치료를 받고 나았던 것 같다. 이헌길은 훗날 다산의 아이들도 치료해 주었다.

　　이헌길의 자는 몽수夢叟인데, 또 다른 자는 몽수蒙叟이다. 선황璿潢(왕족) 출신이다. 공정왕恭靖王(2대 임금 정종)의 서자 덕천군德泉君 후생厚生이 그의 조상이다. 후생의 후손은 대대로 빛났다. 총재冢宰(이조판서)를 지낸 준準은 특히나 이름이 났다.

　몽수는 어려서부터 머리가 똑똑하고 고집이 세고 기억력이 뛰어났다. 장천長川 이철환李嘉煥 선생과 교유하며 숱한 책을 두루두루 널리 읽었다. 이미 《두진방痘疹方》(천연두 치료법에 관한 중국 책)을 읽고 나서, 홀로 온 마음을 기울이고 자꾸자꾸 궁리하여 깨달았다. 그러나 남들이 알아차리지 못하도록 하였다.

　건륭 을미년(1775) 봄에 볼일이 있어 서울에 다다랐다. 때마침 마진痲疹(홍역)이 크게 번져 생때같은 어린아이들이 무수히 요절하였다. 몽수는 백성들의 병을 치료해 주고 싶은 마음이 치솟았지만, 부모님이 돌아가셔서 상복을 입고 있던 때라 묵묵히 돌아가고 있던 차였다.

　막 서울을 벗어날 때였다. 널을 어깨에 메거나 유리纍梩(흙 따위를 담아 나를 때 쓰는 광주리처럼 생긴 들것)를 등에 지고 지나가는 무지렁이들이 삽시간에 수백 명씩이나 북새통을 이루었다. 몽수는 가슴이 저리도록 가엾고도 불쌍해 혼잣말을 중얼거렸다.

"내가 의술을 터득하고 있으면 구제하는 것이 맞다. 예법에만 얽매여 불쌍한 마음만을 품고 그냥 떠나가 버리는 짓은 어질지 못하다."

드디어 몽수가 발걸음을 돌렸다. 어머니 쪽 겨레붙이의 집에서 지내며 그의 비방을 맘껏 펼쳤다. 그리하여 무릇 몽수의 처방을 받은 사람은 위험한 고비를 넘기고 안정을 되찾았다. 기가 거꾸로 치솟아 죽을 둥 살 둥 하던 사람이라도 쉬이 나았다. 열흘 사이에 이름을 크게 떨쳤다.

울부짖으며 병을 치료해 달라고 애걸복걸하는 사람들이 날마다 대문을 메우고 골목에 빽빽이 찼다. 지체 높은 사람이야 겨우겨우 그 방까지 들어갈 수 있었고, 미천한 사람은 운이 좋아야 섬돌 아래까지 이르렀다. 더러는 하루해가 다 진 뒤에야 비로소 그의 얼굴을 볼 수 있었다.

그런데 몽수는 홍역을 이미 귀에 익도록 환히 꿰뚫고 있던 터였기에, 몇 마디만 듣고도 그만하라 손을 저었다. 그 증상과 얼굴 모양에 따라 처방을 한 가지씩 알맞게 내려 주고는 그냥 돌아가도록 일렀는데도, 또한 효험을 보지 못한 사람이 없었다.

몽수가 때때로 대문을 나와 다른 집으로 재빠르게 갈라치면, 뭇 남정네와 아낙네들이 앞서거니 뒤서거니 하며 빼곡히 둘러쌌다. 마치 벌떼들이 무리로 엉켜 날아가는 것 같았다. 이르는 곳마다 뿌연 먼지가 하늘을 가려 사람들은 모두가 멀리서 바라만 보아도 몽수가 오는 줄 금방 알아차렸다.

하루는 못되고 젊은 무뢰배들이 꾀를 부려 어느 외진 곳으로 몽수를 몰아녕은 뒤 문을 잠그고 가 버렸다. 그의 발자취가 감쪽같이 끊어져 버렸다. 그리하여 서울 도성 안 사람들이 함께 울부짖으며 몽수의 행방을 수소문하느라 시끌시끌했다.

아무개가 몽수가 있는 곳을 알려 주자, 뭇사람들이 곧장 달려가 그 문을 몽둥이로 쳐부수고 몽수를 나오게 했다. 성깔이 거칠고 사나워 힘센 어깨 기운만 믿는 자는 몽수의 얼굴 앞에서 쌍욕을 해대고, 심한 자는 몽수를 두들겨 패려고 했다. 다행히 말리는 사람들의 도움으로 무사히 풀려나왔다. 그런데도 몽수는 모두에게 따뜻한 말씨로 허리를 굽혀 사과를 하고 부리나케 처방을 내려 주었다.

이미 몽수 혼자만의 힘으로는 홍역을 도저히 막을 수 없었다. 이에 홍역을 치료하는 여러 가지 비방을 입말로 불러 주고, 사람들이 스스로 알아서 병을 살펴 낫도록 하였다. 그리하여 외진 시골의 가난한 선비들까지도 앞을 다투어 몽수의 말을 베껴 가서는 마치 육경六經《시경》,《서경》,《역경》,《춘추》,《예기》,《악서》처럼 떠받들어 모셨다. 비록 의술에 어두운 자일지라도 그 말대로만 하면 역시나 효험을 톡톡히 보았다.

세상에 전해 오는 이야기가 있다.

어떤 아낙네가 그녀 남편의 목숨을 구해 달라고 간청하자, 몽수가 말했다.

"당신 남편의 병은 매우 위독하오. 하지만 한 가지 약이 있기는 하오. 당신은 쓸 수가 없지만……."

그 아낙은 한사코 연거푸 부탁하였지만, 몽수는 끝끝내 청을 들어주지 않았다. 아낙네는 남편을 살려 낼 방도가 없다고 생각했다. 곧장 비상砒礵(독약)을 사 가지고 집으로 돌아와 술에 타서 다락 위에 올려놓았다.

장차 남편을 따라 죽을 작정이었다. 아낙네가 집 문 밖으로 나가 실컷 울고 들어와 술을 찾아보니 술병은 이미 텅 비어 있었다. 그 남편에게 어찌된 일인지 까닭을 물었다.

"목이 말라 마셔 버렸소."

아낙네는 몽수에게 부랴부랴 달려가 남편을 살려 달라고 하소연했다.

몽수가 말했다.

"이상도 하오이다. 내가 전에 말한 한 가지 약이 바로 당신 남편이 마신 약이라오. 아무리 곱씹어 헤아려 보아도 당신이 결코 약을 쓰지 못할 걸로 여겨 말해 주지 않았던 것뿐이오. 이제 당신 남편은 살아났으니, 참으로 하늘의 보살핌이오."

아낙이 집에 돌아가 살펴보니 남편의 병이 씻은 듯이 나아 있었다.

몽수는 성품이 너그럽고, 솔직하고, 대범하였다.

일찍이 그가 말했다.

"열두 해 뒤에 틀림없이 홍역이 다시 기승을 부릴 것이다."

과연 그때가 닥치니 몽수의 말이 여지없이 들어맞았다. 손님마마도 기이하게 맞힌 적이 수두룩했다.

외사씨外史氏(다산)는 말한다.

"내가 몽수의 꼴을 보니, 그의 몸 생김새는 야위고, 얼굴은 파리하고 광대뼈가 툭 튀어나온 데다 사비鯺鼻(주부코)였다. 이야기 나누기를 즐기고 항상 웃는 낯이었다. 옛날 인물 가운데 유독 백호白湖 윤휴尹鑴*를 사모하

---

* 남인 학자로 송시열과 논쟁하다 사문난적으로 몰려 사약을 받고 죽었다.

였다. 일찍이 몽수가 말했다.

'백호는 덕을 이룬 정암靜菴˙이요, 정암은 덕이 부족한 백호이다.'˙˙

아마도 예전부터 해 오던 논쟁의 여줄가리지만, 군자는 아직 그렇게 생각하지 않았다."

— 〈몽수전蒙叟傳〉

다산은 아홉 명의 자식 중 여섯을 어린 나이에 잃었다. 대부분 손님마마, 곧 천연두 때문이었다. 다산도 두 살 때 손님마마를 앓고 목숨을 잃을 뻔했다.

천연두 백신이 나오기 전까지 천연두는 아주 무서운 열병이었다. 천연두에 걸리면 거의 죽었고, 살아남는다고 해도 얼굴이 흉하게 얽는 곰보가 되기 일쑤였다. 천연두가 얼마나 무서운 병이었으면 왕과 왕비에게만 붙이는 '마마'라는 호칭으로 불렀을까.

다행히 다산은 얼굴에 열꽃 자국이 거의 남지 않고 곱게 병이 나았다. 오로지 눈썹 위에만 흉터가 하나 남았다. 이 흉터가 눈썹을 갈라 마치 '눈썹이 세 개'인 것처럼 보였기 때문에, 다산은 자신을 '삼미자三尾子'라고 불렀다. 다산이 열 살 이전에 지은 글을 모아 엮은 책을 '삼미자집三尾子集'이라고 부르는 까닭이다.

다산은 이헌길이 자신에게 베풀어 준 은혜를 늘 잊지 않았다. 그래서 전

˙ 정암 조광조는 중종 무렵 사림파의 영수로, 문란한 군정을 바로잡고자 상평창과 호포법을 실시하는 등 도학에 입각한 개혁정치를 추진하다 유배지에서 사약을 받고 죽었다.

˙˙ 백호 윤휴가 정암 조광조에 비해 덕이 더 높다는 뜻으로, 몽수가 남인 학자인 윤휴를 몹시 존경했음을 알 수 있다.

기소설 〈몽수전〉도 썼을 것이다. 내용에도 나오듯, 이헌길은 부모님 상중에도 유교적 예법의 구속을 던져 버리고 사람 목숨을 먼저 살리는 인술을 폈다. 왕족 출신임에도 권위 의식 같은 것은 떨쳐 버렸다. 다산이 보기에, '사람의 생명을 최우선으로 하는 인술'을 몸소 실천한 몽수야말로 참다운 명의였다.

세상을 깨우치고 건강을 지키려는 조그만 뜻

조선시대 백성들은 잦은 기근과 역병으로 큰 고통을 받았다.

'역병疫病'이란 전염병으로서, 앞서 말한 두진(천연두)과 마진痲疹(홍역)이 대표적이다. 몽수 이헌길이 과거 공부를 팽개치고 읽었다는 중국 책《두진방痘疹方》은 천연두나 홍역처럼 몸에 열이 몹시 나 오슬오슬 떨리고 부스럼이 나는 역병의 치료법을 다룬 책이었다. '두진'은 한의학에서 두창과 마진 같은 발진성 병증을 통틀어 일컫는 말이다.

당시 두진이 주기적으로 나타나 많은 백성들이 목숨을 잃었다. 몽수가 특히 천연두와 홍역 치료법을 연구한 까닭이 여기에 있다. 다산도 마찬가지였다. 1797년(정조 21) 서른여섯 살의 나이에 황해도 곡산 사또가 된 다산은 몽수가 지은 홍역 처방서인《마진기방痲疹奇方》을 가져다 연구하고, 홍역에 관한 중국 서적들을 두루두루 참고하여 홍역 치료법을 집대성한《마과회통痲科會通》(1798)을 집필했다. 개인적 은혜를 사회적으로 보답한 셈이다.《마과회통》의〈서문〉을 보면, 다산이 얼마나 '몽수' 이헌길의 뜻을 귀히 여겼는지를 알 수 있다.

신분과 예법에 얽매이지 않고 오로지 사람의 생명을 귀하게 여기는 몽수의 뜻이 다산에게는 그만큼 인상적으로 다가왔던 것이다. 다산은 몽수의 큰 뜻이 일반 백성들에게 실질적인 의료 혜택으로 베풀어지기를 갈망하였다.

옛날에 범문정範文正(송나라 정치가 범중엄範仲淹)이 말했다.

"나는 책을 읽고 도道를 배워 온누리 사람들의 목숨을 살려야만 한다. 그렇지 않다면 황제黃帝(중국 상고시대 전설의 제왕)의 의학 서적을 읽어서 의약의 오묘한 이치를 깊이 연구하겠다. 이것 또한 사람을 살리는 것이라 할 수 있다."

옛사람의 마음 씀씀이가 이처럼 인자하고도 넓디넓었다.

요즈음에 이몽수라는 사람이 있다. 그 사람은 뜻이 탁월했지만 공명을 이루지 못하여, 사람을 살리려고 해도 그리 할 수가 없었다. 마진(홍역)에 관한 책을 홀로 깊이 탐구하여 살려 낸 어린아이의 수가 매우 많았다.

불녕不佞(소생)도 그 가운데 한 사람이다. 소생도 이미 이몽수로 말미암아 다시 살아났다. 은혜를 갚고 싶었으나 어찌 해볼 만한 일이 없었다. 이에 몽수의 책《마진기방》을 얻고 난 뒤, 그 근원을 거슬러 올라가고 그 바탕을 연구하였다. 홍역에 관한 중국 책 수십 종을 얻어서 이리저리 실마리를 찾아내고 얻을 수 있는 체제와 조항들을 자세히 갖추고자 하였다.

그러나 그 책들의 내용이 모두 어지러이 뒤섞여 나와서 고찰하고 조사하기가 불편하였다. 홍역은 병의 속도가 매우 빠르고 열이 대단히 격렬하므로 눈 깜짝할 사이에 목숨이 왔다 갔다 한다. 홍역은 세월을 두고 치료할 수 있는 다른 병과는 사뭇 달랐다. 그리하여 갈래를 잘게 나누고 종류별로 모아, 눈썹처럼 가지런하고 손바닥을 보듯 쉽게 하였다. 병든 자가 책을 펴면 번거롭게 찾지 않고도 처방을 얻을 수 있도록 한 것이다. 무릇 초고를 다섯 차례나 고친 뒤에야 책이 비로소 이루어졌다.

아! 몽수가 아직까지 살아 있다면 아마도 빙긋이 웃으며 한껏 기뻐할 것이다.

아! 병든 사람에게 의원이 없어진 지 오래다. 모든 병이 다 그러하지만, 홍역이 더욱 심한 것은 어째서인가?

의원이 의원을 직업으로 삼는 까닭은 이익을 위해서이다. 홍역은 대략 몇 십 년 만에 한 번 발생한다. 이 마진병 치료를 직업으로 삼는다고 해서 어찌 이익을 얻을 수 있겠는가? 직업으로 삼아도 바랄 만한 이익이 없는데다, 환자를 만나서도 치료를 하지 못하니 이 또한 부끄러운 일이다. 억측으로 사람의 목숨을 요절하게 한다.

아아! 그 얼마나 잔인한가!

홍역 처방은 마치 등잔불이나 삿갓과 같다. 깜깜한 밤이나 비가 올 때에는 등잔불이나 삿갓을 서둘러 찾다가도, 아침이 되거나 비가 개면 까맣게 잊어버린다. 이는 우리나라 사람들의 뜻이 짧아서 그런 것이다.

가령 우리가 다음 해에 군사를 일으킬 일이 벌어진다는 것을 미리 안다면, 틀림없이 가정에서는 무기를 수선하고 고을에서는 성을 튼튼하게 쌓을 것이다. 전란이 언제 사람을 깡그리 죽인 적이 있었느냐?

사람을 더욱 잔혹하게 살상하는 어떤 홍역이라 할지라도 사람들이 아무렇지 않은 듯 여기며 두려워하지 않게 된다면, 무능한 소생이 이 책을 엮은 것이 몽수를 저버리지 않을 뿐만 아니라 참으로 범문정에게도 부끄럽지 않을 것이다.

다만 소생이 평소 의학의 뜻에 어두워서 버릴 것과 얻을 것을 제대로 잘 가려낼 수 없는 탓에, 똥오줌도 낱낱이 수록한 것을 피하지 못하였다. 외진 곳의 시골 사람이 만일 병세를 살피지 않고 이 책을 무턱대고 믿고서 곧바로 가혹하고 독한 약재를 투여한다면 더러는 실패하는 경우가 없지 않을 것이다.

이 또한 소생이 크게 두려워하는 바이다. ─〈마과회통서麻科會通序〉

다산은 자신을 '불녕不佞', 즉 젊은 서생이 자신을 일컫는 겸양어인 '소생小生(재주가 없고 무능한 저라는 뜻)'으로 부르며 이몽수에 대한 한없는 존경심을 드러냈다. 또한 초고를 다섯 번이나 고치고서야 《마과회통》을 완성했다는 대목에서는, 그가 사람의 목숨과 관련된 일을 얼마나 꼼꼼하고 신중하게 대했는지를 알 수 있다.

저는 근래 홍역에 관한 책을 모으느라 자못 힘을 썼습니다. 어제 자화子和가 제게 들렀다가 비쩍 마른 '나무 닭〔木鷄〕' 같은 모양새을 보더니 그냥 돌아가더군요. 생각건대 돌아가서는 비웃었을 성싶습니다.

─〈만계에게 답하다〔答蔓溪〕〉

열두 권으로 된 《마과회통》은 조선과 중국의 마진방서痲疹方書는 물론이고, 조선의 민간요법까지 총망라한 마과痲科 전문의학 서적이다. 일본의 저명한 의술 사학자 미키 사카에〔三木榮〕(1903~1992)는 《조선의학사 및 질병사朝鮮醫學史及疾病史》에서, 《마과회통》은 한국 마진학의 최고봉이자 동양 제일의 의학 전문서이며, 한반도의 면역학 수준을 보여 주는 책이라고 평가했다.

다산은 일찍이 한시 〈고공탄篙工歎〉에서 "다시금 산골로 돌아가 약이나 캐런다"고 읊었다. 어진 벼슬아치가 되지 못할 바에는 차라리 양의良醫가 되겠다는 다짐이다. 제세구민濟世救民이라는 이몽수의 인술 정신을 이어받은 다산의 면모는 유배지 장기(포항)에서 썼다는 《촌병혹치村病或治》에서도 여지없이 드러난다. 이 책을 통해 다산이 의술 연구로 백성들에게 주려고 한 구체적이고 실질적인 도움이 무엇이었는지를 엿볼 수 있다.

때는 1801년(순조 1), 마흔 살의 다산은 신유박해에 연루되어 그해 2월에 경상도 장기로 귀양을 갔다.

내가 장기로 귀양을 온 지 몇 달 뒤였다. 집에 있는 아들이 의서 수십 권과 약초 한 바구니를 부쳐 왔다. 유배지라서 서적이 전혀 없으므로 이 책을 골똘히 살펴볼 수밖에 없었다. 병이 들어도 곧장 이 약초로 치료하였다.

하루는 객사의 아들이 부탁하며 말했다.

"병이 들면 무당을 불러다 푸닥거리만 하는 것이 장기의 풍속입니다. 병을 물리치는 효험이 없으면 오로지 뱀을 잡아먹고, 뱀을 먹어도 효험이 없으면 마음을 크게 먹고 죽어 갈 뿐입니다. 공은 어찌하여 그동안 읽으신 의서로 이 궁벽한 시골에 은혜를 베풀지 않으십니까?"

나는 대답했다.

"좋다. 내가 자네 말대로 해보겠다."

그리하여 그 책들 가운데 우선은 간단하고 쉬운 여러 가지 처방부터 가려 뽑아서 기록했다.

아울러 《본초강목本草綱目》에서 주로 쓰이는 약재를 가려 뽑아서 해당되는 각 병의 설명 끝에 덧붙였다. 보조 약재로서 4~5품에 해당되는 것은 기록하지 않았다. 멀리서 나 희귀한 약재로 쓰이는 나무와 풀로서, 시골 사람들이 그 이름도 모르는 것은 기록하지 않았다.

　책은 모두 마흔여 장 남짓밖에 되지 않으니 간단하다고 할 수 있다. 이름을 부르길 '촌병혹치村病或治'라 하였다. '촌村'이라고 한 것은 비속하게 여겼기 때문이고, '혹或'이라 한 것은 의심스럽게 여긴 까닭이다. 비록 임시로나마 참으로 잘만 쓰면 또한 사람 목숨을 살리는 데 충분할 것이다.

　세상의 아무개 의원들은 약재의 성질과 기운을 구별하지 않은 채 찬 약과 따뜻한 약을 뒤섞어 나열하기도 한다. 동쪽에서 치고 서쪽에서 잡아당기는 얼렁뚱땅한 처방 탓에 효험을 보지 못하는 의원들과 비교하면 차라리 내 처방이 더 나을지 어찌 알랴.

　이미 간략하고 반드시 긴요한 처방만을 가려냈으니, 그 효험을 얻는 것이 완전하고 또한 빠르지 않겠는가? 앞으로 더욱더 간략하게 하려면 반드시 먼저 널리 살펴보아야 할 터인데도, 뽑아 적은 책이 몇 십 권밖에 되지 않아 한스러울 뿐이다.

　훗날 내가 다행히도 귀양에서 풀려 돌아가게 된다면 앞으로 이 책의 범례를 따라서 더 널리 연구할 것이니, 비로소 그 '혹或'이라는 이름도 고칠 수 있지 않겠는가!

　상편은 술병酒病으로 끝마감하고, 하편은 색병色病으로 마쳤다. 또한 세상을 경계하여 깨우치고 건강을 지키려는 나의 작은 뜻을 깃들게 한 것이다.

―〈촌병혹치서村病或治序〉

'촌병혹치'는 한 마디로, 간단하고 쉬운 처방과 치료법만 가려 뽑았으니 민초들이 이 책을 보고 스스로 건강을 지키라는 부탁이다.

다산은 개별적인 병자의 진료를 넘어, 사회적 차원에서 예방의학과 사회의학 연구 풍토가 만들어지기를 염원하였다. 다산이 쓴 의학 논문〈의령醫零〉은 중국의 가장 오래된 의서인《황제내경黃帝內經》과《예기》까지 비판하며, 미신과 불합리를 타파하고 관념적 음양오행설이나 운기의론에서 탈피한 실증의학 논설문이다.

이렇듯 다산은 단순히 서지학적 약방문이나 처방하는 유의儒醫(선비 의사)가 아닌, 조선의 의료 현실을 여러 가지 측면에서 개선하고자 한 사회의학자였다. 그래서 다른 한의학자들이《황제내경》같은 의서를 맹목적으로 받아들이는 것을 비판하며, 조선의 환경과 현실에 들어맞는 의학을 정립해야 한다고 주장했다.

> 옛사람들은 의술을 배움에 약초의 근본에 주력하여 종류마다를 먼저 시험하여 그 약초의 성미性味・기분氣分의 따로따로를 스스로 완전히 해득한 뒤에야 약초를 제조하여 약을 지었습니다. 그래서 약을 오용하는 일이 없었는데, 요즘 사람들은 약을 짓는 방법부터 먼저 배우고 있으니 의술이 날로 졸렬해집니다.
> ―〈복암 이기양 묘지명伏菴李基讓墓誌銘〉

밑바탕과 핵심을 파악하지 못하고, 각각의 사물과 사정에 대한 정확한 인식 없이 어떻게 문제를 해결할 수 있느냐라는 것이다.〈의설醫說〉도 같은 맥락에서 나온 글이다.

옛날의 의학은 《본초강목》을 전문적으로 습득하였다. 모든 초목의 성性·기氣·독毒·변變의 법제를 강구하여 확실하게 분간하지 못하는 것이 없었다. 병을 진찰해 약을 쓸 때에, 더러는 병의 원인이 하나여서 일성일동一性一毒으로 치료할 수 있으면 한 가지 약재만 썼다. 더러는 병의 원인이 많아 한데 얽히고설켜서 풀기 어려운 경우에는 여러 가지 재료를 사용하여 조제하고서 치료했다. 그러므로 기술도 정밀하고 효험도 빨랐다.

훗날에는 《본초강목》을 익히지 않고 오로지 옛 처방만 왼다. 가령 팔미탕八味湯은 온보溫補하는 것인 줄로만 알고, 승기탕承氣湯은 양사凉瀉하는 것인 줄로만 알고서 곧바로 완전한 처방을 내리는데, 마치 한 가지 재료만을 사용하는 듯하다. 그러니 어찌 가지가지 병마다에 하나씩 하나씩 적중할 수 있겠는가?

그러므로 말한다. '《소학小學》이 폐하여지자 문장이 일어나지 않고, 《본초》 연구가 어두워지자 의술이 정밀하지 못하다.'

― 〈의설醫說〉

"드디어 천연두 약이 완성되었네"

다산은 젊은 날에 북학파로 알려진 박제가와 함께 규장각 검서관檢書官으로 일했다. 그러면서 가까워져 이후에도 교류를 이어 나갔다. 나이로 보면 다산이 열두 살 아래로 박제가의 제자뻘이었으나, 두 사람은 세계관과 관심 분야가 비슷하여 잘 어울렸다. 다산은 특히 박제가의 시와 글씨를 즐겨서 손에서 놓지 않을 만큼 좋아했다고 한다.

영공令公(박제가)의 시묵詩墨을 사랑하여 가까이 두고 즐기고 감상하며 차마 손에서 놓지 못하고 있는데, 넉넉히 십여 일의 기한을 주셔서 실컷 즐길 수 있게 해 주시기 바랍니다. 보내 주신 칠언고시의 근본과 그 줄기에 대한 시문의 광채가 신령스럽고 번뜩일 뿐만 아니라, 아울러 시인의 혈맥까지를 알게 해 주니, 그 가르침을 이끌어 주시고 깨우쳐 주심이 살뜰합니다.

— 〈차수 박제가에서 답합니다〔答朴次修〕〉, 1800

서얼 출신인 박제가는 어려서부터 시·서·화에 뛰어나 연암 박지원을 비롯해 이덕무·유득공 등 북학파들과 교유했다. 채제공을 따라 청나라에 가서 청나라 학자들을 만나고 거기서 보고 들은 내용을 정리한 책이 바로 《북학의北學議》(1778)이다. 정치와 사회제도의 모순을 개혁하고, 일반 백성들의 삶과 가까운 생활 도구를 개선하자는 실용적인 내용을 담고 있다.

정조는 양반의 첩 소생인 서얼에 대한 차별을 없애고 서얼의 문·무직 진출을 허용하는 '서얼허통절목庶孼許通節目'을 공표하고, 이덕무·유득공 등의 서얼 출신 학자들을 규장각 검서관으로 임명했다. 박지원도 13년간 규장각에 근무하며 마음껏 연구하고 집필하였다.

박제가는《북학의》에서, 비록 오랑캐 만주족이 세운 청나라일지라도 그 높은 기술문명을 배워야만 조선 백성에게 이롭다는 주장을 펼쳤다. 청나라의 선진 문물을 받아들여 신분 차별을 타파하고, 상공업을 장려해 국가를 부강하게 만들어 백성들의 삶을 향상시켜야 한다는 '선진문명 개방 국부론'이었다. 다산이 쓴〈종두설〉에는, 다산과 박제가가 특히 어린아이들의 목숨을 수도 없이 앗아 가는 천연두를 퇴치할 방법을 두고 서로 정보를 교환하고 협력하는 모습이 잘 그려져 있다. 맨 처음에 언급되는《강희자전康熙字典》은 청나라 강희제가 편찬한 책이다.

《강희자전》은 말한다.

"신두법神痘法은 무릇 두즙痘汁(천연두즙)을 코에 들이 넣고 숨을 쉬면 곧 바로 나온다."

나는 일찍이 이렇듯 묘한 방법이 있다는 것을 알고 있는데도 우리나라에는 전해 오지 않는다고 의심하여 실망스럽게 여기고 있었다.

가경 기미년(1799) 가을에 복암 이기양이 용만(의주) 부윤으로 있다가 임기를 마치고 돌아왔다. 그의 맏아들 창명滄溟이 말했다.

"용만 사람이 연경에 들어갔다가《종두방種痘方》을 얻어 왔는데, 그 책이 두어 장밖에 되지 않습니다."

그 책을 재빨리 구하여 읽어 보았다. 그 처방은 이러하였다.

"손님마마(천연두)가 잘 아문 자의 부스럼딱지 일곱이나 여덟 개(작은 것은 열댓 개)를 얻어 자기 종지에 넣고 손톱으로 맑은 물 한 방울을 떨어뜨린다. 그 다음 단단한 물체, 가령 칼자루 같은 것으로 으깨어 즙액을 만든다. 진하지도 않고 묽지도 않게 한다. 진하면 손님마마 기운이 발생하지 못하고, 묽으면 손님마마 기운이 지나치게 새어 버린다.

다시 햇솜(누에고치 솜)을 대추씨 크기만큼 뭉친 다음에, 가느다란 실로 꽁꽁 매어 단단한 그 머리를 천연두의 즙액에 담근다. 남자에게는 왼쪽 콧구멍, 여자에게는 오른쪽 콧구멍에 넣는다. 가령 자정에 넣었다면 정오에 이르러 뽑아 버린다. 매번 여섯 시간(한나절)이 지나면 이 기운이 장臟에까지 통한다. 며칠이 지나면(더러는 이삼 일, 더러는 사나흘 만에 솟아나고 그 솟아남이 많거나 적거나 하여 일정하지 않다.) 그 아이가 약간의 통증을 느끼며, 턱 아래나 목 주위에 반드시 기핵氣核(종기)이 돋게 되는데 큰 것은 새알만 하다. 이것이 손님마마의 징조다. 얼굴이나 몸에 서너 개의 종기가 나는데, 많은 사람은 열댓 개나 되지만 지장이 없다. 며칠 못 되어 부어오르고 고름이 차며, 아물어 검은 군살이 생기면 딱지가 떨어진다.

더러 다른 증세가 생기면 기본적인 치료법에 따라 증세에 맞추어 약을 쓴다. 힘들이지 않고도 백 사람에게 접종하면 백 사람이 살고, 천 사람에게 접종하면 천 사람이 산다. 하나의 실패도 없다."(이것이 그 대략이다. 그 대강의 뜻이 이러한데 지금 상세히 기억하지 못하겠다.)

경신년(1800) 봄에 마침 검서檢書 박 초정(박제가의 호)이 방문하여 이 책을 보고 몹시 기뻐하면서 말했다.

"우리 집에도 이 처방이 있는데 일찍이 궁궐 내각의 장서 가운데에서 보고 베껴 둔 것이오. 다만 그 책이 너무 간략하여 시행해 볼 수가 없었소. 이제 이 책과 합해 보면 어떻게든 요령을 얻을 수 있을 것 같구려."

초정이 돌아가자마자 곧장 사람을 보내어 자기 집에 있는 소장본을 보내 왔다. 역시나 두어 쪽뿐이었다. 나는 드디어 이 두 책을 간추려 한 편으로 지으면서, 더러 뜻이 깊어 이해하기 어려운 것은 약간의 풀이를 달았다. 아울러 술가術家(무당)의 올바르지 못한 설은 모두 지워 버렸다.(가령 시술하는 날의 간지幹支에 따라서 잡아매는 실의 색깔을 다르게 사용한다는 것 따위다.) 책을 이미 마치자 초정에게 부쳐 주었다. 초정은 다시 나를 찾아와 말했다.

"이 책에 따르면, 한겨울 때에는 이미 떨어진 지 보름이 지난 종기를 이용해 만든 약을 접종하면 종두가 돋아나지마는, 만일 한여름에 대엿새만 지나도 이미 묵은 것이 되어서 접종해도 돋아나지 않는다고 하네.

지금 연경에만 두종痘種(천연두에 걸린 사람에게서 나온 분비물을 잘 채취한 것)이 있는데, 만일 우리나라에 가져와서 접종을 하려면, 비록 한겨울에 북경에서 막 떨어진 딱지를 가지고 나는 듯 말을 타고 달려오더라도 우리나라에 이르면 이미 묵은 종기가 되어(이미 보름이 지난다.) 쓸 수가 없다네."

또 그 책은 말한다.

"어린이가 드물어서 더러 두종이 떨어지면 새로운 두종을 다시 만들어야 한다. 모름지기 잘 아문 종기를 이용해 지난번 방법에 따라 얻어 내야 한다. 그런데 꼭 서너 번 지난 뒤에라야 비로소 훌륭한 두종을 얻을 수 있고, 만일 한두 차례 경과된 것이 혹여 잘못될 때에는 그 증거가 경핵頸核(목에

난 종기의 핵)에 드러난다.

한 번이나 두 번 정도 경과된 것은 경핵이 아주 작고, 반드시 서너 번 지나간 것이라야 경핵이 또렷하게 돋아난다. 이게 바로 그 증거이다."

나와 초정의 의논은 결말을 보지 못하고 끝났다. 이때 초정은 영평 사또로 임명되어 안타까워하며 부임하였는데, 그 뒤 몇 십 일 만에 다시 와서 쾌히 기뻐하며 나에게 말했다.

"드디어 천연두 약인 두종이 완성되었네."

내가 물었다.

"어떻게 된 일이오?"

초정이 대답했다.

"내가 영평에 이르러 이 일을 아전들에게 이야기하였소. 이방이 감개무량하며 잘된 것 하나를 구하여 먼저 자기 아이에게 접종하였다네. 그랬더니 종기의 핵이 비록 아주 작기는 하였으나 종두는 꽤 잘되었다는구려. 두 번째로 관노의 아이에게 접종하고, 세 번째로 나의 조카에게 접종했는데, 종기의 핵도 점점 커지고 종두도 더욱 훌륭해졌다네."

그리하여 이씨 성을 가진 의원을 불러 처방을 주고, 천연두 예방약으로 쓸 두종을 가지고 서울로 들어가게 했다. 서울 북부의 지체 높은 선비 집안에 추천되어 많이들 접종했다.

이해 6월에 건릉健陵(정조의 능묘, 곧 정조)께서 아주 먼 곳으로 떠나셨다. 다음 해 봄에 나는 경상도 장기로 유배를 가고, 초정은 함경도 경원 땅으로 귀양을 갔다. 그런데 어떤 간사한 놈이 의원 이씨를 천주교도로 무고하여, 고문을 받다가 거의 죽을 지경에 몰렸다. 두종도 마침내 끊어지고 말았다.

그로부터 일곱 해가 지난 정묘년(1807)에 내가 강진에서 귀양살이를 할 때 이런 소문을 들었다.

"상주에 있는 의사가 종두를 접종하는데 백 명을 접종하여 백 명을 다 완치시키고 큰 이득을 얻었다."

생각하건대 그 처방이 영남에서 다시 유행하였던 모양이다. 내가 엮은 처방법은 난리 통에 잃어버렸으므로 여기에 전말을 기록하여 아이들에게 보여 준다.

초정은 말했었다.

"연경에서 종두를 접종하는 모든 의원들은 저마다 맡은 구역이 있다네. 더러 갑 구역의 의원이 몰래 을 구역에 가서 종두를 접종하면, 을 구역의 의원이 관아에 송사를 걸어 그 죄를 다스린다네."

– 〈종두설種痘說〉

이 논설문을 보면, 1800년에 초정과 다산이 여러 차례 만나 서로 갖고 있던 자료를 보여 주면서 종두법을 찾아내려고 온갖 노력을 기울였음을 알 수 있다. 비록 오늘날의 눈으로 보면 원시적이지만, 사람의 천연두 딱지나 고름을 이용하는 인두법은 당시만 해도 천연두를 물리치는 가장 과학적인 첨단 예방법이었다. 이것이 나중에 근대적인 우두법牛痘法으로 발전했다.

그러나 그해 1800년 6월 정조가 승하하면서 두 사람의 노력은 더 이상의 결실을 보지 못했다. 이듬해 신유사옥이 일어나 다산은 경상도 장기로, 박제가는 무고로 법망에 걸려 함경도 경원으로 유배를 간 탓이다. 박제가는 네 해 뒤 세상을 하직했다. 이로써 두 사람은 다시 만나지 못하고, 그들이 이룩한 업적인 천연두 예방법에 관한 저술도 모두 실전失傳되고 말았다.

임금을 살리려 달려갔지만

　조선 후기 양반들은 개인적인 섭생 차원에서 의술에 관심을 갖기는 했어도, 이를 전문적으로 연구하거나 직업으로 삼지는 않았다. 의원은 중인들이나 호구지책으로 삼는 하찮은 직업이었다. 수많은 백성이 천연두로 죽어 갔지만 이를 연구하는 의원도 없었고, 큰 이익이 생기지 않았기 때문에 의술을 업으로 삼는 의원 수 자체가 적었다. 의원이 턱없이 부족하니 어이없이 목숨을 잃는 이들이 허다했고, 가난한 백성들은 의원이 있어도 돈이 없어 의료 혜택을 받을 수 없었다.

　게다가 의원들조차 '불(火)이 들어간 해에 열꽃이 피는 손님마마가 발병하면 그 발병 원인이 운세에 있다'고 믿을 만큼 미신에만 의지했으니 수십 년 만에 한 번씩 창궐하는 전염병을 전문적으로 연구하는 의원이 있을 리 만무했다. 백성들은 모든 것이 귀신의 원한 탓이라며 무당을 찾아가 굿을 벌였다. 다산은 이렇게 미신에 기대는 의료 현실을 비판하고, 과학적인 천연두 치료법을 연구했다.

　그리하여 《마과회통》에서 홍역 치료법은 물론이고, 딱지와 고름을 이용하여 몸의 독소를 뽑아내는 인두법人痘法과 서양의 우두법牛痘法 같은 손

---

* 인두법이 천연두에 걸린 사람의 균을 면역 물질로 사용한다면, 영국인 제너가 1796년에 처음 발견한 우두법은 천연두에 걸린 소의 고름을 빼내어 인체에 주사하여 면역 물질을 생성시키는 면역법이다.

님마마(천연두) 치료법을 부록에 소개했다.

뿐만 아니라 경상도 장기의 유배지에서는 촌사람들을 위한 치료 지침서 《촌병혹치》를 쓰고, 전라도 강진에서 귀양살이를 할 적에는 큰 기근과 염병(장티푸스)으로 민초들이 죽어 가자 처방전을 널리 보급하여 많은 사람을 살려 냈다.

> 내가 강진에 있을 때인 가경 기사년(1809)과 갑술년(1814)에 큰 기근을 만났고, 그 이듬해 봄에 염병이 크게 유행하였다. 내가 그 처방을 보급해서 살려 낸 사람이 그 수를 헤아릴 수가 없었다.
> – 《목민심서》〈애민愛民〉

다산은 예순아홉 살이던 1830년(순조 30) 뛰어난 의술을 인정받아 순조 임금의 부름을 받았다. 순조의 맏아들인 효명세자가 병에 걸린 것이다. 하지만 다산이 입궐하여 세자를 진찰하고 약을 구하려고 나온 5월 6일, 효명세자는 세상을 뜨고 말았다. 다산이 일흔세 살이던 1834년(순조 34) 11월에는 순조 임금이 위독하니 입궐하라는 명을 받들어 12일에 출발했는데, 홍화문에서 국상이 났다는 말을 듣고 이튿날 고향으로 발길을 돌렸다. 헌종 원년(1835)에는 우두법을 실시하기도 하였다.

이렇듯 다산은 당시 선비들이 하찮은 기술이라며 천시하던 의학에 관심을 갖고, 의학서 저술에 혼신의 힘을 기울였다. 학문은 무릇 백성들의 실생활에 도움이 되어야 하고, 그 혜택이 골고루 돌아가야 한다고 여겼기 때문이다. 다산에게는 백성을 사랑하는 마음과 생명을 존중하는 자세가 바로 '실학實學'이었다.

지체 높은 자보다 가난한 자 먼저

다산의 아버지 정재원은 첫째 부인과 아들 하나(정약현)를 낳고 사별하였다. 재취 부인이 바로 다산의 어머니 해남 윤씨다. 그런데 윤씨도 다산이 아홉 살 때 세상을 떠났다. 정재원은 예를 올리지 않고 셋째 부인을 맞았는데, 그 부인마저 일찍 세상을 뜨자 다산의 서모庶母(아버지의 첩) 김씨를 넷째 부인으로 맞았다. 김씨는 두 딸과 아들 하나를 두었는데, 두 딸은 결혼한 뒤 오래지 않아 사망하고 아들 정약횡丁若鐄만 남았다.

다산은 서제庶弟, 곧 아버지의 첩에게서 태어난 아우 약횡을 지극히 사랑했다. 그러니까 다산에게는 이복형(맏형 정약현)과 동복 3형제(정약전, 정약종, 정약용)에, 서모가 낳은 동생(정약횡)이 있었던 셈이다.

서얼 차별이 엄혹했던 시절이라 약횡은 벼슬하기가 어려웠다. 다산은 약횡에게 서출이지만 글을 아는 사람들이 가질 수 있는 직업을 상세히 설명해 주었다. 그리고 서얼들이 할 수 있는 비장裨將 직업을 권했다. '비장'이란 감사나 유수, 병사兵使, 수사水使 등을 따라다니며 일을 돕는 무관이었다. 하지만 그것도 여의치 않자, 약횡은 의원이 되었다.

다산은 의원이 된 아우에게 높은 고관대작이나 지체 높은 양반 부자보다 낮은 땅의 가난한 자들을 먼저 돌보라고 권하였다. 그렇게 덕을 베풀다 보면 "동쪽에다 베풀어도 보답은 서쪽에서 나오기도 한다(施在於東 而報出於西)"는 다산은 말은, "덕은 외롭지 않고 이웃이 있기 마련이다(德不孤 必有

鄰]"라는 공자의 말을 떠오르게 한다.

《예기》〈곡례曲禮〉에서 말했다.
"태상(삼황오제三皇五帝) 시대에는 덕을 귀중하게 여겼고, 그 다음 삼왕三王(하·은·주) 시대에는 베풀고 보답하는 것에 힘썼다[太上貴德 其次務施報]."

천하의 근심과 기쁨, 즐거움과 슬픔은 모두 베풀고 보답함에 따라 얻게 되는 것이다. 그런데 장씨張氏에게 베풀었는데 이씨李氏에게서 보답을 받고, 집 안에서 분노했던 일을 저잣거리에서 화풀이하기도 하는데, 이치상으로는 그러할 수 있다.

하늘의 도[天道]는 매우 넓고 커서 반드시 베푸는 일에서만 보답받게 하지 않는다. 그런 까닭에 보답을 받을 수 없지만 은혜를 베푸는 경우를 군자는 귀하게 여긴다. 만약 왼손으로 물건을 주고 오른손으로 값을 청구한다면, 이것은 장사꾼의 일이지 원대한 뜻을 이루고자 하는 사람의 일은 아니다.

《서경書經》〈반경盤庚〉에서 말했다.
"외롭고 어린 사람들을 얕잡아 보지 말라[無弱孤有幼]."

뭇사람들은 여전히 업신여길망정, 달자達者(널리 사물의 도리를 깨우친 달인)는 어찌 힘이 부족하다고 해서 감히 더불어 업신여길 수 있겠느냐? 그렇지 않으면 아마도 하늘이 마음 아파할 것이다. 너는 이미 의원의 일에 종사하고 있으니 의원에 빗대어 말해 보자구나.

---

* 원문에는 '태상시덕太上務德'으로 되어 있으나, 이는 '태상귀덕太上貴德'을 잘못 표기한 것이다.

새벽종이 울리면 준마를 문 앞에 매어 두고 말한다.

"수상首相(영의정)의 명령이오."

커다란 당나귀가 다다르면 말한다.

"대사마大司馬(병조판서)의 명령이오."

또 준마가 다다라 말한다.

"훈련대장의 명령이오."

뒤따라서 가난한 선비 한 사람이 다다라서 말한다.

"나는 비록 좋은 말도 없는 사람이지만 우리 어머님의 병세가 위독합니다."

처연하게 눈물을 흘린다.

네가 이미 세수를 마쳤다면, 맨 먼저 가난한 선비의 집으로 가 병세를 꼼꼼하게 살펴보고 정확한 처방을 상세하게 내준 다음에, 여러 귀한 집으로 발걸음을 옮기는 게 마땅하다. 더욱이 행동거지가 공손하고 예의가 바르면 곧 훌륭하다는 칭찬이 나오고, 훌륭하다는 칭찬이 나오면 하늘의 복록이 이르기 마련이다.

귀한 집안에서는 너의 살림살이를 윤택하게 해 주지 않을 수 없을 것이다. 그러므로 동쪽에다 베풀어도 보답은 서쪽에서 나오기도 한다. 그런 까닭에 공자가 《논어》에서 "지혜로운 사람은 어짊을 이롭게 여긴다〔知者利仁〕"고 말한 것이다.

― 〈또 아우 약횡을 위해 주는 글〔又爲舍弟若鐄贈言〕〉

자신은 비록 양반이었지만 신분 차별 타파를 주장하고, 백성들의 고단한 삶을 보며 안타까워한 다산다운 조언이다. 이복동생에 대한 애틋한 마음이 배어 있는 진실한 충고가 아닐 수 없다.

다산은 일찍부터 의술을 발달시키는 것이 국가 경영에 중요하다고 곳곳에서 강조했다. 다산이 58세 때인 1819년(순조 19)에 저술한 《흠흠신서欽欽新書》는, 재판을 공평하게 해야 하는 목민관들을 위해 중국과 조선의 법전들과 재판 때 쓰던 조서와 판례 자료 등을 집대성하고 자신의 의견을 덧붙인 형법서이자, 검시를 기록한 법의학서이기도 하다.

의약 정책과 의원 양성책은 인간의 생명을 좌지우지하는 중요한 국책 사업이므로, 정밀한 계획을 세워서 의원을 양성하고 의술을 정교하게 발전시켜야 한다는 주장은, 정조 임금의 책문에 답하는 다음 대책對策에서도 오롯이 드러나 있다.

의약의 기예는, 물론 일찍이 《주례周禮》에 열거된 직책입니다. 요절하여 죽는 것을 구제하고 병을 치료하여 백성들을 오래 살도록 하고 생명을 보호하니, 이는 마땅히 우리의 간절한 책무요, 나라의 크나큰 정사政事입니다.

요즈음에는 이 법에 대한 사승師承(스승으로부터 이어받는 계통)이 단절되어 없고, 부끄러움을 모르는 천박한 무리가 약방문을 날조해 병의 근원도 모르고, 약제의 성분도 분별하지 못한 채 의료 행위를 제멋대로 자행하다가 열 명 가운데 칠팔 명을 죽이고 있으니 작은 걱정거리가 아닙니다.

아, 오장육부와 혈맥과 경락의 은미한 이치를 관찰하고 온溫·량涼·보補·사瀉의 신묘한 작용을 분간하기란, 비록 사리에 밝고 박식하며 정미하게 생각하고 치밀하게 살피는 선비도 오히려 온전히 궁리할 수가 없습니다.

지금의 의원들은 거의 모두가 어魚 자와 노魯 자를 분간하지 못하고, 몽치 추椎 자와 염밭 로鹵 자를 알지 못하여, 글로는 편지 한 장도 읽지 못하고, 식견으로는 하나둘을 헤아리지도 못합니다. 사람을 죽이고 살리는 큰 권한을 갑자기 이런 무리에게 준다면 마땅하겠습니까?

신이 생각하건대, 의원들이 따로 의술을 연구하여 바로잡는 방책을 강구하고, 한편으로는 의약에 관한 전문 서적들을 구해다가 사리에 밝고 식견이 높은 선비들로 하여금 함께 익히고 배워서, 전하의 만수무강도 축원하고 백성들이 장수를 누릴 수 있도록 하기를 신은 바라옵고 또 바라옵나이다.

— 〈인재책人才策〉

7

백성을 수고롭게 하지 말라

바른말 하는 자는 천금을 주고도 못 얻는다

1797년(정조 20) 서른여섯 살의 다산은 정조의 신뢰를 얻어 승정원 동부승지가 되었다. 오늘날로 치면 대통령 수석비서관쯤 되는 '잘나가는' 직책이었다. 노론 세력은 그런 다산을 어떻게든 끌어내릴 기회만 엿보았다. 그리하여 다산이 과거에 서학西學, 곧 천주교를 공부했다는 것을 꼬투리 삼아 다산을 참소하기 시작했다.

천주교에 미온적인 태도를 보이던 정조이지만, 그렇다고 해서 천주교를 용인한 것은 아니었다. 기존의 유교적 사회질서를 떠받치고 있는 집권층이 천주교가 이 질서를 위협한다고 말하면, 질서의 수호자인 정조로서는 그 주장을 받아들일 수밖에 없었다. 다산의 처지가 춘삼월 살얼음판을 디디듯 위태로웠다. 이때 정조가 택한 방법이 잠시 다산을 피신시키는 것이었다. 황해도 곡산 부사 자리가 비자, 정조는 다산을 그 자리로 보내며 타일렀다.

"장차 부를 것이니, 모쪼록 서운하게 생각하지 말거라."

다산은 곡산 고을의 신관 사또로 행차했다. 그 부임길에 이계심李啓心이란 사람을 만난다. 다산이 1822년(순조 22) 예순한 살 때 쓴 〈자찬묘지명自撰墓誌銘〉을 바탕으로 이 일을 정리하면 다음과 같다.

내가 신관 사또로 곡산 땅에 이르러 행차를 할 때였다. 별안간 웬 사내

하나가 불쑥 뛰쳐나와 내 앞에 넙죽 엎드렸다.

"웬 놈이냐?"

포졸이 깜짝 놀라 호통을 치자, 그 사내는 머리를 땅에 조아리며 곡진하게 아뢰었다.

"사또께 아뢸 말씀이 있어 무엄함을 무릅쓰고 길을 막았사옵니다."

그러고는 사또를 향해 얼굴을 곧추들었다.

화들짝 놀란 포졸들이 우르르 몰려가 오랏줄로 묶으려고 하자, 그 사내는 끌려가지 않으려고 안간힘을 쓰며 발버둥을 쳤다. 내가 영문을 몰라 자초지종을 물었다.

아전 하나가 아뢰었다.

"사또! 저놈은 이계심이라는 자입니다. 지난번에 난리를 일으키고 도망을 친 폭도이옵니다. 다시는 달아나지 못하도록 포승줄로 묶어 가둬야만 하옵니다."

나는 포졸들을 꾸짖으며 이렇게 영을 내렸다.

"그냥 둬라! 도망치려고 하는 자가 어찌 제 발로 다시 찾아왔겠느냐? 이미 자수한 사람은 스스로 도망을 가지 않은 법이다. 포졸들은 어서 썩, 좌우로 물러나라!"

포졸들이 물러나자, 이계심이라는 사내가 품 안에서 종이 한 장을 꺼낸 뒤 목울대가 떨리는 목소리로 말했다.

"이것은 저희가 겪은 고초를 십여 가지 항목으로 나누어 적은 것이옵니다."

그리고 이계심이 천천히 고개를 들어 신관 사또인 나를 올려다보았다.

그때 아전 한 명이 내게 바투 다가와 이계심의 종이를 전하며 매몰차게 말했다.

"사또! 이놈은 버르장머리 없는 폭도라서 언제 달아날지 모릅니다. 지금 가두어 두어야 뒤탈이 없을 것이옵니다. 어서 법에 따라 붉은 포승줄로 결박하여 칼을 씌우고 차꼬를 채우는 게 마땅하옵니다."

나는 아전을 나무라며 옹골차게 말했다.

"지방의 벼슬아치가 백성들을 못살게 굴면 백성들은 당연히 하소연을 할 줄 알아야 한다. 그래야 몹쓸 지방관이 뿌리 뽑히고 백성들의 삶도 편안해진다. 또한 그래야만 나라가 바로 서고 잘되는 법이다. 그런 자는 천냥을 주고서라도 사야 할 사람이니, 그냥 보내거라!"

나는 이계심을 풀어 주라고 명한 뒤 곡산 관아로 들어갔다. 이튿날 아침, 나는 아전들을 동헌으로 불러 이계심 사건을 다시 조사하도록 명하였다.

곡산 백성 이계심은 백성들이 군대에 가지 않는 대신 나라에 바치던 군포 문제로 쫓기는 신세였다. 전임 사또 시절 군포를 걷을 때 아전이 터무니없이 긴 자로 더 많은 군포를 걷어 가는 바람에 이계심이 우두머리가 되어 백성 천여 명을 이끌고 관아로 들어와 소란을 피웠다고 한다.

전임 사또가 그를 붙잡아 벌주려고 하자 백성들이 마치 벌떼가 여왕벌을 돌보듯 이계심을 에워싸고 섬돌에 올라서는데, 그 외치는 소리가 하늘과 땅을 크게 울렸다. 아전과 포졸들이 백성들을 쫓아내며 몽둥이를 휘두르며 마구 쳤다. 백성들은 모조리 뿔뿔이 흩어졌다. 이계심도 고을 사람들의 도움으로 달아나 버렸다. 관아에서 그를 붙잡아 조사하려 했으나 허탕이었다.

나는 이 이야기를 다 듣고 난 뒤 향교로 사람을 보내어 《오례의五禮儀》라는 책을 가져오게 했다. 나라에서 의식을 치르는 절차를 정리한 책으로, 옷감의 길이를 재는 척尺(자)의 치수도 나와 있었다.

나는 그 책 속에 나온 치수와 곡산 관아에서 쓰던 자의 치수를 견주어 보았다. 그런데 곡산 관아에서 쓰던 자의 치수가 나라에서 정한 자의 치수보다 2촌(6센티미터)이나 더 길었다. 전임 사또가 자의 길이를 늘려 그만큼 더 많은 군포를 거둬들여 나라도 모르게 자기 배를 채운 것이다.

본래 군포는 한 필을 엽전 2백 푼으로 거두어야만 한다. 그런데 전임 사또와 아전들이 농간을 부려 면포 한 필을 9백 푼으로 거두어들인 것이다. 마땅히 거두어야 할 면포보다 네 곱절 반이나 더 거둬들인 셈이다. 백성들이 시끄럽게 소란을 피운 일도 마땅했다. 나는 곧바로 아전들을 불러 엄하게 따졌다.

"이 책에 나오는 치수로 관아의 자를 새로 만들어라. 그리고 앞으로 한양으로 보내는 군포는 내가 직접 잴 테니 그리 알도록 하라."

그리고 이계심을 불러 그를 풀어 주며 타일렀다.

"벼슬아치가 잘못된 일을 하는 까닭은 백성들이 제 한 몸의 안전을 위해 벼슬아치에게 바른말을 하지 않기 때문이다. 너는 죽음을 두려워하지 않고 백성의 억울함을 드러내어 항의했으니, 너 같은 사람은 관아에서 마땅히 천 냥의 돈을 주고서라도 무슨 말을 하는지를 들으려 해야 할 것이다."

이 소문은 삽시간에 퍼져 신관 사또의 어짊을 칭송하는 소리가 온 고을에 자자했다.

— 〈자찬묘지명自撰墓誌銘〉, 1822

그 사건이 있은 지 스물다섯 해라는 오랜 세월이 지났건만, 다산의 뇌리 속에는 '자수한 폭도' 이계심에 대한 기억이 또렷하게 남아 있었나 보다. 그때 다산이 관아에서 소란을 피운 이계심을 가두지 않고 도리어 칭찬한 까닭이 무엇인가? 이계심은 제 욕심에 난동을 부린 폭도가 아니라, 마을 사람들이 당한 억울함을 풀고자 당당히 항의한 의로운 백성이었기 때문이다.

'벼슬아치들에게 바른말을 하는 백성이 있어야 나라가 바로 선다'는 평소 생각을 몸소 실천한 다산의 강직함이 묻어나는 이야기다. 다산이 세상을 떠난 뒤 80여 년 뒤에 그 후손들이 작성한 《사암선생연보俟菴先生年譜》에도 이 내용이 실려 있다. '사암俟菴'은 다산의 또 다른 호이다.

"한 고을에는 모름지기 너와 같은 사람이 있어야 한다. 한 사람으로 형벌이나 죽음을 두려워하지 않고 만백성을 위해 그들의 원통함을 폈으니, 천금은 얻을 수 있을지언정 너와 같은 사람은 얻기가 어렵다. 오늘 너를 무죄로 석방한다."

술자리에서 벼슬아치를 감별하는 법

같은 해인 1797년, 황해도 관찰사 이의준李義駿이 부용당芙蓉堂에서 관내 수령들을 불러 술자리를 마련하였다. 연꽃이 활짝 피었다고 하는 것으로 보아 칠팔월 한여름이었던 것 같다. 곡산 부사 다산도 이 자리에 참석했다.

황해도 관찰사 이 공李公 의준이 부용당에서 술잔치를 베풀었다. 사또로서 이곳에 온 사람이 열 명이나 되었다. 나는 사관查官(옥사獄事 검사관)으로 해주에 갔었다. 이 공이 편지를 보내 초청하며 말했다.

"지금 연꽃이 활짝 피어서 이 연회를 마련하였으니 함께 한 잔 했으면 합니다."

내가 술잔치 자리에 이르자, 이 공이 술을 권하며 말했다.

"이곳은 선화당宣化堂(관찰사가 사무를 보는 곳)과는 같지 않으니, 오늘은 흉금을 터놓고 즐기십시다."

그래서 나는 말했다.

"참으로 좋으신 말씀입니다. 하지만 관찰사가 지방 원님의 잘잘못을 살피기에는 선화당보다 이곳이 더 낫다고 생각합니다. 공께서는 그 까닭을 아십니까?"

이 공이 갸웃거리며 무슨 말이냐고 물었다.

내가 대답했다.

"수령이 선화당에 오면 단정한 걸음걸이와 엄숙한 얼굴빛을 하고 말을 삼가며 예의에 맞게 공손히 행동을 합니다. 한 사람도 훌륭한 벼슬아치가 아닌 사람이 없습니다.

그러나 부용당에서는 연꽃 향기가 코를 찌르고 버들가지는 늘어졌으며, 죽순과 고기가 상에 가득하고, 곱게 단장한 기녀들이 모여 있으며, 좋은 술을 마시고, 회나 구운 고기처럼 맛난 안주를 배불리 먹고, 윗사람은 좋은 낯빛을 하고 있어, 거침없이 농담하며 즐기기에 안성맞춤입니다.

이때에 떠들고 웃으면서 제멋대로 행동하는 사람이 있으니, 이를 살펴보면 그 잡스러움을 알 수 있습니다. 그 사람은 틀림없이 유능하나 가볍게 법을 어기는 일이 잦을 것입니다.

자기 몸을 낮추고 아첨하며 윗사람을 찬송하고 우러르며 빌붙어 아양떠는 사람이 있으니, 이를 살펴보면 그 비루함을 알 수 있습니다. 그 사람은 틀림없이 앞에서는 아첨을 잘하지만 백성들을 속이는 일이 많을 것입니다.

기생과 눈짓을 나누고 뜻을 통하면서 여인네에 대한 정을 잊지 못하는 사람이 있으니, 이를 살펴보면 그 나약함을 알 수 있습니다. 그 사람은 틀림없이 직무에는 게으르면서 요구와 청탁하는 일이 많을 것입니다.

술고래처럼 잔뜩 퍼마시며 대취했으면서도 술을 사양하지 않는 사람이 있으니, 이를 살펴보면 그 혼미함을 알 수 있습니다. 그 사람은 틀림없이 숙취로 업무를 제대로 수행하지 못하며 형벌을 남발할 것입니다.

이와 같으니 사또들을 살피는 데 이곳 부용당이 선화당보다 낫지 않겠습니까?"

이 공이 대꾸했다.

"참으로 지당한 말씀이외다! 비록 관찰사의 일도 수령이 또한 살펴야만 마땅합니다. 나는 공의 말씀을 듣고 스스로를 살피려 합니다. 어느 겨를에 다른 사람을 살피겠습니까?"

나는 마침내 묻고 대답한 말을 기록하여 부용당기라 하였다.

― 〈부용당기芙蓉堂記〉, 1789

직속상관인 관찰사가 황해도 해주에 있는 부용당에서 술자리를 베풀고 초청하니, 다산으로서는 가지 않을 수 없었을 것이다. 마침 다산은 사관으로 해주에 볼일이 있었다. 당시 지방의 사또는 관찰사가 요청하면 다른 지방의 옥사獄事, 곧 범죄나 사건의 조사를 맡기도 했다.

그런데 집무실 밖으로 나왔으니 흉금을 터놓고 즐기자는 관찰사 이의준의 제안에, 다산은 이런 자리야말로 지방 수령들의 됨됨이를 살피기에 알맞다고 대답한다. 술자리에서 의례적으로 던지는 가벼운 인사를 정색하고 받아친 것이다. 그리고 왜 그러한지, '술자리 행태별 벼슬아치 유형'을 구구절절 분석하며 풀이한다. 모르긴 몰라도, 그 순간 술자리 분위기가 싸해졌을 것이다. 열 명이나 되는 지방 수령들은 풀어진 몸가짐을 가다듬었을 것이고, 술자리를 마련한 이의준 역시 자신의 행실부터 살피겠다고 대답한다.

백성들의 녹록지 않은 살림살이를 살펴야 하는 목민관들이 한가롭게 모여 앉아 술이나 마시고 농이나 주고받는 모습이 한심해 보였던 것일까? 다산의 말 속에서 뾰족한 가시가 느껴진다.

"정약용의 판단이 옳다"

이듬해인 1798년 가을, 이번에는 황해도 관찰사 이의준이 곡산을 방문하였다. 이의준이 기인이자 천재 화가인 장천용의 이름을 '하늘 천天에 게으를 용慵'으로 고쳐 지어 준 것도 이때이다. 그런데 종3품의 도호부사 다산이 종2품의 지방장관인 관찰사를 타박하는 일이 벌어진다. 무슨 일이 있었던 것일까?

황해도 곡산에서 북쪽으로 이십 리쯤에 마하탄摩河灘이라고 불린 냇물이 있다. 마하탄을 지나 상류 쪽으로 몇 굽이 올라가면 돌담이 우뚝 솟아 있다.

그 아래는 깊은 연못이다. 으슥하고 어두컴컴하여 마치 귀신이 사는 곳이나 신궁 같다. 그래서 오연烏淵(까마귀 연못)이라 부른다. 까마귀 연못 위쪽에 우뚝 솟아 괴이하게 생긴 봉오리가 열두 곳 있다. 십이봉十二峯이라고 부른다. 봉우리를 돌아 물이 흐르다가 갑자기 환하게 트인 곳이 있다. 맑은 모래사장 건너편으로 멀리 강 언덕 위에 편편하게 넓고 꼬불꼬불한 곳이 있다. 유랑촌柳浪村이라 부른다.

유랑촌 위쪽에 큰 돌 한 쌍이 서로 마주 서서 문을 만들었다. 그 서쪽 것은 후월대後月臺이고, 그 아래는 맑은 연못이 있어 물을 따라 내려가거나 거슬러 올라갈 만하다. 이곳을 자하담紫霞潭이라고 부른다. 자하담 물은 양덕陽德・맹산孟山 땅에서 흘러온다. 그 근원을 더듬어 올라가니 굽이굽이마다 경치가 기기묘묘한 절경이다.

내가 곡산에 온 이듬해(1798)에 가람산岢嵐山 아래서 배를 타고 물결을 따라 내려가 마하탄에 이르러 멈춘 적이 있었다. 그 훗날 관찰사 이 공 의준을 보고 그 이야기를 대충 추려서 해 주었다.

이 공이 대뜸 얼굴빛을 고치고 말했다.

"올 가을에는 행부行部(관할구역을 순시하고 수령들의 잘잘못을 따져 등급을 매기는 것)를 마땅히 가람산 아래에서 배를 타고서 해야겠소."

내가 말했다.

"그리 할 수 없사옵니다. 행부가 산수나 유람하자는 것입니까? 가람산 아래까지는 아직껏 높은 벼슬아치의 행차가 이른 적이 없었습니다. 올해 비로소 관찰사의 행차가 이곳에 이르게 하려면, 산을 뚫어 길을 내고 골짜기를 건너질러 다리를 놓아야 할 것입니다. 백성들을 수고롭게 하면서까지 윗사람을 즐겁게 하는 것은 감히 할 수가 없습니다!"

이 공이 멍하니 서글픈 표정을 지었다. 내가 마하탄 위쪽으로 십 리쯤에 있는 자하담까지 가는 것은 동의하였다.

이 공이 말했다.

"거기까지만 갈 수 있어도 다행이오."

마침내 팔월 보름에 유랑촌 북쪽에서 배를 타고 자하담에 이르렀다. 온갖 악기가 설치되자 이어서 노래와 춤으로 접어들었다. 아미蛾眉(가늘고 길게 곡선을 그리는 누에나방 눈썹)에 희고 깨끗한 이를 가진 어여쁘고 새파란 기생들이 물에 비치니, 그 자태가 더욱 고왔다. 후월대에 올라 달이 뜨기를 기다렸다. 달이 두둥실 떠오르자 물결을 따라 내려가다 마하탄에 이르러 멈추었다.

이 공이 말했다.

"즐겁도다! 이 물놀이여! 해서海西(황해도) 명승지 가운데에서는 자하담을 으뜸으로 꼽아야 할 것이다. 그런데도 우리나라를 연 뒤 우리 두 사람만이 이 물놀이를 처음으로 했으니, 천지에 알려지지 않고 버려진 명승지가 아직도 분명 많을 것이외다!"

이때 서흥瑞興 사또 임군林君(성운性運)이 또한 기녀를 데리고 이곳에 와서 같이 배를 타고 놀았다.

— 〈자하담범주기紫霞潭汎舟記〉, 1789

관내를 순시하는 김에 곡산의 절경을 유람하겠다는 관찰사의 요청을 다산은 대번에 거절한다. 그리고 관내를 순시하고 수령들의 잘잘못을 평가하는 행부가 산수나 유람하자는 일이냐고 되묻는다. 몹시도 직설적인 비판이다.

관찰사가 행차하려면 백성들을 동원해 "산을 뚫어 길을 내고 골짜기를 건너질러 다리를 놓아야" 하는데, 이는 백성들을 수고롭게 하여 상관을 즐겁게 하는 것이니, 그렇게 할 수 없다고 딱 잘라 말한다. 제아무리 윗사람의 명령이라 할망정 백성을 힘들게 할 수는 없다고 거절하는 태도에서 목민관 다산의 결기를 느낄 수 있다.

재미있는 것은 관찰사 이의준의 반응이다. 아랫사람에게 이 정도로 면박을 받으면 화를 낼 만도 한데, 이의준은 멍하니 서글픈 표정만 짓는다. 그러다 거기까지는 못 가고 그 중간까지는 갈 수 있다는 다산의 타협안에

금세 반색한다.

앞서 부용당 술자리에서도 다산이 술을 마시는 버릇으로 벼슬아치의 됨됨이를 감별하는 법을 얘기하자, 수령도 상관인 관찰사를 살펴야 한다며 겸손한 태도를 보인 사람이다. 이렇듯 순한 성품의 이의준은 자하담에 다녀오고 나서 얼마 뒤 병사하여 정조의 애도를 받았다.

그리고 1798년(정조 22) 겨울이 되었다. 호조판서 정민시鄭民始가 곡산에서 바쳐야 할 좁쌀과 콩 따위의 양곡 7천 섬을 한 섬에 420전씩 계산하여 돈으로 바치게 했다. 그해에는 농사가 풍년이어서 곡식의 가격이 매우 쌌는데, 양곡 한 섬을 420전씩 계산하는 것은 규정에 어긋난 금액이었다. 다산은 지금 쌀 한 섬이 200전이니 세금을 돈으로 거두지 말고 양곡으로 거두라고 명했다.

이러한 조치는 나라에서 돈으로 거두라고 한 명령을 어기는 바였다. 다산은 일단 양곡으로 세금을 거두어 창고에 넣어 두고, 호조의 지시를 따를 수 없는 까닭을 조목조목 적어서 조정에 보냈다.

"올해는 양곡이 풍년이어서 내다 팔더라도 반값을 받기조차 힘이 드옵니다. 그런데 비싼 값을 매겨 돈으로 세금을 바치라 하시니, 한 집에서 5전 1푼의 돈을 어떻게 구하겠나이까? 집집마다 쌀과 양곡이 있어도 내다 팔 형편이 못 되고, 세금으로 내야 할 돈의 액수는 너무나 많사옵니다."

그러자 노론 세력은 정조에게 조정의 명을 어긴 다산을 처벌해야 한다고 목소리를 높였다. 다산의 보고서를 자세히 읽어 본 정조는 다산이 백성을 위해 그렇게 한 것임을 알고 이렇게 말했다.

"조정에서 해야 할 일이 무엇이던가? 백성을 위한 것인가? 단지 기강을 바로잡기 위한 것인가? 어느 것이 먼저인가? 정약용의 판단이 옳다. 백성들을 위해 위험을 무릅쓰고 높은 관아에 보고한 일을 장하다고 칭찬을 해야지, 꾸짖고 벌을 주어서야 되겠느냐?"

　이리하여 곡산 백성들은 돈 대신 양곡으로 세금을 내게 되어 부담이 크게 줄었다.

프로파일러 사또 정약용

곡산 사또 다산 정약용의 활약은 이후에도 계속 이어진다.

다산은 곡산 고을의 가구와 인구 구성을 한눈에 파악할 수 있는 침기부砧基簿 종횡표縱橫表를 작성했다. 식솔 수, 재산 수준, 직업, 토지 등을 고려하여 각 가구가 고을 전체에서 차지하는 위치를 가로세로 도표로 표시한 일람표를 만든 것이다. 이 표에는 각 주민의 신분과 거주 및 이주 기간, 생업과 부역 관계, 가옥의 크기와 논밭의 넓이, 가족관계, 가축 사육 실태, 과일나무와 가마솥의 수까지 모조리 담겨 있었다. 또한 경위선 위에 지도를 그려 지역의 넓고 좁은 상황을 정확하게 알아내어 세금을 공평하게 부과했다.

이렇게 서류를 단순 명료하게 정리하고 호포 징수를 아전을 통하지 않고 관에서 직접 관장하니, 구실아치들의 농간과 비리도 사라졌다. 오늘날로 치면 통계청에서 하는 인구조사를 실시하고, 이 자료를 근거로 가난한 사람들을 구휼하고, 정확한 세금과 병역의무를 부과한 것이다. 더불어 관청의 공금으로 평안도에서 면포를 싸게 사들여 정부에 세금으로 바치고, 백성들에게는 싼값에 팔아 백성들의 부담을 덜어 주었다. 집집마다 송아지 한 마리를 얻은 셈으로 여기며 기뻐하였다.

당시 황해도 수안군에 있는 언진산 홀곡에서는 금광 개발이 한창이었다. 나라의 재원인 금광을 돈에 눈이 먼 자들이 함부로 개발하니 자연 훼손과 인간성 파괴가 이루 말할 수 없었다. 그래서 다산은 시 〈홀곡행증수안수勿

谷行呈遂安守〉(1797)를 써서, 수안 사또에게 금광은 나라가 직접 엄격하게 관리하여 잠채를 금지하고 채굴 방법과 채굴 시기 등을 개선하여 농사에 지장을 주지 않게 해야 한다며 난개발의 폐단을 시정해 달라고 청원했다.

다산은 시체를 조사하는 검안 수사와 범죄인 심문에서도 아주 뛰어난 능력을 발휘했다. 요즘 식으로 말하면 유능한 형사나 프로파일러(범죄심리분석관) 역할을 한 것이다. 그래서 부용당 일화에도 나오듯 다른 지방의 범죄사건 수사에도 불려갔을 터이다.

한번은 곡산 백성 김오선이 시장에 소를 사러 갔다가 싸늘한 주검으로 발견되는 사건이 벌어졌다. 시체를 검안한 다산은 김오선의 목과 가슴, 배에 난 칼자국을 보고 타살임을 확신했다. 다산은 시체가 발견된 지역에 사는 사람들을 탐문하였지만 실마리를 찾을 수가 없었다. 그러다 김오선이 시장에서 소를 산 사실을 알고 있는 자를 찾아냈다.

다산은 그자를 붙잡아다 대뜸 호통을 쳤다.

"네 이놈! 시체는 발견되었는데 소는 발견되지 않았다. 소를 산 사실을 알고 있는 네놈이 해코지를 한 것이 틀림이 없지 않느냐?"

"아니옵니다. 소인은 그를 죽이지 않았사옵니다. 소인은 그저……."

"그저 무엇을 했단 말이냐? 네놈이 아는 사실을 또 누구에게 말하였느냐?"

"김대득에게 말했사옵니다. 소인은 정말로 죽이지 않았습니다요."

"그럼, 김대득을 데려오너라! 혹시라도 내가 찾는다는 사실을 알린다면 네놈도 무사하지 못하리라."

결국 살인범은 김대득으로 밝혀지고, 다산은 그를 관아 앞 시가지에서 곤장으로 엄하게 다스렸다.

오로지 너의 얼굴이 눈에 아른거려 8

내 딸 '호뚱이'를 가슴에 묻고

다산은 1776년 열다섯의 나이에 한 살 많은 풍산 홍씨와 결혼하여 9남매를 낳았다. 그러나 아들 둘과 딸 하나만 장성하고, 여섯 명의 자식을 어려서 잃었다. 아들 넷과 딸 둘을 먼저 떠나보낸 아비의 심정이 어떠했을까?

'구장懼牂'이는 다산이 일찍 여읜 셋째 아들이다. 1789년 12월에 태어나 1791년 4월에 천연두로 세상을 떠났다. '효순'이는 다산이 서른한 살 때인 1792년에 얻은 딸이다. 전기傳記 문체로 씌어진 다음 묘표墓表를 보면, 딸아이가 너무 귀여워 일부러 혀 짧은 소리로 "호뚱이"니 "게앞발이"니 부르며 어린 딸을 애지중지하는 젊은 아버지의 모습이 눈앞에 그려진다.

어린 딸은 건륭 임자년(1792) 2월 27일에 태어났다.

엄마가 순산한 것을 효라고 여겨 처음에는 효순孝順이라고 불렀다. 이윽고 엄마 아빠의 사랑이 깊어져서 부러 혀짤배기소리로 부르다 보니 호뚱好童이가 되었다. 조금 자라서 머리를 감겨 놓으면 보드라운 자줏빛 머리카락이 이마를 가린 채 나풀나풀하여, 마치 게의 앞발에 난 뽀송뽀송한 털과 같았다. 그래서 늘 머리꼭지를 쓰다듬으며 사투리로 게앞발(원문에서는 '게압발揭押勃'이라고 음역)이라고 불렀다.

성품도 효성스러워 엄마 아빠가 혹여나 화가 나서 다투기라도 할손 치면, 곧바로 엉금엉금 옆으로 기어와서 방긋방긋 귀엽게 웃으며 양쪽의 마음을 풀어 주었다. 엄마 아빠가 혹시나 밥때가 지나도록 끼니를 먹지 않으면 곧바로 다가와 애교스런 말로 식사를 권하였다.

태어난 지 스물넉 달 만에 손님마마를 앓고 말았다. 제대로 곪지를 않고 까만 점이 되고 설사를 하더니 하루 만에 숨이 끊어졌다. 갑인년(1794) 정월 초하룻날 밤 두어 시 무렵이었다.

용모가 일찍이 단정하고 예뻤다. 이미 병이 들자 파리하여 까맣게 탄 숯 같았다. 그러나 앞으로 숨을 거두려고 다시 열이 오를 때 잠시 방긋 웃으며 예쁘게 말했었다.

가련하도다!

어린 구장이도 세 살에 요절하여 마재馬峴(다산의 고향)에 묻었는데 이제 또 너를 여기에 묻는다. 네 오빠의 무덤과 종이 한 장 차이처럼 바로 곁에 둔 것은 서로 의지하며 따랐으면 하는 아빠의 마음이란다.

― 〈유녀광지幼女壙志〉, 1794

갓 두 돌도 안 된 딸이 부모의 마음을 헤아리고 엄마 아빠의 끼니를 걱정했으니 얼마나 갸륵했을까. 눈에 넣어도 아프지 않을 아이가 숨을 거두는 와중에도 어여쁜 미소를 보여 준다. 호뚱이는 죽기 전에 엄마 아빠에게 무슨 말을 했을까? 그 모습을 지켜볼 수밖에 없는 아비의 가슴에선 피눈물이 흘렀으리라.

부모가 죽으면 산에 묻고, 자식이 죽으면 가슴에 묻는다던가. 다산은 어린 딸을 가슴에 묻으며 그저 슬퍼만 하지 않았다. 다산이 특히 아이들에게 치명적인 천연두와 홍역의 예방과 퇴치에 열중한 것은 자신도 예외일 수 없었던 비극의 고리를 끊기 위함이었다.

다산은 개인적인 슬픔을 사회적인 실천과 실존철학적 사유로 승화시킨 진정한 지식인이었다. 하지만 1801년 정치적 탄압으로 천연두 연구는 더 이상 진척되지 못했고, 다산이 초석을 마련한 천연두 예방접종이 조선에 보급되기 시작한 것은 19세기 후반에 이르러서였다.

나는 죽는 것이 나은데도…

그렇게 어린 아들과 딸을 먼저 보내고, 다산이 서른여덟 살 때인 1799년 막내아들 농아가 태어났다. 12월에 태어난 이 여섯째 아들의 정식 이름은 '농장農牂'이었다.

그해 4월 다산은 곡산 도호부사에서 병조참의를 거쳐 형조참의가 되었다. 하지만 6월에 천주교도라는 비방을 받자 사직 상소를 올려, 7월 26일 사직을 허락받고 11년간의 벼슬살이를 마감하였다.

막내아들을 잃고 쓴 묘표에는 다산의 고민이 절절하게 담겨 있다. 이 무렵에 다산은 진로를 깊이 고민하다 벼슬길을 포기하고 고향으로 돌아가기로 마음을 굳혔다. 자신의 정치 인생이 험난할 것임을 예견했기 때문이다.

그래서 아들에게도 농사를 짓게 해야겠다고 결심한다. 농사 '농農' 자를 넣어 막둥이의 이름을 지은 까닭이다. 양반 가문에서 태어나 공부를 하여 문관이 되지 못하는 것은 가슴 아픈 일이지만, 그래도 농사를 지으면서 목숨을 부지하고 살아가는 것이 죽는 일보다 더 낫다고 여긴 부모의 소박한 마음이 담긴 이름이었다.

다음 해인 1800년 봄, 다산은 처자를 이끌고 고향인 경기도 광주로 낙향했다. 그런데 6월 28일 정조가 갑자기 승하하면서 다산의 기나긴 유배 생활이 시작되었다. 농아가 세 살이 될 때까지 다산의 삶은 이리저리 떠도는 신세였다. 1801년 2월에는 경상도 장기로 유배되었다가, 황사영 백서 사건으로 10월에 한양으로 압송되었고, 11월에 강진으로 긴 귀양살이를 떠났다. 그때 경기도 과천에서 마지막으로 막내아들을 보았다. 농아가 죽을 때 다산은 그 곁을 지키지 못했다.

함께 산 기간은 불과 한 해 남짓. 두 해를 헤어져 살다가 세상을 떠났으니, 아버지의 얼굴도 제대로 모른 채 생을 마감한 세 살배기의 짧은 생이 아비의 가슴을 저미었다. 막내아들의 소식을 들은 마흔한 살의 다산은 강진 유배지에서 하염없이 눈물을 흘렸으리라.

농아農兒는 곡산에 있을 때 잉태했다. 기미년(1799) 12월 2일에 태어나 임술년(1802) 11월 30일에 죽었다. 열꽃이 피더니 손님마마가 되고, 손님마마가 종기가 되었다.

나는 강진에서 귀양살이 중이었다. 글을 지어 그 애의 형에게 보내, 무덤에 가서 곡을 하고 이 편지를 읽게 하였다. 농아를 곡하는 글에서 말했다.

네가 이 세상에 왔다가 떠날 때까지 겨우 세 돌일 뿐이니, 나와 헤어져 산 게 두 해가 되는구나. 사람이 예순 살을 산다면 마흔 해 동안이나 아버지와 떨어져 산 셈이구나. 이야말로 참으로 슬프구나.

네가 태어났을 때 아빠는 근심이 깊어 너를 농農이라고 이름 지었단다. 이미 내가 고향 집에 돌아와 있었기 때문에 앞으로 너에게 농사를 지으며 살게 하려 한 것뿐이니, 이것은 죽는 것보다 낫기 때문이었단다.

내가 세상을 떠난다면, 앞으로 기꺼이 황령黃嶺(전라도 남원시 지리산 자락)을 넘고 열수洌水(한강)를 건너 고향으로 돌아갈 수 있을 터이니, 이것이 내가 죽는 것이 사는 것보다 나은 까닭이다. 나는 사는 것보다 죽는 게 더 나은데도 살아 있고, 너는 죽는 것보다 사는 게 더 나은데도 죽었으니, 이는 내가 어찌 할 수 없는 노릇이로구나.

만일 내가 네 곁에 있었다 할지라도 네가 반드시 살았을 거라고는 말하지 못하겠지. 하지만 네 엄마가 편지에서 네가 이렇게 말했다고 하더구나.

"아버지가 돌아오시면 열꽃이 사라지고, 아버지가 돌아오시면 마마가 나을 거예요."

너는 이 아비가 유배 간 사정을 헤아릴 수가 없었기에 이런 말을 했을 게다. 그런데도 너는 이 아비가 돌아오는 것을 마음속으로 깊이 믿고 있었을 것이다. 그 소원을 이루지 못했으니 참으로 슬프구나.

신유년(1801) 겨울에 과천의 객점에서 네 엄마가 너를 안고 나를 송별해 주었다. 네 엄마가 나를 가리키며 말했단다.

"저분이 네 아버지시다."

네가 그래서 나를 가리키며 말했다지.

"저분이 우리 아버지시다."

그러나 아버지가 아버지인 줄을, 너는 실제로 알지 못했을 터이니 참으로 애통하구나.

이웃 사람이 집으로 떠나갈 때 소라 껍데기 두 개를 보내며, 네게 건네주라고 부탁했단다. 네 엄마가 편지에서 말했단다.

"애가 강진에서 사람이 올 때마다 소라 껍질을 찾다가 얻지 못하면 풀이 죽곤 했는데, 애가 눈을 감을 무렵에야 소라 껍질이 도착했어요."

참으로 비통하구나.

네 얼굴은 깎아 놓은 듯 빼어났단다. 코 왼쪽에 조그맣고 까만 사마귀점이 있고, 웃을 적에는 양쪽 송곳니가 뽀쪽하게 드러나곤 했다. 아아! 나는 오로지 너의 얼굴이 눈에 아른거려 사실대로 네게 말하마.(집에서 온 편지를 보니 그 애의 생일날에 묻었다.)

복암(이기양은 신유박해에 연루되어 단천으로 귀양을 갔다가 1802년 그곳에서 생을 마쳤다.)께서는 늘 말씀하셨단다.

"요절한 자녀가 있으면 마땅히 그 생년월일, 이름, 자字, 용모와 죽은 연월일까지 자세히 써 놓아 나중에도 알 수 있게 해서 그 살았던 흔적이 남도록 해야 한다."

그 말씀이 매우 어질구나.

내가 열아홉 살이던 경자년(1780) 가을 예천의 관사에 있을 때 아이 하나를 낳지도 못하고 잃었단다. 그리고 스무 살이던 신축년(1781) 7월에 아내가 학질에 걸려 딸아이를 여덟 달 만에 조산하여 나흘 만에 잃어버렸는데, 미처 이름도 못 짓고 와서瓦署 언덕에 묻었단다.

그 다음에는 무장武牂(맏아들 학연)과 문장文牂(둘째 아들 학유)을 낳았다. 다행히 잘 자랐다. 그 다음이 셋째 아들 구장이고, 그 다음은 딸 효순이인데 순산한 걸 효도라고 여겨 효순이라고 이름 지은 거란다. 구장이와 효순이는 모두 광명壙銘(돌에 새겨 무덤에 함께 묻어 주는 글)이 있지만, 실제로 글을 땅에 묻지는 않고 책에만 기록해 두었다.

그 다음에 딸 하나를 얻었다. 지금 열 살이 되어 이미 두 번째 홍역을 치렀으니 비로소 요절을 면했다. 그 다음은 넷째 아들 삼동으로 곡산에서 손님마마로 일찍 죽었구나. 그때 네 엄마는 임신 중이었단다. 슬퍼하던 차에 아들을 낳았으나, 열흘이 지나 또 마마에 걸려 며칠 만에 눈을 감았다. 그 다음이 바로 막내 농장農牂이, 너로구나.

 삼동이는 병진년(1796) 11월 5일에 태어나서 무오년(1798) 9월 4일에 세상을 떠났다. 그 다음 다섯째 애는 이름조차 없구나. 구장이와 효순이는 두척斗尺('두재斗峴'의 이두식 표현으로 마재) 언덕 기슭에 묻었고, 삼동이와 그 다음 아이도 두척의 산기슭에 묻었으니, 농아도 반드시 그 산기슭에 묻었을 것이다.

 모두 6남 3녀를 낳았는데, 살아남은 아이가 2남 1녀이고, 죽은 아이가 4남 2녀이니 죽은 아이가 살아남은 아이의 두 배이다. 오호라―내가 하늘에 죄를 지은 것이 이처럼 잔혹하니 어찌하면 좋단 말이냐.

―〈농아광지農兒壙志〉, 1802

이 얼마나 애처로운 정경인가. 남편이 유배를 떠나자, 아내가 어린 아들을 안고 먼 길을 달려와 아이에게 아비의 얼굴을 보여 준다. 잊지 말라고, 기억하라고. 그러나 그것이 마지막이 되고 만다.

 다산은 스무 살 때 첫딸을 낳은 뒤 두세 살 혹은 한 살 터울로 아이들을 낳았다. 하지만 막내아들 농아를 낳은 후에는 더 이상 아이를 갖지 못했다. 마흔 살 때인 1801년 신유사옥에 연루되어 겨우 죽음을 면하고 유배되어 무려 18년 동안이나 부인과 떨어져 살았기 때문이다.

 이 글의 부기는 복암 이기양의 말로 시작한다. 이기양의 말대로, 다산은 유산과 조산으로 죽은 아이들까지 그 탄생과 죽음에 대해 세세히 기록하였다. 태어나지 못했거나 미처 다 자라기도 전에 죽은 어린아이도 한 인간으로서의 존엄성을 지닌 귀한 생명이기 때문이다.

■ 다산이 그린 〈화조도花鳥圖〉

부디 어머니 곁을 떠나지 마라

1802년 12월, 다산은 막둥이 농아가 죽었다는 기별을 듣고 곧바로 고향에 있는 두 아들 학연과 학유에게 애통한 심정을 편지로 써서 보낸다. 자식이 아비보다 먼저 세상을 떠나는 참척慘慽의 슬픔 가운데서도 자신보다 아내의 아픔을 걱정하며, 두 아들에게 어머니를 잘 보살피라고 당부하는 내용이다.

    우리 농아가 죽었다니 비통하구나! 비통하구나! 그 애의 생애가 불쌍하구나.
    내가 쇠약해진 게 더더욱 심해지고 있을 때 이와 같은 슬픔까지 닥치다니, 정말로 미어지는 가슴을 조금이나마 누그러뜨릴 수도 없구나.
    너희들 아래로 무려 사내아이 네 명과 계집애 하나를 잃었다. 그중 하나는 낳은 지 열흘 남짓 만에 죽어 버려서 나는 그 얼굴 생김새도 기억나지 않고, 나머지 세 아이는 모두 세 살에 죽어 바야흐로 손 안의 구슬처럼 재롱을 피우다가 죽었구나. 이 세 아이들은 모두 나와 네 어머니가 함께 살 때 죽었기에 설령 운명이라고 생각할 수도 있지만, 이번같이 가슴을 저미고 애간장을 후벼 파는 슬픔이 북받치지는 않았구나.
    내가 이렇듯 멀리 떨어진 갯가에서 귀양을 사느라 헤어진 지가 무척 오래인데 죽다니! 그 아이의 죽음이 한결 더 서럽고 슬프구나. 또 삶과 죽음, 즐거움과 아픔의 까닭을 어설프게나마 깨달았다는 내가 오히려 이러할진대, 하물며 네 어머니야 아이를 품속에서 꺼내어 흙구덩이에 묻었으니…….

그 아이가 살았을 때 어리광 부리던 말 한 마디 한 마디, 귀여움 떨던 움직임 하나하나가 기특하고 어여쁘게만 떠올라 귓가에 쟁쟁하고 눈앞에 삼삼할 것이다. 더구나 여인들이란 정을 쏟는 게 조건이 없기 마련인지라 얼마나 애통하겠느냐. 나는 여기 유배지에 있는 데다 너희들은 함께 이미 다 커서 밉상스러울 터이니 삶을 기대려고 했던 것은 오로지 그 아이였을 것이다.

하물며 큰 병을 치르고 난 뒤로 아주 울적하던 무렵에 이런 일만 이어지니, 하루 이틀 사이에 따라 죽지 않는 일만도 크게 기특한 일이라 여겨지는구나. 내가 그런 경우를 당했더라면, 내가 그 아이 아버지라는 것도 문득 잊은 채 다만 뭇 어머니들이 그러하듯 슬퍼하고 말았을 것이다. 아무쪼록 너희들은 마음을 다 바쳐 어머니를 효성으로 섬겨 어머니의 삶이 온전토록 해 주길 바란다.

이 다음부터라도 너희들은 아무쪼록 온 마음을 다 기울어 두 며늘아기로 하여금 아침저녁으로 부엌에 들어가 맛난 음식을 정성스레 장만하고, 따뜻한지 추운지를 살피며 잠시도 시어머니의 곁을 떠나지 않고 상냥한 태도와 즐거운 낯빛으로 온갖 애를 다 써서 기쁘게 해 드리도록 하여라. 시어머니가 더러 차갑게 대하며 편치 않아 하더라도 흔쾌히 받아들이고, 더욱 마땅히 정성스런 마음으로 온 힘을 다하여 시어머니의 기쁨과 사랑을 얻을 때를 기다리도록 하여라.

시어미와 며느리가 사이가 좋아 마음에 조금의 틈도 없이 잘 화합하여 오래오래 가면, 자연히 믿음직스러워져서 집 안에 화락한 기운이 감돌아 천지의 부드러운 기운이 저절로 거기에 응하여 병아리나 강아지와 채소나 과일 따위도 제각기 무럭무럭 잘 자라고 일들도 술술 잘 풀릴 것이다. 그러면 나 또한 임금님의 은혜를 입어 저절로 풀려나가 집으로 돌아갈 수 있을 것이다.

− 〈두 아들에게 답하노라〔答兩兒〕〉, 1802

오로지 정情대로 할 뿐

다산은 무엇이든 지나치면 부족한 것만 못 하다고 여겼다. 부모 자식 간의 정리情理도 그러하다고 보았다. 어린 자식들을 먼저 저승으로 보낸 참척을 당할 때에 보인 그의 태도는 이를 잘 보여 준다. 자식의 죽음을 안타까워하고 슬퍼하지만, 그 슬픔을 살아남은 이들의 몫으로 담담히 받아들인다. 아파도 울부짖거나 소리쳐서 그 아픔을 알리지 않는다. 마찬가지로 효심도 인지상정처럼 마음속에서 자연스레 우러나와야 참된 효도라 여겼다.

효자 정관일鄭寬一이란 사람은 도강현道康縣(전라도 강진) 사람이다. 태어나면서부터 맘결이 매우 착하고 성실한 사내아이로 말썽 피우지 않으며 어버이를 몹시 사랑하였다.

여섯 살 때였다. 그의 아버지가 밭에 곡식을 돌보러 나갔다. 밤이 되자 날씨가 갑작스레 추워졌다. 효자는 그의 어머니에게 여쭈었다.

"어머니, 밭에 움막이 있습니까?"

"없단다."

효자는 별안간 벌떡 일어나 밖에 나가려고 하였다. 어머니가 놀라서 물었다.

"이슥한 밤에 어린애가 어디를 가려고 하느냐?"

효자가 말했다.

"들에 나가 계신 아버지께서 추위에 떨고 계십니다. 그런데도 자식은 방에서 따뜻하게 앉아 있으니, 마음이 어찌 편하겠습니까?"

어머니가 굳이 한사코 말리니, 효자는 갑자기 내리닫이 창문 아래에서 우두커니 앉아만 있었다. 아버지가 무사히 돌아온 뒤에야 맘고생을 접고 편히 쉬었다.

몇 년이 흐른 뒤, 그의 아버지가 먼 곳으로 장사를 나갔다가 집으로 안부 편지를 보내 말했다.

"평안하다."

그런데 효자는 편지를 품에 안고 슬피 울었다. 그의 어머니가 생뚱맞게 여겨 까닭을 물었다.

효자가 말했다.

"가군家君(아버지)께서 위급한 병을 앓고 계시나 봅니다. 글자의 획이 떨려 있지 않습니까?"

아버지가 집에 돌아오시자 이를 여쭈었다. 과연 병으로 앓아누워 자못 위독했었다. 또한 설사병이 나서 자칫 죽을 고비일 때 원차園茶(중국 운남성에 많이 나는 보이차의 한 종류)를 떠올렸는데, 홀연 아무개가 차 있는 곳을 가르쳐 주어 설사병이 나을 수 있었다.

그날 효자는 꿈속에서 설사를 앓으며 차를 찾는 아버지를 보고 흠칫 놀라서 깬 뒤 울면서 꿈 이야기를 했다.

아버지가 돌아온 뒤 정 효자의 꿈속 징조를 들어 보니, 설사병을 앓은 일이 마치 부절符節(조각내어 나누어 갖는 신표)이라도 맞춘 듯 꼭 들어맞았다! 더욱이 정 효자는 아버지가 먼 곳을 다녀올 때마다, 비록 밤늦게 돌아오더라도 반드시 따뜻한 밥을 미리 차려 놓았다. 아버지가 이상히 여기었다.

어머니가 말했다.

"아이가 오늘 저녁 바야흐로 아버지께서 돌아오실 거라고 말해, 저는 그 말을 믿고 따라 했을 뿐입니다."

효자가 열두 살 때였다. 아버지가 병으로 앓아누웠다. 효자가 밤이슬을 맞아 가며 하늘을 향해 기도하니 병이 씻은 듯이 나았다. 이는 그가 어린 시절에 보여 준 효성스런 행실의 백에서 하나쯤밖에 안 된다.

이미 어른으로 자라서는, 공부에 땀을 흘려 경사經史를 두루두루 섭렵하였다. 아울러 병법과 의술에서부터 겹야자鵖冶子(《한서漢書》〈예문지藝文志〉 병서략兵書略·병음양兵陰陽에 나오는 책명)와 풍고風鼓·기해寄胲(《한서》〈예문지〉 수술략數術略 오행가五行家에 나오는 책명) 따위에 이르기까지 넓디넓게 깨닫지 못한 것이 없었다.

그러나 집이 몹시도 가난하여 약을 팔아 어버이를 봉양하였다. 그가 죽을 때에 이르렀다. 아마도 아주 가벼운 병일 거라 여긴 식구들은 근심거리라고 생각하지 않았다. 이미 며칠이 지났다. 효자가 그의 아버지가 걱정스러워 곁에 불러 앉으시도록 했다. 아버지가 효자를 세 번 부르자 세 번 다 "예"라고 대답만 할 뿐 우두커니 한 마디도 꺼내지 않다가 한참 뒤에야 아뢰었다.

"사람이 죽고 사는 것은 낮과 밤이 서로 바뀌는 것처럼 자연스러우니, 군자는 구슬퍼하지 않습니다. 저는 올해 이런 일이 있으리란 걸 알고 있었으나, 그 달과 날짜를 알지 못했습니다. 지금 맥박이 이미 어지러우니 약으로 고칠 수 있는 병이 아닐 것입니다. 제게는 두 어린 것이 있으니, 바라옵건대 이들로 마음을 위로하고 다잡으십시오."

사흘이 지나자 효자가 요절했다. 나이 겨우 서른이었다. 한 달이 갓 지난 뒤, 절도영節度營 동쪽 칠 리쯤에 있는 시루봉甑峯 아래 높은 평지에 유방酉方(서쪽)을 등진 묏자리를 두고 장례를 치렀다. 바로 옛날에 효자가 스스로 점쳐 두고서 소나무와 떡갈나무를 심고 부모의 묏자리로 하려던 곳이다.

정시섭鄭始攝이라 불리는 아버지는 그 뫼 구덩이에 가까이 와 구슬프게 곡하며 말했다.

"네가 한 번 눈감으니 나는 세 가지를 잃었구나. 아들을 잃고, 친구를 잃고, 스승을 잃었구나."

외사씨外史氏(다산)는 말한다.

"아버지와 아들은 하늘이 점지한 핏줄이다. 세상에는 무릇 가슴을 치고 피를 토하며 그 아들을 살려 달라고 하늘에 하소연하는 아비가 있다. 혹은 아버지가 벼슬이 높고 재물이 많아 아첨하는 말을 빌려 화려하게 꾸미는 자식은 아버지가 맛난 것을 먹고 싶다고 하자 '꿩이 부엌에서 울고 잉어가 얼음에서 뛰어나왔다'고도 말하는데, 모조리 믿을 만하겠는가?

설령 아들이 손가락을 잘라 흐르는 피로 부모의 병을 치료하고, 장딴지를 저민 살로 부모를 봉양하여 작설綽楔(효자나 충신 등을 기리고자 문 옆에 세우는 대臺)이 서로 마주 보며 즐비한들, 또한 증자曾子(효행이 뛰어났던 공자의 제자)나 민자閔子(효성이 지극했던 공자의 제자 민자건)가 했던 바는 아니다.

이와 같이 정 효자가 하늘나라로 떠나자, 그의 아버지는 사대부 벼슬아치를 소개받고 아들의 효성에 관한 행장行狀(죽은 이의 생전 언행을 기록한 글)을 써 달라고 애걸하였다.

　무릇 어린 효자 아들을 한결같이 사랑하여 얼굴빛에 온화하고 간절한 정이 애처로운 듯 자욱하니 이는 참말로 부끄러울 것이 없구나!

　아들은 참된 효자였다! 이에 그 아버지 또한 마음이 어진 아버지였도다!"
― 〈정효자전鄭孝子傳〉, 1811

이 전기소설의 원문에는 본래 다음과 같은 맺음말이 있다.

　"정 효자가 이미 죽은 지 여섯 해가 지난 가경 신미년(1811) 가을. 다산초자茶山樵子."

　다산은 강진 유배지에서 전라도 땅의 유명한 효자 정 아무개에 관한 이야기를 듣고, 쉰 살 때 이 짧은 산문소설을 썼다. 정 효자 아버지가 추천받은 사대부도 다산 본인이 아니었나 싶다.
　조선 후기에는 효행을 과장하여 표창을 받거나 가문의 영광으로 삼으려는 경우가 많았다. 평소에 이러한 거짓 효행놀음을 경계하던 다산은 정 효자의 순수한 효심에 감동한 듯하다.
　다산은 〈효자론孝子論〉에서도 《효경孝經》에 나오는 "아버지와 아들은 하늘이 점지한 핏줄"이라는 문구를 인용하며, "아버지와 아들 사이는 천륜이기에 오로지 정情대로 할 뿐"이라고 논술했다. 하늘이 맺어 준 혈연관계에서 우러나오는 순수하고 자연스러운 마음가짐이 효라는 것이다.

〈정효자전〉과 〈효자론〉에서 다산은 다음과 같은 행동은 그릇된 효의식에서 비롯된 효행이라고 말한다. 아무개는 어버이가 편찮으시자 손가락을 잘라 그 피를 입에 흘려 주고, 아무개는 어버이의 똥을 맛보아 병세를 헤아리기도 하고, 아무개는 장딴지 살을 베고 저민 살을 병든 어버이에게 먹였다. 어떤 아무개는 증인을 내세워 어버이가 병들어 죽순이 먹고 싶다고 하자 눈이 가득 쌓인 대밭에서 새로 돋아난 죽순을 찾아냈다고 하고, 다른 아무개는 한겨울에 잉어가 튀어나왔다고 거짓말을 했다.

이런 특이한 효행을 관아에 보고하여 효자비가 세워지면, 나라에서 호세戶稅(가구당 세금)를 면제해 주고 그 자손들의 요역을 감면해 주었다. 하지만 다산은 〈효자론〉에서 "이것은 예에 맞는 처사가 아니다. 이는 백성들로 하여금 부모를 구실로 명예를 사고 부역을 피하게 하며 간사한 말을 꾸며서 임금을 속이게 하는 것이니, 이것은 선왕의 지극한 다스림이 아니다"라고 비판하였다.

"만에 하나 털끝만큼이라도 곧지 못한 뜻이 그 사이에 싹트고, 다시 말을 꾸미고 보태서 남의 눈에 빛나기를 구한다면" 그것은 참다운 효가 아니라는 주장이다. 남에게 보이기 위한, 인지상정에 어긋나는, 칭송과 포상을 받기 위한, 예법에 어긋난 효는 효도가 아니라는 것이다.

다산은 죽순과 잉어와 정강이 살과 손가락 피가 없더라도, 진솔하고 성심껏 효도를 다한 정 효자야말로 참된 효자라고 말한다.

형제이자 지기였던 둘째 형님!

부모 자식만 천륜으로 맺어진 것이 아니다. 형제도 하늘이 맺어 준 인연이다.

앞에서 살펴보았듯이, 다산은 남자 형제 다섯 중 넷째였다. 정약현·정약전·정약종 세 형과 배다른 아우 정약횡이 있었다. 이 중 약전·약종·약용 3형제가 아버지 정재원의 둘째 부인인 해남 윤씨 소생이다. 해남 윤씨는 고산 윤선도의 손녀였다. 따라서 다산은 윤선도의 증손인 '선비 화가' 윤두서의 외증손자이다.

맏형 정약현은 배다른 형인 데다 나이 차이도 많이 나고 집안을 지키는 장남이라 허물없이 지내기가 어려웠을 터이다. 그리고 일찌감치 신선사상에 심취해 과거를 포기한 셋째 형 정약종과는 잘 어울리지 않았다고 한다. 실제로 정약종은 이승훈과 함께 청나라 신부 주문모를 맞아들이고, 주문모 신부가 세운 조선 최초의 교리 연구 및 전도 단체인 명도회明道會 회장으로 천주교 전도에 힘쓰다 신유박해 때 체포되어 서울 서소문 밖 네거리에서 처형당했다.

다만 다산은 네 살 터울인 둘째 형 정약전丁若銓과는 "같은 배에서 난 형제이면서 지기〔同胞兄弟知己〕"라고 표현할 만큼 각별한 사이였다. 형을 가리켜 '지기知己', 곧 속마음을 알아주는 친구라고 할 정도였다.

정약전은 정치적으로 남인에 속했지만, 정치와는 거리를 두고 살았다.

그러나 동생 다산이 노론과 갈등하면서 같이 공격을 받았다. 더군다나 조선 천주교의 태동기를 이끌고 천주교회를 창설한 이벽이 맏형인 정약현의 처남이고, 조선 천주교 사상 최초로 영세를 받은 이승훈이 정약전의 매형이었다. 그랬으니 1801년(순조 1), 심환지 등 노론 벽파가 정순왕후 김씨를 앞세워 다산 등의 남인 정적들을 제거할 때 몸을 피하기가 어려웠다.

신유박해로 정약전은 전남 신지도로, 다산은 경상도 장기로 유배되었다. 그런데 같은 해 여름에 도망을 다니던 중국인 신부 주문모가 자수하고, 10월에는 제천에 숨어 있던 황사영이 붙잡혔다. 이때 황사영이 지니고 있던 것이 북경 신부에게 보내려 했다는 그 유명한 백서帛書(비단에 쓴 글)이다. 결국 11월 황사영은 극형을 받고, 약전·약용 형제는 다시 서울로 압송되었다. 황사영은 정약현의 사위이자 약전 형제의 조카사위였다. 노론 세력은 이를 다산을 제거할 절호의 기회로 삼고, 다산을 한양 의금부로 압송하여 심문했다. 하지만 다산이 황사영과 내통한 증거를 발견하지 못했다. 결국 약전은 다시 전남 흑산도로, 다산은 강진으로 재유배되었다.

정약전이 1815년 6월 55세의 나이로 서거한 지 여섯 해가 지난 1822년, 예순한 살의 다산은 둘째 형을 기리는 묘지명을 남긴다. 이 묘지명은 혈육이자 지기를 여읜 아픔을 기록한 수준 높은 전기문학이자, 당대 현실을 생생하게 기록한 르포문학이기도 하다. 다산의 가문을 멸문 직전까지 몰고 간 천주교와의 인연도 세세히 기록돼 있다.

다산의 형제들은 '천주교를 신봉하는 쪽(정약종)'과 '학문으로만 연구해야 한다는 쪽(정약전·정약용)'으로 갈렸지만, "골육이 서로를 해쳐 가면서까지 자신의 몸과 이름을 보존하는" 짓거리는 하지 않았다는 저간의 사정도 들여다볼 수가 있다.

다산의 문장 중에서도 가장 슬프고 비통한 명문장으로 평가받는 이 글에는, 특히 가슴을 뜨겁게 적시는 형제애가 절절히 녹아 있다. 대학자 정약전의 소박한 인품과 학문적 수준이 어느 정도였는지를 보여 주는 소중한 산문체 전기소설이다.

공公의 이름은 약전이고 자는 천전天全, 누호樓號는 일성一星, 재호齋號(서재 주인의 별칭)는 매심每心이다. 섬으로 유배를 당한 뒤에 호는 손암巽菴이었으니, 손巽은 '들어감〔入〕'이란 뜻이다.

압해押海 정씨丁氏 집안은 교리를 지낸 자급에서부터 처음으로 관직에 나아가 벼슬을 하였다. 이분으로부터 대를 계속 이어 부제학 수강, 병조판서 옥형, 좌찬성 응두, 대사헌 윤복, 관찰사 호선, 교리 언벽, 병조참의 시윤이 모두 옥당玉堂(홍문관)에 들어갔다. 이 뒤로는 집안이 쇠락하고 시운을 제때에 만나지 못해 3대가 모두 포의布衣(벼슬하지 못한 선비)로 일생을 마쳤다. 휘諱(윗사람 이름) 도태와 휘 항신은 진사를 지냈고, 항신께서 휘 지해를 낳으셨으니, 바로 공의 할아버지시다.

선고先考(선친)의 휘는 재원載遠이다. 음사蔭仕(과거를 거치지 않고 조상의 공으로 벼슬을 얻음)로 군과 현을 관장하는 벼슬을 맡고 진주 목사로 임직하시다가 돌아가셨다. 다섯 아들을 두셨다. 공이 그 둘째 아들이다. 돌아가신 어머니 숙인淑人 해남 윤씨는 덕렬의 따님으로 고산 윤선도의 후손이시다.

건륭 무인년(1758) 3월 초하룻날, 마재의 집에서 태어나셨다. 선비先妣(돌아가신 어머니)께서 아들 셋을 얻는 꿈을 꾸고 낳으셨기에 소자小字(어릴 때 이름)를 삼웅參雄이라 하였다.

어려서부터 범상치 않아 얽매이지 않으려는 성격이었고, 자라서는 거칠고 사나운 말이 아직 길들여지지 않은 듯 씩씩하였다. 서울에서 벗들과 노닐며 넓게 듣고 뜻을 고상하게 가졌다. 이윤하·이승훈·김원성 등과 함께 금석처럼 굳은 친분을 맺었다. 이익 선생의 학문을 이어받고, 무이武夷(주자)를 좇고 수사洙泗(공자)까지 거슬러 올라가기 위해 예를 다하여 학문을 강론하며 절차탁마하고, 서로 더불어 덕을 쌓고 학업을 닦았다.

이미 또 제자의 예를 갖추고 정식으로 녹암鹿菴 권철신權哲身(성호학파이자 천주교 신자로 신유박해 때 사망)의 문하로 들어가 가르침을 부탁하였다. 겨울에 주어사走魚寺(천진암이 있는 경기도 광주군 소재의 절)에 머물면서 학문을 배웠는데, 모인 사람은 김원성·권상학·이총억 등 몇몇이었다.

녹암께서 손수 지켜야 할 규칙을 정해 주셨다. 새벽에 일찍 일어나서 얼음물을 양손으로 움켜 떠 세수를 한 뒤에 숙야잠夙夜箴(송나라 진백陳柏이 지은《숙흥야매잠夙興夜寐箴》으로 독서·수신의 잠언)을 외고, 해 뜰 무렵에는 경재잠敬齋箴(주자가 지은 경敬에 대한 잠언)을 외고, 정오에는 사물잠四勿箴(송나라 정자程子가 지은 공자의 사물四勿에 관한 잠언)을 외고, 해질녘에는 서명西銘(송나라 장재張載의 성리학 이론)을 외게 하였다. 장중하고도 엄숙하며, 정성스럽고 공손한 태도로 규칙과 법도를 잃지 않도록 하였다.

이 무렵 이승훈도 자신을 담금질하며 벼리고 가다듬느라 갖은 애를 썼고, 서대문 밖으로 나아가 심유를 손님으로 불러 활쏘기 대회를 열었다. 백여 명이 모이자 모두가 말했다.

"3대(하·은·주)의 의식과 문화가 찬란하게 다시 밝혀졌다."

그러자 소문을 듣고 뜻을 함께하려는 사람이 성대한 무리를 이루었다.

계묘년(1783, 손암 26세) 가을에 경의經義(경전의 뜻을 밝히는 과거 시험의 한 과목)로 진사가 되었다. 하지만 과거 공부는 가볍게 여기며 말씀했다.

"대과大科는 나의 뜻이 아니다."

일찍이 이벽李檗(다산의 맏형 정약현의 처남)을 따라 놀며 역수曆數에 관한 학설을 듣고는 《기하원본幾何原本》(청나라에서 번역한 서양 기하학 책)을 연구하고 그 심오한 이치를 파헤쳤다. 마침내 서교西敎(천주교)의 학설을 듣고는 기꺼이 좋아하였으나 몸소 따르며 믿지는 않았다.

경술년(1790) 여름에 금상今上(순조)께서 태어나셔서 증광별시增廣別試(나라에 큰 경사가 있을 때 치르는 임시 과거 시험)를 실시하였다. 공이 말씀했다.

"과거에 합격하지 않으면 임금을 섬길 길이 없다."

드디어 대책對策(과거 응시자가 임금의 물음에 대답하는 책략) 공부에 몰두하셔서 과거 시험장에 들어갔다. 책문策問(경전의 뜻이나 정치에 관한 견해를 묻는 과거 시험 문제)은 오행五行에 관한 것이었다. 공의 대책이 으뜸에 뽑혔다.

또 회시會試에서도 대책으로 합격하였다. 급제로 성과 이름이 발표된 뒤 승문원 부정자副正字로 보직을 받았다. 대신들이 또 초계抄啓(추천)하여 규장각에 소속되어 월과月課를 맡았다. 이때 약용은 이미 기유년(1789)에 선발되어 서열이 공보다 위에 있었다.

겨울이 되자 정조 대왕께서 말씀하셨다.

"형이 아우를 뒤따르게 하는 것은 곤란하다."

그리하여 규장각 월과를 그만두게 하였다.

공은 일이 없어 한가할 때면 날마다 한치응·윤영희·이유수·윤지눌 등과 즐겁게 지냈다.

을묘년(1795, 손암 38세) 가을에 박장설이 목만중의 사주를 받고 상소를 올려 이가환李家煥(성호 이익의 종손으로 남인이었으며 신유박해 때 순교)을 공격하며 말했다.

"이가환이 담당 시험관으로 책문을 내고 해원解元(장원, 곧 정약전)을 뽑을 때, 오로지 서설西說(서양학)을 주장하며 오행五行을 사행四行으로 만들었는데도 가환이 이를 으뜸으로 뽑았습니다. 남몰래 그의 문도를 합격시킨 것입니다."

말뜻이 매우 과격하고 각박했다. 임금님께서 시험 답안지를 가져다 두루 읽어 보시고 전교하시며 말씀하셨다.

"시험 답안지에서 사행이라고 한 것을 한 차례만 조사해서는 판단할 수 없노라. 오늘 임헌臨軒(평대)에 친히 나아가 앉아, 쌓여 있는 그 대책들을 가져다가 공령功令(과문科文)을 보았니라. 위아래로 글귀를 몇 차례씩 자세하게 훑어보았지만, 말한 자가 여차여차한 것처럼 비슷하게나마 의심할 만한 곳은 애초부터 없었니라.

처음에 오행을 말하고 다음에 금목金木 이행二行을 말하고, 다음에 수화토水火土 삼행三行을 말하고, 다음에 토土를 말해 사행에 붙이고, 또한 오행을 거듭 말하며 결론을 맺었다. 오행을 이행과 삼행으로 갈라서 말하였으니, 만약 망발이라 말한다면 흡사 그럴 수도 있겠다.

당나라의 일행一行은 책과 수레가 아직 서양과 교통하기 이전에, 팔백 년마다 하루의 착오가 생기는 대연력大衍曆의 잘못을 바로잡았다. 그렇다면 일행의 학문도 사학邪學으로 몰아붙이고, 일행의 역법조차도 또한 서법

西法으로 몰아붙일 수 있단 말인가? 이는 더구나 몹시도 허무맹랑한 말이니 유식한 선비라면 스스로 변론을 펼쳐 보도록 하라."

며칠 뒤에 약용이 쫓겨나 금정 찰방이 되었다. 임금님께서 전교하셨다.

"만약 눈으로 성인을 비방하는 글을 보지 않고 귀로 경전에 어긋나는 말을 듣지 않았다면 그의 형은 무죄이다. 그렇지 않다면 어찌 과거에 으뜸으로 뽑혔겠는가?"

이는 중씨仲氏(둘째 형님 정약전)를 빠져나가게 하기 위함이었다. 임금께서는 이 한 마디 말씀으로 우리 형제를 살려 주신 것이다. 그러나 공은 이 일에 연좌되어 벼슬길이 울퉁불퉁해진 탓에 뜻을 펼치지 못했다.

정사년(1797) 가을에 약용은 곡산 도호부사가 되어 나갔다. 겨울에 임금님께서 특별히 공이 실의에 빠져 있다고 염려하시어 마침내 몸소 사관史官 6품 벼슬을 내려 주시고, 다시 전조銓曹(문관을 가려 뽑던 이조吏曹와 무관을 가려 뽑던 병조兵曹)에 명하여 벼슬을 주도록 하셨다. 그리하여 성균관 전적典籍을 거쳐 병조좌랑이 되었다.

임금님께서 연신筵臣(임금에게 경전을 강의하는 벼슬아치)들에게 말씀하셨다.

"아무개(약전)의 준수하고 빼어난 풍채가 그 아우(약용)의 무미嫵媚(예쁜 자태)보다 더 낫다."

무오년(1798, 손암 41세) 겨울에 임금님께서《영남인물고嶺南人物考》를 편찬하도록 명하셨으니 공에 대한 관심과 아낌이 옅지 않았다.

기미년(1798) 여름에 대사간 신헌조가 조정에서 공을 논박하려고 하다가 임금님의 엄명으로 파직되어 쫓겨나긴 했으나, 이때부터 나날이 일이 순조롭지 못하였다. 그 다음 해에 임금님께서 승하하시고, 그 다음 해 신유년 봄에 재앙이 일어나 약용도 대계臺啓(사헌부·사간원에서 유죄로 인정하여 올리는 계사)로 인하여 옥에 갇히고 공 역시 체포되었다.

먼저 대책의 답안 건에 관해 심문하고 추고하였으나 옥사가 성립되지 않았다. 태비太妃(영조의 계비로 정조가 죽고 순조가 등극하자 수렴청정한 정순대비 김씨)가 죄질에 따라 적절히 처리하라는 명령을 내렸다. 옥사들이 판결하여 아뢰었다.

"정약전이 처음에는 서교에 빠졌으나 마침내는 뉘우친 것이 약용과 같사옵니다. 지난 을묘년에 있었던 흉측하고 비밀스러운 일에 대해서는 그가 전해 들은 것에 불과할 뿐 참견한 흔적이 없사옵고, 또 정약종이 어떤 이에게 보낸 편지에서 번번이 중씨仲氏(약전)와 계씨季氏(약용)가 서학을 함께 하지 않는 것이 한스럽다고 하였으니, 약전이 뉘우치고 깨달은 것은 의심할 바가 없사옵니다. 그러나 처음에 서교에 빠져 그릇된 말을 널리 퍼뜨린 죄는 모조리 용서하기 어렵사옵니다."

또 아뢰었다.

"처음에는 비록 미혹되어 빠졌으나 중도에는 잘못을 고치고 뉘우쳤다는 사실을 증명해 줄 만한 문적이 뚜렷하게 있사오니, 사형의 다음 형벌로 처벌해야 마땅할 것이옵니다."

마침내 공은 신지도로, 약용은 장기현으로 유배를 갔다.

이해 가을에 역적 황사영이 체포되어 황심黃沁(황사영과 함께 백서를 작성한 천주교 신자)의 백서(조선을 중국의 속국으로 만들거나, 서양의 힘을 빌려 조선 조정에 압력을 행사해 신앙의 자유를 얻게 해달라는 내용이 담긴 '황사영 백서')를 얻었다. 흉측한 꾀가 하늘을 가릴 정도였다. 그리하여 홍희운·이기경 등이 모의하여 말했다.

"봄에 있었던 옥사에서 죽인 사람이 비록 많으나 정약용 한 사람을 죽이지 못했으니, 우리들은 끝끝내 죽어 장사 지낼 곳도 없게 될 것이다."

그리하여 더러는 자신들이 손수 대계를 올리기도 하고, 더러는 당로當路(중요한 벼슬을 맡은 자)를 겁박하고 상소와 계를 올리게 하며 약전과 약용을 다시 잡아들여 국문하도록 주청하였다. 이치훈·이학규·이관기·신여권도 함께 잡아들이기를 아울러 주청하였으나, 그 본심은 오로지 약용을 죽이는 데 있었다.

그들이 말했다.

"저 여섯 사람은 역적과는 더러 가까운 혼인 관계이거나 더러는 가까운 친척 간이니, 흉측한 음모와 비밀스러운 계획을 반드시 알지 못했을 리가 없다."

재신宰臣 정일환이 말했다.

"저들의 이름이 역적의 입에서도 나오지 않았고 흉서(황사영 백서)에도 나오지 않았는데, '반드시 알지 못했을 리가 없다'는 말로써 그들을 얽어 넣어서야 되겠는가?"

정승 심환지가 말했다.

"역시나 그렇소."

그 봄 신유옥사 때 죄질에 따라 적절하게 처벌된 뒤에도 이기경 등이 계를 올려 그 처분을 거두고 다시 잡아다가 국문하라는 명령을 내려 달라고 주청하였다. 심환지가 이 상주서를 윤허해 주기를 청하여 여섯 사람을 잡아들였다. 이것이 이른바 겨울의 옥사다. 사건을 조사하였으나 증거가 없어 옥사가 또 성립되지 않았다.

이때 벗 윤영희가 우리 형제가 죽었는지 살았는지를 알려고 대사간 박장설의 집으로 탐문하러 갔다. 마침 홍희운이 왔으므로 윤영희는 옆방으로 숨었다. 홍희운이 벌컥 성질을 내며 집주인에게 괴팍스럽게 말했다.

"천 사람을 죽인들 정약용을 죽이지 않으면 무슨 소용이 있겠소?"

박장설이 대답했다.

"사람이 죽고 사는 문제는 본인에게 달려 있으니, 그가 살 짓을 하면 살고 그가 죽을 짓을 하면 죽는 법이오. 그가 죽을 짓을 하지 않았는데 어찌 그를 죽일 수 있단 말이오?"

홍희운은 약용을 죽일 논의를 하도록 권하였으나 박장설은 듣지 않았다. 그 이튿날 또 정순대비께서 적절한 처벌을 하라는 교지를 내렸다.

옥사들이 판결하여 아뢰었다.

"엎드려 대비마마의 교지를 받자오니 덕성스러운 뜻이 한량없이 넓사옵니다. 역적 황사영 흉서에 참가했거나 그 사실을 들었느냐의 여부로써 살리고 죽이는 한계를 분명히 하라고 전교하셨으니, 신들은 머리를 조아려 함께 읽으며 공경하는 마음 이루 말할 수 없사옵니다. 앞으로 하명을 따르는 일에 급급하여 감히 자세히 조사하여 논란하지를 못했사옵니다. 정약전 형제는 황사영의 흉서에 참가하거나 관여한 사실이 없으므로 둘 다 죽이지 말기를 청하옵니다."

마침내 공은 흑산도로 유배를 가고, 약용은 강진현으로 귀양을 갔다. 우리 형제는 나란히 고삐에 매이고 재갈에 물린 것처럼 함께 묶이어 귀양길을 떠났다. 나주성 북쪽 율정점에 이르러 손을 붙잡고 서로 헤어져 각자의 유배지로 향했다. 때는 신유년(1801) 11월 하순이었다. 이미 서로 헤어진 지 16년 뒤인 병자년(1816) 6월 6일에 흑산도 앞쪽 우이보牛耳堡(우이도에 있는 해안 초소)에서 겨우 59세의 나이로 생애를 마치셨다.

아, 슬프구나!

공은 섬으로 귀양을 온 뒤부터 더욱 술을 많이 드셨다. 오랑캐 같은 섬사람들과 한 무리가 되어 친하게 지내며 다시는 귀한 신분 행세를 하지 않고, 교만을 부리지도 않았다. 섬사람들이 몹시도 기뻐하며 앞을 다투어 으뜸으로 섬기었다.

그러는 동안 우이도(흑산도로 들어가는 입구에 있는 섬)에서 흑산도로 들어가서 사셨다. 약용이 석방의 은혜를 입었으나 또 대계로 인하여 정지되었다는 소문을 듣고 말씀하셨다.

"차마 나의 아우로 하여금 나를 보기 위하여 험한 바다를 두 번이나 건너게 할 수 없으니, 내가 우이도에 가서 기다릴 것이다."

장차 우이도로 돌아가려 하니, 흑산도 사람들 중 그 호걸들이 들고 일어나서 공을 꼼짝도 못하게 붙잡았다. 공은 은밀히 우이도 사람에게 배를 가지고 오게 하여 안개 낀 밤을 틈타 돛대를 내리고 첩과 두 아들을 싣고 우이도를 향해 떠났다. 안개가 걷히고 날이 밝았다. 흑산도 사람들이 이를 알아차리고는 급히 배를 타고 바다 한가운데까지 뒤쫓아 와서 공을 빼앗아 흑산도로 돌아가니 어찌할 도리가 없었다.

한 해가 지나도록 섬사람들에게 공이 약용과 형제간의 정의情誼를 애걸한 덕분에 겨우 우이도로 돌아올 수 있었다. 때마침 강준흠이 상소하여 형제의 상봉을 가로막자, 의금부에서도 해배 명령서를 보내지 못했다. 공이 우이도에서 나를 세 해 동안이나 기다렸으나 약용이 끝내 오지 않으니 마침내 공은 한을 품고 돌아가시고 말았다. 이미 돌아가신 뒤 또 세 해가 지나서야(1818), 겨우 율정의 길목을 지나 돌아올 수 있었으니 나쁜 놈들이 저지르는 착하지 못한 짓이 켜켜이 쌓임이 이와 같았다.

약용이 강진 다산초당에 있을 때 흑산도와는 바다 하나를 사이에 두고 서로 바라보는 곳이었다. 그러나 그 거리는 수백 리가 떨어져 있으므로 자주 편지로만 안부를 여쭈었다. 《주역사전周易四箋》이 완성되어 공께서 읽어 보시고 말씀하셨다.

"삼성三聖《주역》을 지은 복희, 문왕, 공자)의 마음속 은미한 뜻이 오늘날에 와서야 다시 찬란히 밝아졌다."

얼마 뒤 또 《역고易稿》를 보냈더니 공이 말씀하셨다.

"처음에 보낸 원고는 샛별이 동쪽에서 밝아 오는 것 같더니, 이번 원고는 해가 하늘 한가운데 떠 있는 것 같구나."

《상례사전喪禮四箋》이 완성되어 공께서 읽어 보시고 말씀하셨다.

"헝클어진 머리카락을 빗질해서 고르게 하듯, 깨끗이 헹구고 잘 삶아 내어 마치 장탕張湯(중국 한나라 때 옥사를 엄정하게 처리한 사법부 장관)이 옥사를 다스린 것과 같아 일마다 실정에 어긋나는 것이 없다."

《악서고존樂書孤存》이 완성되어 공께서 읽어 보시고 말씀하셨다.

"2천 년 동안이나 계속된 긴 밤의 꿈속에서 헤매던 대악大樂(원래 5경 중 하나인 《악서樂書》. 진시황의 분서갱유로 인해 전해지지 않음)이 지금에서야 혼이 돌아왔구나.

다만 양률陽律과 음려陰呂는 마땅히 천天(양)을 3, 지地(음)를 2로 하여 그

짝을 맞추어야만 한다. 황종黃鐘의 길이 8촌 1푼의 3분의 1을 빼고 난 나머지 5촌 4푼이 대려大呂이고, 대주大蔟의 길이 7촌 8푼의 3분의 1을 빼고 난 나머지 5촌 2푼이 협종夾鐘이고, 나머지도 모두 그러한 방법으로 되어야 한다. 12율律로 하여금 순서대로 내려가 서로의 차례가 되게 해서는 안 된다."

약용이 공께서 말씀해 주신 것을 조용히 헤아려 보니 참으로 바꾸지 못할 확실한 논리였다. 이에 지난번에 썼던 원고를 모두 버리고 공의 말씀대로 따랐다. 그리하여 《의례儀禮》 '정현鄭縣의 서序'와, 《주례周禮》 '고공기考工記'와, 《국어國語》·《좌전左傳》에서 무릇 의심스럽던 글이나 서로 맞지 않던 숫자가 모조리 다 완전히 신기하게 들어맞아 조금도 틀림이 없었다.

《매씨서평梅氏書平》이 완성되어 공께서 읽어 보시고 말씀하셨다.

"주자朱子는 '사청색청辭聽色聽(말하는 것을 듣고 얼굴빛을 보다)하여 계약 문서를 두루 조사해 보고 어음 증서를 정밀하게 살피면 송사하는 자가 불만을 터트리지 않는다'고 했다."

《사서설四書說》도 공께서 모든 편을 훑어보신 뒤 모두 다 인정하여 주셨다. 그런 뒤 넓게 배우고 들은 것이 많은 선비들이 모조리 의심스럽게 여기는 것들을 두루 가르쳐 주셨다.

오호, '같은 배에서 난 형제이면서 지기[同胞兄弟知己]'가 된 분으로는 온 천하에서 오로지 공 한 분뿐이었다. 약용이 외로운 신세가 되어 홀로 쓸쓸하고 기형적인 사람으로 지금까지 일곱 해 동안이나 살아 왔다. 그것이 어찌 슬프지 않겠는가.

공께서는 책을 편찬하거나 저술하는 데는 마음을 쓰지 않았기 때문에 저서가 많지 않다. 《논어난論語難》 2권, 《역간易柬》 1권, 《자산어보玆山魚

譜》 2권, 《송정사의松政私議》 1권만이 있는데, 이는 모두 귀양살이하시던 바다 한가운데서 지으신 것이다.

부인은 풍산 김씨로 사서司書 서구敍九의 따님이고, 이조판서 수현의 후손이다. 아들 학초學樵는 학문을 좋아하고 경전을 연구하였으나 장가들고 나서 요절하였다. 딸은 민사검에게 시집갔다. 첩에게서 두 아들 학소學蘇와 학매學枚 형제를 낳았다. 공의 널이 나주에서 옮겨 와, 충주 하담에 있는 선산의 동쪽 길 옛 무덤 옆 북쪽 방향 기슭에 장사를 지냈다.

명銘은 말한다.

사람들이 무리 지어 모여 있고
땅은 또 농사짓기에 마땅하니
날 선 쟁기 곧장 닿아
우선 이분의 묘지명을 얻으리
이곳은 철인哲人의 뼈가 묻힌 곳이니
드러나게 하지도 말고 범하지도 말라
예로부터 주공과 공자를 우러러
벗들 가운데 이분과 어울리지 못한 사람도 있었노라
봉록 받는 벼슬아치 무리들과 노닐기보다
박해 받는 자들을 고관대작 대하듯 하였노라

* 나라의 산림 정책을 비판한 글이다. 소나무 베는 것을 금지하는 국법이 왜 백성들에게 고통을 주는지를 상세히 묘사하고 그 대책을 논했다. 아직 책이 발견되지 않았고, 그 일부만이 《목민심서》에 인용되어 있다.

등용문으로 날아 조정에 들어갔으나
가로막는 자로 인해 큰 벼슬도 못하시고는
마침내 뒤집히는 불운을 만나
먼 바닷가 풀집으로 유배당하였으니
정통한 지식과 슬기로운 식견을
묵묵히 마음 깊이 간직했노라
이곳은 오로지 선영의 고을이라
멀고 먼 곳에서 찾아와 문혔노라

〈덧붙이는 한화閒話(그리 길지 않은 말)〉

지난 무술년(1778, 손암 21세) 겨울 아버님께서 화순 현감으로 계실 때 나는 손암과 함께 동림사東林寺에서 책을 읽으며 40일 만에《맹자》한 질을 모두 읽었다. 은미한 말과 오묘한 뜻을 공께서 적잖이 인정해 주셨다. 얼음물로 양치질하고 눈 내리는 밤에 잠을 이루지 못할 때면 늘 요임금과 순임금 시대의 군주와 백성의 뜻에 관해 이야기를 나누었다. 임인년(1783, 손암 25세) 가을에 우리 형제는 윤 아무개와 함께 봉은사에서 경의經義 과거 시험을 준비하다 열닷새 만에 집으로 돌아왔다.

그 이듬해 봄 백伯(약현), 중仲(약전), 계季(약용) 3형제가 함께 감시監試(초시)에 합격하고, 회시에는 나 홀로 급제하였다. 그해 가을에 손암께서 감시에 장원하고, 이어 또 높은 성적으로 회시에 급제하였으므로 영광스럽게 열상洌上(고향 마재)으로 돌아왔다. 좌랑 목만중, 교리 오대익, 장령 윤필병, 교리 이정운 등과 함께 배를 타고 멋지고 성대하게 노니 모든 사람들이 부러워하였다.

갑진년(1784, 손암 27세) 4월 15일에 맏형수의 제사를 지내고 우리 형제와 이덕조李德操(약현의 처남 이벽)가 한 배를 타고 물길을 따라 내려왔다. 이덕조에게 배 안에서 천지조화의 시작과 육신과 영혼의 생사에 대한 이치를 듣고는 황홀함과 놀람과 어리둥절함과 의아심을 이기지 못하니, 마치 《장자》에 나오는 하한河漢(은하수)이 끝이 없다는 것과 엇비슷하였다.

서울에 와서 또 덕조를 찾아가 《천주실의天主實義》와 《칠극七克》 등 여러 권의 책을 보고 흔쾌히 그쪽으로 쏠리기 시작했다. 그러나 이때는 제사를 폐해야 한다는 말이 없었지만 진산 사건이 발생한 신해년(1791) 겨울 이후로는 나라에서 서교를 금하는 일이 더욱 엄해졌다.

그리하여 (서교를 종교로 믿겠다는 쪽과 학문으로만 연구해야 한다는 쪽의) 경계가 마침내 달라지고 말았다. 다만 그 얽히고 매어진 것을 풀기가 어려웠다. 마치 칡이나 등나무가 얽힌 듯하여 화가 닥친다는 것을 또렷이 알았으나, 또한 피할 생각을 하지 않았다.

아! 골육이 서로를 해쳐 가면서까지 자신의 몸과 이름을 보존한 것과, 되어 가는 대로 받아들여 같이 엎어지고 뒤집히는 화를 당하여 천륜에 부끄럼이 없는 것이 어찌 같을손가? 후세에 틀림없이 그 마음을 알아줄 사람이 있을 것이로다.

— 〈선중씨묘지명先仲氏墓誌銘〉, 1816

그와 같은 세상에 같은 형제가 되어

정약전은 "무성한 수염에 풍채가 좋은 장비" 같은 외모였다. 정조가 두 형제를 두고 씩씩한 형이 아름다운 아우보다 더 낫다고 한 걸 보면, 약전은 남성적인 용모이고 다산은 단정하고 호리호리한 체형이 아니었을까? 겉모습만큼 성격도 달랐다. 다산은 "형님은 덕성이 깊고 통이 크며 학식도 깊어 나하고는 비교가 안 되지만, 부지런하고 민첩한 것은 나만 못했다"고 했다. 반면에 정약전은 "내 아우는 도량이 좁은 것이 유일한 흠"이라고 했다.

호탕하고 통이 큰 '호남형 대장부' 형님과 깐깐하고 명석한 '모범생' 아우는 어린 시절의 독서부터 마지막 귀양길까지 함께했다. 유배지에서도 편지를 주고받으며 학문을 토론한 평생의 지기였다. 호방하고 너그러운 형은 깐깐한 막내아우를 한없이 받아 주며 학문적 지지자가 되어 주었다.

다산이 쓴 복암 이기양의 묘지명에 이런 기록이 있다.

복암이 단천의 초가집에서 귀양살이 할 적에 이웃집 노파의 병수발을 하느라고 몸소 장마에 비가 새어 들고 흙탕물이 가득 찬 부엌까지 들어가 젖은 땔감을 부채질하며 죽을 쑤고, 변도 가리지 못하는 노파를 부축하여 공손한 말씨로 죽을 먹이는 광경을 정약전이 우연히 보았다. 이후 정약전은 늘 이 이야기를 사람들에게 들려주었고 모두들 마음속으로 탄복하였다.

정약전도 복암처럼 민중을 따뜻하게 대해 주는 품성이 갸륵해 유배지에서 이웃들의 호감을 사고, 호송하던 군관마저 울며 이별하게 만든 인품이었다. 다산이 아들에게 보낸 편지에서 다음처럼 쓴 까닭도 바로 이 때문이다.

"귀양살이하는 사람이 한 섬(흑산도)에서 다른 섬(우이도)로 옮겨 갈 때 본래 있던 곳의 섬사람들이 길을 막으며 더 있어 달라고 애걸했다는 말은 우리 형님 말고는 들어 본 적이 없다."

다산은 젊을 적에 미치광이처럼 지내는 정약전의 술친구들을 못마땅해 했지만, 정약전은 "너는 아무개 상서尙書, 아무개 시랑侍郞과 좋아 지내고 나는 술꾼 몇 사람과 이처럼 미친 듯 지내지만 화가 닥치면 어느 쪽이 배반하지 않을지는 알 수 없는 일"이라고 말했다. 과연 신유박해 때 그 술친구들은 평소처럼 정약전을 따뜻하게 대우했다. 이를 보고서 다산은 "아, 바로 이 점이 내가 형님께 못 미치는 점"이라고 고백했다.

유배를 떠나면서 형은 섬으로, 아우는 육지로 헤어졌다. 강진에서 경서 연구에 몰입한 다산은 책을 지을 때마다 뱃사람을 통해 둘째 형에게 보내어 자문을 구했다. 비록 약전은 동생보다 저술 활동에 힘을 기울이지 않았지만, 동생의 책이 오면 반드시 꼼꼼하게 읽어 보고 평어를 보내지 않은 적이 없었다. 두 사람은 유배 생활 내내 서로를 그리워했다.

그런데 귀양살이 16년째인 1816년 6월 6일, 정약전이 59세로 병사했다. 다산의 글에도 나와 있듯이, 정약전은 유배지인 우이도에서 흑산도로 들어가 살다가 동생의 해배 소식을 들었다. 그리고 "나의 아우로 하여금 나를 보기 위하여 험한 바다를 두 번이나 건너게 할 수 없다"며, 흑산도 주민들의 반대를 무릅쓰고 우이도로 건너와서 동생을 기다렸다. 그러나 풀려나기로 한 다산은 강준흠의 상소에 막혀 해배되지 못했다. 손암은 우이도에서 세 해 동안 아우를 기다리다 세상을 떠났다.

다산초당에서 형의 부음을 들은 다산은 목 놓아 울며, "율정에서의 이별이 끝내는 죽을 때까지 만나 보지 못하는 천고의 이별이 되고 말았구나! 〔栗亭之別 遂成千古〕"라고 탄식했다. 각자의 유배지로 떠나면서 나주 율정점에서 본 것이 마지막이 된 것이다. 다산이 두 아들에게 보낸 편지에도 가슴에 사무친 슬픔이 드러난다.

오호라— 어질면서도 곤궁함이 이와 같을 수 있는가? 원통하여 무너지는 가슴을 호소하니 목석도 눈물을 흘리는데, 다시 무슨 말을 하겠느냐?
외로운 천지 사이에 우리 둘째 형님 손암 선생만이 나의 지기였는데, 이제는 그분마저 잃고 말았다. 앞으로는 비록 깨달은 바가 있다 하더라도 누구에게 입을 열어 보겠느냐?
사람이 자기를 알아주는 이가 없다면 죽느니만 못한 것이다. 아내도 나를 알아주지 못하고, 자식도 나를 알아주지 못하고, 형제 종족들이 모두 나를 알아주지 못하는 처지에 나를 알아주던 우리 형님이 돌아가셨으니 어찌 슬프지 않으랴? 경집 240책을 새로 장정하여 책상 위에 두었는데 나는 이 저술을 불살라야 한단 말인가? 율정에서의 이별이 끝내는 죽을 때까지 만나 보지 못하는 천고의 이별이 되고 말았구나!"

— 〈두 아들에게 부치다〔寄二兒〕〉, 1816

천주교는 다산과 그 형제들의 운명을 갈라놓았다. 다산의 글에도 나오는 '진산 사건'(1791) 이후로 나라에서는 천주교를 더욱 엄격히 금했다. 이때 정약종·황사영·이승훈·이벽 등은 천주교를 계속 믿는 쪽으로, 정약전·정약용·이가환 등은 천주교에서 마음을 끊는 쪽으로 나뉘어졌다. 결국 외종 윤지충, 셋째 형 정약종, 정약종의 아들 철상, 자형 이승훈, 조카사위 황사영 등 다산의 형제 친척들이 천주교로 인해 죽음을 맞았다. 피붙이들이 나를 알아주지 않는다는 것은 여기서 나온 말이다.

다산의 글에는 외딴 흑산도에서 외롭고 고달프게 귀양살이를 하는 둘째 형님에 대한 걱정과 안타까움이 곳곳에 드러나 있다. 형님의 건강을 걱정하여 개고기 요리법을 글로 알려 주는가 하면, 다음 시의 내용처럼 옴 치료에 도움이 되는 약을 보내 주기도 했다. 시에는 이런 부제가 붙어 있다.

"내가 앓고 있는 고질적인 부스럼과 옴이 요즈음에는 더더욱 심해져 손수 신이고를 만들어 바르고 나았으므로 자산 형님에게도 나누어 부쳐 주었다.〔餘宿疾瘖疥, 近益熾苦, 手製神異膏以療之, 分寄玆山〕"

여기서 '자산玆山'은 흑산이다. 정약전은 《자산어보》 서문에서 "자산은 흑산黑山이다. 나는 흑산도에 유배되어 있어서 흑산이란 이름이 무서웠다. '자玆' 자는 '흑黑' 자와 같다"고 했다.

> 옴 근질근질 늙도록 낫지 않아
> 몸뚱이를 찻잎처럼 찌고 쬐고 다해 보았네
> 싱거운 물 데워 소금 넣어 씻어 내고
> 썩은 풀 묵은 뿌리 뜸도 자못 떴네
> 벌집을 촘촘히 걸러 그 즙을 짜내고
> 뱀 허물 재가 될까 두려워 살짝만 볶았네
> 단사 넣어 이미 만든 약 동병상련이라

자산 형님의 심부름꾼 오기만을 기다리네 　　　　留待玆山使者來
　　　　　　　　　　　　　　　　　　　- 〈유합쇄병을 부쳐 온 운에 화답하다(和寄鎦合刷甁韻)〉

　다산이 경전을 해석하며 새로운 깨달음을 얻으면, 이를 마음 놓고 보여주며 평가받을 수 있는 사람은 정약전밖에 없었다. 정약전이 다산의 《주역사전》에 붙인 서문을 보면, 둘은 진실로 형제이면서도 지기였음을 절절히 느낄 수가 있다.

　그가 젊어서 성균관에 다닐 적에는 과거 시험의 문체로 세상에 이름을 떨쳤으니, 나는 그를 재치가 번뜩이는 재사才士로 여겼다. 장성하여 규장각에 출입하면서 문학으로 명철한 임금을 섬기게 되었을 때는 나는 그를 문장과 경학을 겸비한 선비라고 여겼다. 지방의 수령으로 나가 행정을 담당하면서는 크고 작은 안팎의 일이 모두 지극한 성과를 이루었기에 나는 그를 재상이 될 만한 그릇이라 여겼다.
　만년에 바닷가에 귀양을 가서 《주역사해周易四解》를 지었는데, 나는 처음에는 놀라고 그 다음에는 기뻐하다가 마침내 나도 모르는 사이에 무릎이 꿇어질 뿐만 아니라, 그를 어디에 비겨야 할지 몰랐다…….
　다만 내가 섬에 유배되어 죽을 날이 멀지 않았지만, 그와 같은 세상에 같은 형제가 되어 이 책을 읽고서 이 책의 서문을 쓸 수 있는 것만으로도 이 얼마나 좋은 일인가.
　나는 진실로 유감이 없도다! 아아, 그 또한 아무 유감이 없을 것이다.
　　　　　　　　　　　　　　　　　- 손암 정약전, 〈주역심전서周易心箋序〉, 1808

돈을 간직하는 최고의 방법은 나눔이다

남을 먼저 도운 적이 있느냐

1801년의 신유박해는 다산의 집안을 쑥대밭으로 만들었다. 다산의 일가친척 중 그 피해를 입지 않은 이를 찾기가 어려울 정도였다. 신유박해 때 처형된 사람은 백여 명이고, 4백여 명이 유배를 당했다. 겉보기에는 급격히 교세를 불려 가는 서학(천주교)에 위협을 느낀 지배층의 종교탄압이었지만, 그 속내를 보면 정조의 승하로 다시 정권을 잡은 노론 세력이 다산이 속한 남인과 진보 세력을 찍어 누른 정치 탄압이었다.

다산은 강진 유배지에서 두 아들 학연과 학유에게 편지를 보낸다. 그런데 그 내용이 반대 세력을 원망하거나, 자신은 억울한 정치적 희생양이라고 한탄하는 것은 아니었다. 이제 집안이 몰락하여 폐족廢族(조상이 큰 죄를 짓고 죽어 그 자손이 벼슬을 할 수 없게 된 가문)이 되었으니, 경제적 자립을 해야만 당당하고 꿋꿋한 선비가 될 수 있다고 당부한다. 그러면서 구체적인 자립 방법으로 과수원이나 채마밭을 가꾸라고 권한다. 비용이 얼마 들지 않지만 근본을 북돋고 삶의 운치도 더해 주며, 군색하지 않게 삶의 품위를 지킬 수 있다는 것이다.

이 얼마나 실학자다운 현실적인 조언인가. 비록 멸문지화를 당하였다손 치더라도 살아남은 가족들은 어떻게든 먹고살아야 한다. 그런데 당시의 사회 분위기상 양반이 호구지책으로 장사를 하거나 수공업에 종사하거나 농사를 짓기는 어려웠다. 그러면 살림살이가 기울어 먹고살기 어려운

데 어떻게 해야 한단 말인가? 다산은 양반의 허위의식 따위는 던져 버리고 실질적으로 먹고살 궁리를 하라고 당부한다.

과수원이나 채마밭을 가꾸면 그 생산물로 반찬을 만들어 먹을 수 있고, 그것을 내다 팔아 가정경제에 보탬이 될 수도 있다. 이는 이끗만을 따지는 속물적 삶으로 떨어지는 게 아니라, 정직하게 노동하여 그 대가를 취하는 것이다. 허울 좋은 양반 선비이기 이전에 한 인간으로서 먼저 당당한 생활인이 되라는 아버지 다산의 깊은 속내였다.

다산은 〈다시 윤혜관을 위해 주는 말〔又爲尹惠冠贈言〕〉에서도 벼슬길이 끊겼는데 양반이랍시고 체면만 지키며 처자식을 굶기지 말고, 채마밭에 채소라도 길러 생활의 방편을 마련하는 것이 "가난한 선비가 마땅히 알아 두어야 할 일"이라고 말했다. 윤혜관(윤종문)은 다산의 외척이자, 다산이 강진 초당에 머문 11년간 다산에게 가르침을 받은 18계 제자 중 한 명이다. 다산의 말은, 사인士人층도 마땅히 어떤 식으로든 경제활동을 해야 한다는 근대적인 발상이다.

연암 박지원의 소설 〈양반전〉에는 양반이 되면 지켜야 할 34개 항목이 나오는데, 이 중 열네 번째가 '손으로 돈을 집어서도 안 된다〔手母執錢〕'는 것이다. 다산은 이처럼 돈벌이를 비루하게 여기며 군자입네 성인입네 입으로 떠드는 것을 도리어 염치없는 짓이라고 여겼다.

> 너희들은 편지에서 항상 일가친척 중 한 사람도 돌봐 주고 도와주는 사람이 없다고 푸념하더구나. 더러는 신세가 거친 물결 위에 떠 있는 것 같고, 더러는 꼬불꼬불 길고 긴 험악한 길을 살아간다느니 한탄하는데, 이는

모두가 하늘을 원망하고 사람을 미워하는 말투니 크나큰 잘못이다.

한참 벼슬할 때에는 내가 조금이라도 근심과 질병이 있을 적마다 다른 사람들이 돌봐 주었다. 날마다 찾아와서 안부를 묻는 사람도 있었고, 다독거리며 안아 주는 사람도 있었고, 약을 보내 주는 사람도 있었으며, 양식을 대어 주는 사람도 있었다.

너희는 이러한 일들이 눈에 익어서 다른 사람이 은혜를 베풀어 주기만 바라며, 가난하고 낮은 사람의 본분을 모르고 있는 것 같다. 예로부터 가난하고 낮은 사람은 원래 다른 사람이 나서서 도와주지 않는 법이란다.

더구나 우리 일가친척은 서울과 시골에 뿔뿔이 흩어져 있어 서로 베푸는 온정이 없었다. 요즘 같은 세상에 서로 다투지 않는 것만도 후덕한 일인데, 어찌 돌봐 주고 도와주는 것까지 바랄 수 있겠느냐?

하물며 너희는 지금 비록 이처럼 초라한 폐족 신세가 되었지만, 다른 일가들에 비하면 오히려 부자라고 할 수 있다. 다만 저들까지 돌볼 힘이 없을 뿐이로구나. 몹시 가난하지도 않고, 또 남을 돌볼 힘도 없으니 그야말로 다른 사람의 보살핌까지 받을 처지는 아닌 것이다.

무릇 일은 안방 아낙네들로부터 일어나니 마음에 두어 슬기롭게 조치하고, 다른 사람이 은혜를 베풀어 주기를 기대하는 생각을 마음속에서부터 끊어 버린다면 저절로 심기가 화평해져서 하늘을 원망하고 남을 탓하는 병통이 없어질 것이다.

여러 집 가운데 며칠째 밥을 짓지 못하는 사람이 있을 텐데 너희는 쌀되라도 조금치 내어 굶지 않게 해 준 적이 있는지 모르겠구나. 눈이 쌓여 꽁꽁 얼어붙은 날에 너희는 장작개비라도 나눠 주어 추위에 떠는 사람을 따뜻하게 해 주고, 병이 들어 약을 복용해야 하는 사람이 있을 때 열 푼이나 스무 푼 어치의 약이라도 달여 낫게 해 주고, 늙고 곤궁한 사람이 있으면 때로 찾아가 문안을 드리고 공손하게 모신 적이 있는지 궁금하구나.

근심 걱정에 싸여 있는 집에 가서는 얼굴빛을 달리하고 깜짝 놀란 눈빛으로 그 고통을 나누고 그들과 함께 나누어 잘 처리할 방도를 의논해 본 적이 있는지도 모르겠구나. 이런 일들을 한 적도 없으면서 어찌하여 다른 집에서 너희가 급할 때 흠칫 놀라 달려와, 너희의 어려움을 서둘러 도와주길 바랄 수 있겠느냐?
— 〈두 아들에게 부치다〔寄兩兒〕〉, 1802

〈두 아들에게 부치다〔寄兩兒〕〉(1802)는 다산이 강진 유배지에서 두 아들에게 보낸 편지글이다. 이 서신들을 보면 다산이 얼마나 실용적인 사람이고, 형편에 맞지 않게 겉만 번드르르하게 꾸미는 허례허식을 싫어했는지를 알 수 있다. 〈두 아들에게 부치다〉에는 '참다운 공부법', '허례허식을 경계하라', 《제경》을 만드는 법', 《사기》 읽는 법', '일본과 중국의 학문 경향', '사대부의 기상' 등 여러 가지 내용이 나온다. 특히 가정경제와 남을 돕는 처신에 관한 대목은 오늘날의 현실에 대입해 보아도 전혀 위화감이 없다. 다음은 〈두 아들에게 부치다〉에서 처신과 경제에 대한 내용만 가려 뽑은 것이다.

내가 다른 사람에게 베풀지 않은 것을 가지고 다른 사람이 먼저 나에게 베풀어 주기를 바라는 것은, 너희의 오만함이 아직도 뿌리 뽑히지 않아서이다. 지금부터는 평상시에 일이 없을 때라도 항상 공손하고 화목하고 삼가며, 자기 마음을 다하여 다른 일가들을 기쁘게 하도록 하여라. 그러나 마음속으로 보답을 받을 생각일랑 절대로 갖지 말아야 한다.

훗날 너희에게 근심거리가 있는데도 다른 사람이 설사 보답하지 않더라도, 부디 원망을 품지 말고 바로 미루어 살피고 너그럽게 용서하는 마음으로, '저 사람이 마침 피치 못할 사정이 있거나, 아니면 힘이 닿지 않아서 저렇구나!'라고 짐작할 뿐, 가벼운 농담일망정 '나는 일찍이 이리저리 해 주었는데 저 사람은 이렇구나!' 하는 소리를 입 밖에 내뱉지 말아야 한다.

이런 말이 일단 나오게 되면 그동안 쌓아 놓은 공덕이 하루아침에 그 말 한 마디로 인해 바람에 날리는 재가 되어 날아가 버리고 말 것이다.

너희는 주위에 친척들이 없는 곳에서 자랐지만 봄바람처럼 온화한 가운데서 행복하게 살아왔기 때문에, 무릇 아들이나 아우가 되어 아버지나 형님을 섬기는 도리와 집안 어른들을 섬기는 예법에 대해서 일찍이 보고 듣지 못하였을 것이다. 게다가 사람이 곤궁한 처지에서 어떻게 처신해야 하는지도 익히지 못하였다.

그런 까닭에 내 몸과 마음을 다해 남을 대할 줄도 모르고, 다른 사람이 먼저 나에게 도움을 주기를 바라고, 집안에서 마땅히 해야 할 행실도 닦지 않고 이웃 사람들의 칭찬만을 바라니 그래서야 되겠느냐?

무릇 스스로 할 일을 다 하고, 하지 말아야 될 일은 삼가며 살아도 집안 어른이나 형님들은 노여움과 불평이 쌓여 있을 수 있단다. 다만 마음속에 삭여 두고 밖으로 드러내어 내색하지 않을 뿐이란다. 그러다가 너희가 찾아와서 무엇을 바라는 일이 있으면, 그동안 마음속에 쌓여 있던 한 덩어리의 못마땅함이 자기도 모르게 폭발할 수 있는 것이다.

그런데 너희는 다만 눈앞의 일만을 가지고 의심하기 때문에 '이 일로 내가 무슨 잘못을 하였기에 어찌하여 이와 같이 처리하시는가?'라고 서운해 하겠지만, 사실은 오래전의 잘못 때문이지 비단 지금 눈앞에 저지른 잘못 탓만은 아니란다. 곰곰이 헤아려 보아 행실을 돈독히 닦아서 집안 어른들의 마음을 기쁘게 하길 바란다.

시골에 살면서 원포園圃(과수원이나 채마밭)를 가꾸지 않는다면 천하에서 버림받은 사람이다. 나는 국상으로 경황이 없는 와중에도 만송蔓松(덩굴소나무) 열 그루와 전나무 두 그루를 심었다. 만일 지금 내가 집에 있었다면 뽕나무가 수백 그루에 접붙인 배가 몇 그루요, 옮겨 심은 능금도 몇 그루는 되었을 것이다.

닥나무는 지금쯤 이미 밭을 이루었을 것이고 말이다. 옻나무도 다른 밭두렁으로 뻗어 나갔을 것이고, 석류도 벌써 여러 그루이고, 포도도 군데군데 줄을 타고 덩굴이 뻗어 몇 시렁은 되었을 게다. 파초도 네댓 뿌리는 되었겠지. 쓸모없는 땅에서는 버드나무가 대여섯 그루 자랐을 테고, 유산酉山(마을 뒷산)의 소나무도 이미 몇 자는 자랐을 게다. 너희는 이러한 일 가운데 하나라도 몸소 해 보았느냐?

너희가 국화를 심었다고 들었다. 국화 한 두둑이면 가난한 선비의 몇 달 치 식량이 될 수 있다. 한갓 꽃구경에만 머무는 것이 아닌 게다. 생지황·끼무릇·도라지·천궁川芎 따위와 쪽풀과 꼭두서니 따위에도 모두 마음을 기울여 잘 가꾸어 보도록 하여라.

채마밭을 가꾸는 요령은 모름지기 아주 평평하고 반듯하게 해야 한다.

흙손질도 몹시 곱고 길게 하여 분가루처럼 부드럽게 해야 한다. 씨는 늘 고르게 뿌려야 하며, 모종은 아주 성기게 해야 한다. 아욱 한 이랑, 배추 한 이랑, 무 한 이랑씩을 기르고, 가지나 고추 따위는 마땅히 따로따로 구별하여 심어야 한다. 하지만 마늘과 파를 심는 데 가장 힘을 기울이는 것이 좋다. 미나리 또한 심어 볼 만하다.

또 한여름 석 달 농사로는 참외만 한 것이 없다. 비용을 절약하면서 천하의 근본인 농사에 힘쓰고 아울러 아름다운 이름마저 얻을 수 있을 것이 바로 이러한 일이란다.

생계가 먼저고 공부는 그 다음이다

다산은 귀양지 강진에서 1808년부터 1810년까지 두 해에 걸쳐 '두 아들 학연과 학유에게 내려 준 가계' 아홉 편을 보냈다. '가계家誡'란 가훈이다.

1808년 둘째 아들 학유가 8년 만에 유배지로 아버지를 뵈러 왔다. 유배된 이후 처음이었다. 열네 살 때 헤어진 아들이 스물두 살 청년이 되어 나타나니 대견하고 신기할 따름이었다. 아들을 만난 다산은 "눈언저리는 내 아들 같기도 하나, 수염은 딴사람 같네."라고 술회했다.

이후 두 아들은 번갈아 다산초당을 드나들며 공부하고, 다산의 강진 제자들과 사귀며 저술 사업을 돕기도 하였다. 유배지에서 핍진하게 살아가는 터라, 다산은 두 아들이 돌아갈 때 달리 손에 쥐어 주거나 보태 줄 것이 없었다. 그래서 노잣돈 대신에 아버지로서 줄 수 있는 훈계를 주었다. 가령〈학유를 전별하며 주는 가계[贐學遊家誡]〉등이 이에 해당한다.

그중 생계를 꾸리는 방법과 재물관, 부의 증식, 가정경제 관리법, 근검절약의 미덕, 경제철학에 관련된 부분만 가려 뽑았다.

出세에도, 경제에도 마음을 두어라

무릇 사대부 집안의 법도는 바야흐로 뜻을 이뤄 벼슬길에 나갔을 때 서둘러 산비탈에 셋집을 내고 살면서 숨어 사는 선비의 즐거움을 잃지 말아야 하는 것이다. 그러다가 벼슬길에서 떨려 나면 서둘러 서울 언저리에 기대어 살면서 번성하는 문화의 안목을 잃지 않도록 하라.

나는 지금 죄인 명부에 이름이 올라 있는 탓에 너희에게 우선은 시골집에서 숨어 지내도록 하였다만, 앞으로의 계획인즉슨 오로지 서울에서 십 리 안에서만 살게 하는 것이다. 만일 가세가 더욱 기울어 서울 도성 안으로 깊이 들어갈 수 없게 되면, 모름지기 잠시 근교에 머물며 과일을 심고 야채를 기르며 생활을 도모하도록 하여라. 재산이 조금 불어나면 바로 도성 한복판으로 들어가도 늦지 않을 것이다.

화와 복의 이치에 대해서는 옛날 사람들도 의심해 온 지 오래되었다. 충과 효를 실천한다 하여 반드시 재앙을 면하는 것은 아니다. 하지만 착한 행동을 하는 것은 복을 받을 수 있는 마땅한 길이므로, 군자는 애써 착하게 살아갈 뿐이다.

예로부터 화를 입은 집안의 남은 자손들은 반드시 높이 날고 멀리 숨어, 오직 산속 깊이 들어가지 못하는 것만을 걱정하였다. 하지만 끝장에 이르러서는 노루나 산토끼처럼 문명에서 멀어진 무지렁이들이 될 뿐이다.

무릇 부귀하고 권세가 있는 집안의 자식들은 재난이 화급한데도 아무런 걱정이 없는 반면에, 몰락하여 버림받은 가문의 가족들은 태평한 세상인데도 언제나 걱정이 있는 것처럼 말한단다. 그 까닭을 헤아려 보자꾸나.

대체로 그늘진 벼랑이 있는 깊숙한 골짜기에서는 문명의 햇살을 쬘 수가 없고, 함께 지내는 사람들도 모두 버림받고 벼슬길이 막혀 원망하고 지내는 부류들이기 마련이다. 그러므로 그들이 가진 견문이란 실속이 없고 비루하고 편벽한 이야기들뿐이다. 때문에 한번 멀리 떠나면 영영 다시 돌아올 수 없는 것이란다.

진실로 너희에게 바라노니, 항상 심기를 화평하게 가져 벼슬길에 오른 사람들과 다르게 생활하지 말거라. 그리하여 아들이나 손자 대에 가서는 과거에 응시할 수 있고 나라를 경륜하고 세상을 구제하는 일에 뜻을 두도록 하며, 경제에도 정신을 기울일 수 있도록 해야 한다.

하늘의 이치는 돌고 도는 것이니, 한 번 쓰러졌다 하여 결코 일어나지 못하는 것은 아니다. 만약 하루아침의 분노를 견디지 못하고 서둘러 먼 시골로 이사를 가 버리는 사람은 천한 무지렁이로 끝나고 말 뿐이다.

— 〈두 아들에게 보여 주는 가계[示二兒家誡]〉, 1810년 초가을 다산동암茶山東庵에서

재물은 미꾸라지다

세상에 옷이나 먹을거리, 재물 따위는 대수롭지 않고 가치가 없는 것이다. 옷은 입으면 해어지기 마련이고 먹을거리는 먹으면 썩기 마련이다. 재물 또한 자손에게 물려준다손 치더라도 끝내는 탕진하여 모래알처럼 흩어지고 만다. 오로지 몰락한 친척이나 가난한 벗에게 나누어 주는 것만이 영원히 없어지지 않을 것이다.

의돈猗頓(춘추시대 노나라의 부호)이 창고 속에 감춰 둔 보물은 지금 흔적이 없지만, 한나라의 소광疏廣이 태자의 스승으로 있다가 사직하고 돌아올 때 엄청난 황금을 하사받았으나 날마다 술잔치를 벌여 탕진한 이야기는 지금까지도 전해 오고, 금곡金穀(진晉나라의 부호 석숭石崇의 별장이 있던 곳)의 화려한 비단 장막도 이제는 티끌로 변했으나, 송나라 재상 범중엄이 배에

보리를 실어 친구를 도운 미담은 아직도 많은 사람들의 입에 오르내린다.

왜냐하면 형체가 있는 것은 부서지기 십상이고, 형체가 없는 것은 없애기가 어렵기 때문이다. 스스로 자기 재물을 쓰는 것은 형체로 쓰는 것이고, 남에게 재물을 베푸는 것은 마음으로 쓰는 것이다. 형체를 형체로 누리면 다 닳아 없어지기 마련이나, 형태 없는 것으로 정신적인 즐거움을 누린다면 변하거나 없어질 까닭이 없지 않느냐.

무릇 재물을 비밀스레 간직하는 방법으로 남에게 베푸는 것보다 더 좋은 게 없단다. 도둑에게 빼앗길 염려도 없고, 불에 타 버릴 걱정도 없고, 소나 말이 운반해야 할 수고로움도 없다. 더욱이 죽은 뒤까지 제 몸에 늘 재화를 지니고 다니며 천년토록 꽃다운 명성을 전할 수 있으니, 세상에 이보다 더 큰 이익이 어디에 있겠느냐? 꽉 쥐면 쥘수록 더 미끄럽게 빠져나가니, 재물이란 미꾸라지란다.

- 〈두 아들에게 보여 주는 가계〔示二兒家誡〕〉, 1810년 9월

'근과 검' 두 글자를 유산으로 물려주마

어느 날 저녁 무렵에 숲 속을 거닐다가 우연히 한 어린아이가 우는 소리를 들었다. 숨이 넘어가듯 울어 대며 참새가 뛰듯 팔짝팔짝 뛰고 있어서, 마치 여러 개의 송곳으로 뼛속을 찌르는 듯하고, 방망이로 가슴을 마구 얻어맞는 듯하고, 금방이라도 목숨이 끊어질 듯 비참하고 절박하기 이를 데 없었단다.

왜 그렇게 우는지 그 까닭을 물었구나. 그 아이가 하는 말이, 나무 아래

서 밤 한 톨을 주웠는데 어떤 사람이 그걸 빼앗아 갔다고 하더구나.

아아! 천하에 이 어린아이처럼 울지 않을 사람이 몇이나 있겠느냐? 저 벼슬을 잃고 권세를 잃은 사람들, 돈을 손해 본 사람들과 자손을 잃고 거의 죽을 지경에 이른 사람들도 달관한 경지에서 본다면, 모두 한 톨의 밤에 울고 웃는 것과 같구나.

나는 논밭을 너희에게 남겨 줄 수 있을 만한 벼슬도 하지 못했고, 오로지 정신적인 부적 두 자를 마음에 지녀 삶을 넉넉히 하고 가난에서 벗어날 수 있었기에, 이제 너희에게 그것을 주노니 너희는 너무 야박하다고 하지 마라.

한 글자는 '근勤'이요, 또 한 글자는 '검儉'이란다. 이 두 글자는 좋은 논밭이나 기름진 땅보다 더 나은 것이니 평생 동안 써도 다 닳지 않을 것이다.

'부지런함〔勤〕'이란 무얼 말하겠느냐?

오늘 할 수 있는 일을 내일로 미루지 말며, 아침에 할 수 있는 일을 저녁 때까지 미루지 말며, 갠 날에 해야 할 일을 비 오는 날까지 끌지 말며, 비 오는 날에 해야 할 일을 날이 갤 때까지 끌지 말아야 하는 거란다. 늙은이는 앉아서 감독하고 어린 사람들은 몸소 행동으로 어른의 감독을 실천에 옮기고, 젊은이는 힘든 일을 맡고 아픈 사람은 집을 지키는 일을 하며, 아낙네는 길쌈을 하느라 한밤중이 넘도록 잠을 자지 않아야 하는 거란다. 이렇게 집안의 위아래, 사내와 아낙이 한 사람도 놀고먹는 식구가 없게 하고 한순간도 한가롭게 보내는 시간이 없도록 하는 것을 부지런함이라 한다.

'검소함〔儉〕'이란 무엇이겠느냐?

옷은 다만 몸을 가리는 것만을 취할 뿐이니, 가는 베로 만든 옷은 해어지면 세상에 둘도 없이 볼품없어진다. 그러나 거칠고 값싼 베로 짠 옷은 비록 약간 해지고 닳아도 볼품없진 않다. 한 벌의 옷을 만들 때마다 모름지기 이후에도 계속 입을 수 있는지를 생각해야 하는데, 만일 그렇게 하지 못하여 가늘고 고운 베로 아름답고 곱게만 짜면 빨리 해질 뿐이다. 생각이 여기에 미치면, 곱고 비싼 베를 버리고 투박하고 질긴 베로 만들지 않을 사람이 없을 것이다.

먹거리란 생명만 연장하면 되는 거란다. 온갖 맛있는 횟감이나 생선도 입 안으로 들어가기만 하면 더러운 물건이 되어 버리므로 목구멍으로 넘기기도 전에 벌써 사람들은 싫어하지 않느냐?

사람이 천지간에 살면서 귀히 여기는 것은 정성스럽기 때문이니, 조금이라도 속임이 있어서는 안 된다. 하늘을 속이는 것이 가장 나쁘고, 임금을 속이고 어버이를 속이는 데서부터 농부가 농부를 속이고 상인이 상인을 속이는 데에 이르기까지 모두 죄악에 빠지는 것이다.

오직 속일 수 있는 일이 하나 있다면 바로 자기 입과 입술이다. 아무리 맛없는 음식도 맛있게 생각하여 입과 입술을 속여서 잠깐 동안만 지내고 보면 배고픔은 가셔서 주림을 면할 수 있을 것이니, 이러해야만 가난을 이기는 방법을 터득하는 거란다.

올 여름에 내가 다산茶山(차나무가 많은 만덕산의 별칭)에서 지내며 상추로 쌈을 싸서 먹으니 구경하던 옆 사람이 이렇게 묻더구나.

"상추로 쌈을 싸서 먹는 것과 김치로 담가 먹는 것은 무슨 차이가 있습니까?"

그래서 내가 대답했다.

"이건 나의 입을 속여서 먹는 방법일세."

적은 음식을 배부르게 먹는 방법에 대하여 이야기해 준 거란다. 너희는 어떤 음식을 먹을 때마다 모름지기 이런 생각을 가져라. 맛있고 기름진 음식만 먹으려고 애써 봤자 마침내는 변소에 가서 대변보는 일에 힘을 소비할 뿐이다.

이러한 생각은 눈앞의 궁한 처지를 극복하는 방편일 뿐 아니라, 귀하고 부유함이 극도에 다다른 사람이나 선비들이 집안을 다스리고 몸을 바르게 하는 방법이기도 하다.

'근과 검' 이 두 글자가 아니고서는 가난을 이겨 낼 길이 없을 것이니, 너희는 반드시 가슴 깊이 새겨 두도록 하여라.

— 〈또 두 아들에게 보여 주는 가계(又示二子家誡)〉, 1810

모든 식구에게 일을 맡겨라

옛날에 어진 임금들은 사람을 쓰는 데 지혜가 있어 적재적소에 배치하였다. 눈이 먼 장님에게는 음악을 살피게 하고, 절름발이에게는 대궐 문을 지키게 하며, 환관들로 하여금은 후궁의 처소를 출입하게 하였다. 곱사등이 · 불구자 · 허약자 등 쓸모없는 무리들까지도 적당한 임무를 맡겼으니, 이 점에 대하여 늘 깊이 궁리해 보도록 하여라.

집 안에 사내종 하나를 두고 있는데도 너희 형제는 늘 말하더구나.

"힘이 약해서 억척스런 일을 제대로 하지 못합니다."

이는 너희가 난쟁이에게 산을 뽑아 오라는 식으로 얼토당토않게 큰일을 시키려 하기 때문에 힘이 약하다고 걱정하는 것이다.

집안일을 처리해 나가는 방법으로 위로는 주인어른 내외부터 남자·여자·어른·아이·형제·동서에 이르기까지, 아래로는 사내종·계집종·어린애에 이르기까지 무릇 다섯 살 이상이면 저마다에게 할 일을 나누어 주어 한 시각이라도 놀게 하지 않는다면 가난하고 군색한 처지를 걱정하지 않아도 될 것이다.

내가 장기에서 귀양살이 할 적에 주인 성成 아무개는 겨우 다섯 살 된 어린 손녀에게 뜰에 앉아 솔개를 쫓게 하였으며, 일곱 살짜리에게는 손에 긴 막대기를 들고 참새 떼를 쫓게 하였다. 이처럼 한솥밥을 먹는 모든 식구들에게 저마다의 할 일을 맡겼으니 이 점은 본받을 만한 일이로구나.

늙은 할아버지는 칡으로 노끈이라도 꼬고, 늙은 할머니는 이웃집에 놀러 갈 때도 실꾸리를 들고 실 뽑는 일을 손에서 놓지 않는 그런 집안은 먹을 게 충분하기 마련이고 가난을 걱정하지 않아도 되지 않겠느냐.

아무개 집안의 둘째 아들은 살림을 나가지 않아서 과수원이나 채소밭에서 원예작물을 가꾸는 일에 전혀 신경을 기울이지 않는다고 하는구나. 그런 마음은 제 살림을 나서 제 소유의 전답을 얻으면 성의껏 돌보겠다는 뜻에서 나온 줄 안다. 그러나 이는 본래 사람의 마음씨를 알지 못하고 하는 말이다.

자기 형의 과수원을 보살피지 못하는 사람은 제 과수원도 보살피지 못한다는 것을 몰라서 그러는 것이다. 너희는 내가 다산초당에다 연못을 파고 축대를 쌓고 남새밭 일에 힘쓰는 것을 보았을 터이다. 그러한 일에 마음을 다하고 온 정성을 쏟는 까닭이 그것을 앞으로 내 것으로 만들어 자손들에게 전해 주려는 뜻에서 그러한 것이겠느냐?

참으로 나의 본성이 그러한 일을 좋아하기 때문이지, 내 땅 남의 땅을 따져서 한 일은 아니란다.

- 〈학유를 전별하며 주는 가계(贐學遊家誡)〉, 1810년 봄 다산동암에서

옳지 못한 재물은 오래 지킬 수 없다

권세 있는 요직의 사람들에게 파고 들어가 재판을 청탁하여 더러운 찌꺼기나 빨아먹고, 무뢰한들과 결탁하여 시골의 어리석은 사람들을 속여서 뇌물이나 훔쳐 먹는 것은 모두가 첫째가는 간악한 도둑놈이다. 적게는 욕을 먹고 인심을 잃어 이름을 땅에 떨어뜨리는 정도지만, 크게는 법의 그물에 걸려들어 큰 형벌을 받고 말 것이다.

무릇 옳지 못한 재물은 오래 지킬 수가 없는 법이다. 너는 포교나 나졸들의 재산이 평생 지켜지는 꼴을 본 적이 있느냐?

버는 대로 족족 써 버리고는, 또 마치 걸신들린 것 마냥 악다구니로 이익을 추구하는 데 몰두하여 벌어들이지만, 이는 혀끝의 한 방울 물로 불을 끄는 격이니 끝내 해갈될 길이 없을 터, 어찌 그 근본적인 해결책을 찾지 않느냐?

검소하게 땅에 온 힘을 기울이고 분수에 맞게 도를 지키면서 쓸거리를 줄여 경비를 절약한다면, 집안을 지켜 나가는 훌륭한 맏아들이 될 것이다. 손님이 어떤 집에 이르러 며칠 머무르면서도 어느 총각이 누구의 아들인지 구별할 수 없다면 그것이야말로 형제가 화목하여 남의 모범이 되

는 집안이라 할 수 있겠구나.

생계를 꾸려 나가는 방도에 대하여 밤낮으로 생각해 보아도 뽕나무 심는 것보다 더 좋은 게 없더구나. 이제야 제갈공명의 지혜보다 더 나은 게 없다는 것을 알겠다. 과일 장사하는 일은 본래 깨끗한 명성을 잃지 않지만 장사는 장사일 뿐이지 않더냐? 뽕나무 심는 거야 선비의 명성을 잃지도 않고 큰 이익도 얻을 수 있으니, 세상에 이러한 일이 또 어디에 있겠느냐?

남쪽 지방에 뽕나무 365주를 심은 사람이 있다. 해마다 365꿰미의 동전을 얻는구나. 한 해는 365일이기에 하루에 동전 한 꿰미를 써서 양식으로 삼아도 죽을 때까지 궁색하지 않을 것이며, 마침내는 훌륭한 이름을 남기고 세상을 마칠 수가 있다. 이것이 힘써 배울 만한 일이고 공부는 그 다음이다.

잠실蠶室 세 칸을 짓고 잠상蠶床을 칠층으로 하여 모두 스물 한 칸에 누에를 길러 부녀자들도 놀고먹는 사람이 없도록 하는 것 또한 좋은 방법이다.

올해에는 오디가 잘 익었으니 너도 그 점을 소홀히 하지 말고 가슴 깊이 새겨 두어라!
— 《학연에게 보여 주는 가계[示學淵家誡]》, 1810년 봄 다산동암에서

다산은 재화를 간직하는 방법으로 남에게 베풀어 주는 '나눔의 실천'보다 더 좋은 것이 없다고 말한다. 재화의 나눔이야말로 재물을 잃지 않는 가장 좋은 방법이라는 뜻이다. 요즘 식으로 말해서 '사회적 책임'이나 '노블레스 오블리주noblesse oblige(가진 자의 사회적 책무)'를 역설한 것이다.

논밭을 물려주는 일이 믿을 만한가?

학문에 뜻을 두고도 가난을 걱정하여 머뭇거리는 경우가 있다. 다산이 강진의 초당 시절에 가르친 제자 윤종심尹鍾心도 가난에 노심초사하며 아등바등 욕심을 부렸던 모양이다. 1813년 8월, 예순두 살의 다산은 윤종심에게 글 한 편을 주었다. 다산은 소유는 덧없고 가난은 걱정거리가 아니니, 공부에 정진하라고 제자의 등을 토닥거린다.

세상의 여러 가지 사물은 무릇 변화하는 것이 많다.
풀과 나무 가운데 작약은 바야흐로 그 꽃이 활짝 필 때에는 참으로 아름답고 좋지만, 그것이 말라 시들어 버리면 그야말로 덧없는 사물에 불과하다. 비록 소나무와 잣나무가 오래 산다손 치더라도 수백 년을 넘기지 못하고, 쪼개져서 불에 타지 않으면 역시 바람에 꺾이고 송충이에게 갉아 먹혀 없어지기 마련이다. 사물이 이와 같다는 것은 사리에 밝은 선비라면 알고 있는 바이다.
그러나 유독 논밭이 덧없는 사물이라는 것을 아는 사람은 드물다. 세속 사회에서 논밭을 사고 저택을 마련하는 사람을 가리켜 실속 있고 든든하다고 한다. 사람들은 논밭이 바람에 날아갈 수도 없고, 불로 태울 수도 없고, 도둑이 훔쳐 갈 수도 없기 때문에 천백 년이 지나도록 파괴되거나 손상될 우려가 없다고 생각한다. 그래서 무릇 논밭을 마련해 둔 자를 실속이 있고 든든하다고 말할 터다.

그러나 내가 사람들이 가진 논밭의 권계券契(땅문서)를 보고 그 내력을 조사해 보니, 어느 것이나 백 년 동안에 주인이 바뀐 것이 대여섯 번이고, 자주인 경우에는 일곱에서 아홉 번이나 되었다. 그 성질이 떠다녀서 잘 달아나는 것이 이와 같거늘, 어찌 남들에게는 가볍게 바뀌지만 오로지 나에게만은 오랫동안 남아 있으리라 믿고 그것이 두들겨 패도 깨어지지 않기를 바라는가? 창기나 논다니는 여러 번 남자를 바꾼다. 그런 여자가 내게만 오래도록 변함이 없길 어찌 바라는가? 논밭을 믿는 것은 기녀의 정절을 믿는 거나 진배없다.

부자들은 밭두렁이 가로세로로 잇따라 있으면 흐뭇하고 의기양양하여 베개를 높이 베고 누워 자손들에게 말한다.

"영원토록 살아 나갈 터전을 너희에게 물려주겠노라."

모르긴 해도 진시황이 그해에 아들 호해胡亥에게 진나라를 물려줄 때의 마음이 앞에서 말한 부자들보다 훨씬 더했을 것이다. 그러하니 논밭을 물려주고 나라를 물려주는 일이 어찌 믿을 만하겠는가?

나는 지금 나이가 적지 않아 겪어 본 일이 많다. 무릇 재산이 있어 자손에게 누리게 하려는 사람 중에 그 뜻을 이룬 자는 천백 가운데 한두 사람뿐이다. 형제의 자식을 양자로 얻어 재산을 물려준 사람은 그나마 다행이라 하겠다. 간신히 혈통을 따져 굽실거리거나 거적거리를 깔고 애걸하여 양자를 맞아 그 재산을 먼 친척에게 물려주기도 하는데, 평소에 소행을 보면 한 끼 밥도 아까워하는 사람이 거의 다 그렇다.

그렇지 않으면 못난 아들을 낳아서 애지중지하며 꾸짖지도 않고 매를 때리지도 않으면서 키운다. 그러나 그 아들은 커서 어른이 되면 마음속으로 부모가 늙기만을 바라다가 삼년상을 겨우 끝내고는 도박과 노름 따위의 벌레 같은 소인배들이 하는 기예를 갖춘다. 이로써 부모가 애써 모은 재산이 잘못 나가 버리는 예가 허다하다. 이런 걸 보면 부자라고 어찌 부러워하겠으며 가난하다고 어찌 슬퍼할소냐?

가난한 선비가 정월 초하룻날 앉아서 한 해의 양식을 계산해 보면, 참으로 아득하여 하루라도 굶주림을 면할 날이 없을 것만 같다. 그러다 섣달그믐 저녁에 이르면, 여덟 식구가 모두 굳세게 살아 있어 하나도 줄지 않았다. 고개를 돌려 거슬러 생각해 보아도 어떻게 한 해를 버텼는지 알 수가 없다. 너는 이러한 이치를 잘 깨닫고 있는지 모르겠구나.

누에가 알을 까고 나올 때면 뽕나무에는 잎이 돋는다. 아기가 어미 뱃속을 나와 울음을 터뜨리면 어미의 젖이 이미 줄줄 아래로 흘러내리니, 양식 또한 어찌 근심할 바이랴? 너는 비록 가난할망정 걱정하지 말거라.

― 〈제자 윤종심에게 주는 글〔爲尹鍾心贈言〕〉, 1813

영정嬴政(훗날 진시황)은 중국의 중원을 처음으로 통일했다. 고대에는 천황天皇이 있고 지황地皇이 있고 태황泰皇이 있었다. 태황이 가장 존귀하기에 태황에서 '태' 자를 떼어 내어 '황皇' 자를 남기고, 다시 상고시대 전설의 제왕인 황제黃帝라는 호칭에서 '제' 자만을 받아들여 스스로 '황제皇帝'라고 칭하였다. 동시에 시호를 없애고 스스로 '시황제始皇帝'라고 불렀다. 그의 바람은, 후세의 진나라 제왕들이 2세, 3세에서부터 만세萬世에 이르기까지 길이길이 영원토록 이어지는 것이었다. 천자의 명命을 '제制'라 하고, 영令

을 '조詔', 천자가 자신을 가리킬 때 '짐朕'이라고 한 것도 진시황이었다.

    그러나 진나라는 고작 몇 십 년이 못 되어 2세 황제 호해 때 망하고 말았다. 이렇듯 인간의 욕망이란 부질없다. 다산은 제자에게 가난하다고 걱정하지 말라고 격려한다. 부자도 천하의 강산처럼 수시로 바뀌니, 변치 않는 마음의 주인이 되어야지 고작 땅 주인이 되는 데 만족해서야 되겠느냐는 것이다.

베풀되 거저 주지 말라

　다산은 직접 몸을 써서 일하는 노동의 소중함과, 재물을 간직하는 최고의 방법이 나눔임을 강조했다. 그러나 이는 무작정 퍼 주라는 의미가 아니다. 다산은 부자들에게 거저 베풀게 하거나 억지로 부를 나누도록 강제하지 말라고 조언한다.

　거저 주는 것과 베푸는 것은 어떻게 다른가? 아무런 대가 없이 나누어 주면 자활 의지가 생기지 않고, 부자에게 강제로 베풀게 하면 자유로운 경제활동에 무리가 생기고 폭정의 원인이 된다. 다산은 중국 송나라 시대의 권분勸分 사례를 본보기로 제시하였다. '권분'이란 지방행정관이 부자들에게 굶주리는 사람을 위해 베풀라고 권하는 일이다. 송나라의 권분과 조선의 구휼책의 결정적인 차이는, 바로 거저 나누어 주지 않는다는 데 있다. 여기에 다산이 생각한 베풂과 나눔의 요체가 숨겨져 있다.

　중국이 권분하는 법은 곡식을 팔도록 권하는 것이었다. 거저 먹이도록 권하는 게 아니라 베풀도록 권하는 것이었다. 거저 바치도록 권하는 게 아니라 몸소 솔선수범하는 것이었다. 입으로만 말하는 것이 아니라 상을 주어 권장하는 것이지 위협하는 게 아니었다.

　송나라의 증공曾鞏(당송8대가 중 한 명)이 통판通判(지방행정관의 징황을 황제에게 직접 보고하는 감찰관)이 되었을 때의 일이다. 흉년이 들었는데 상평창 곡식을 헤아려 보니 진휼곡으로 주기에 부족하였다.

　농촌에 사는 사람들은 한꺼번에 도성 안으로 올 수가 없었다. 많은 사람들이 한데 모이면 역병이 번질 우려가 있었다. 마을 부자들을 불러 가진 곡식을 신고하게 하여 모두 15만 섬을 얻어 상평가常平價보다 조금 비싸게 사서 백성들에게 나눠 주도록 하였다. 백성들은 마을을 벗어나지 않고도 쉽게 곡식을 얻을 수 있었고, 남는 곡식도 있어 곡물가가 안정되었다. 또 돈을 내어 곡식 5만 섬을 사 백성들에게 꿔 주어 종자와 양식으로 쓰게 하였더니, 이에 힘입어 다음 농사에 모자람이 없었다.

　우리나라의 권분법은 모두 거저 주도록 한다. 거저 주는 것일 뿐만 아니라, 백성에게 주지 않고 관청에 바치게 한다. 그러므로 명령이 내려져도 시행되지 않고, 그 용도도 명백하지 않다.

　중국의 법에는 부자에게 가난한 사람을 돕도록 하는 것이 조미糶米와 사미賜米에 불과하다. 조미는 값을 좀 싸게 하여 굶주리는 사람들에게 팔도록 하는 것이다. 사미는 이자를 받기로 하고 꾸어 주도록 하는 것이다. 사또가 이렇게 권하는데도 백성들이 따르지 않는 일이 있다면 독려하고 위엄으로 다스려도 괜찮다. 우리나라 법은 거저 주게 하고, 따르지 않는 백성이 있으면 엄한 형벌을 내리고 곤장을 사납게 친다. 마치 도적을 다스리는 것과 진배없다. 그래서 흉년이 들면 부자들이 먼저 곤욕을 치른다. 남쪽 백성들 사이에는 이런 말이 있다.

　"사는 것이 죽는 것만 못하고 부자가 가난뱅이만 못하다."

　이는 포악한 정사 가운데서도 큰 것이니 수령된 자는 마땅히 알아야만 한다.

－《목민심서》〈진황賑荒〉에서

시대를 아파하고 격분하라
_다산의 시론과 문장론

시를 쓰려면 먼저 뜻을 세우라

　다산은 47세 때인 1808년 봄, 강진읍 동문 매반가에서 다산초당으로 거처를 옮겼다. 이때부터 둘째 아들 학유가 와서 아버지 밑에서 공부를 시작했다. 다산은 고향에 있는 큰아들 학연이 마음에 걸렸다. 학연에게 문학과 역사를 직접 가르칠 수 없는 게 안타까웠던 다산은, 학문 연마와 시 창작 방법을 세세하게 적은 편지를 보냈다. 물론 그전에도 멀리 떨어져 있는 두 아들에게 편지로 가르침을 전했다.

　다산에게 무릇 시란 음풍농월이나 자아도취, 신변잡기를 나열하는 것이 아니었다. 〈상원군수로 나가는 윤무구를 전송하는 서〔送李无咎出守祥原序〕〉(1790)에서, 다산은 문학을 숭상하는 일은 백성을 아끼는 마음과 같아야 한다고 했다. 그럼 문학을 제대로 하려면 어찌해야 하는가?

　다산은 시를 쓰려면 먼저 뜻을 세우라고 했다. 무슨 뜻인가? 바로 우국애민의 뜻이다. 다산은 그래서 "시대를 가슴 아파하고 세속에 분개하지 않으면 시가 아니다〔不傷時憤俗非詩〕"라고 단언했다. 그뿐만이 아니다. 조선 사람들은 조선시를 쓰면서 "걸핏하면 중국의 일이나 인용하는데 이 또한 비루하고 누추한 짓거리"라며, 진짜로 참된 조선시를 쓰라고 일갈하였다.

　그래서 다산은 조선의 옛날이야기와 지명, 보릿고개〔麥嶺〕·첨지〔僉知〕·높새바람〔高鳥風〕·마파람〔馬兒風〕·낙지〔絡蹄〕와 같은 순우리말을 자유자재로 활용하는 한시를 쓰고, 〈장기농가〔長鬐農歌〕〉〈탐진촌요〔耽津村謠〕〉〈탐진

농가_{耽津農歌}〉 등 칠언절구의 연작시에서도 고을의 풍속과 생활상 그리고 사투리를 그대로 시에 녹여 썼다. 다산은 귀양지에서도 지방과 민간의 풍속과 시를 모으는 '채시관_{采詩官}' 노릇을 한 셈이다.

조선시로 통쾌하다

늙은이 한 가지 통쾌한 일은	老人一快事
붓 가는 대로 마음껏 쓰는 거라네	縱筆寫狂詞
골치 아픈 운자에 얽매이지 않고	競病不必拘
고치고 다듬느라 미적거리지 않네	推敲不必遲
흥이 나면 곧장 뜻을 싣고	興到卽運意
뜻이 되면 곧장 써내려 가네	意到卽寫之
나는 조선 사람이라	我是朝鮮人
즐거이 조선시를 쓰네	甘作朝鮮詩
그대들은 마땅히 그대들의 법을 따르면 되지	卿當用卿法
시작법에 어긋난다고 미주알고주알 따지는 자 누구신가?	迂哉議者誰
(중략)	
어찌 슬프고 울적한 말을 꾸며 내어	焉能飾悽黯
고통스레 애간장을 부러 태우는가?	辛苦斷腸爲
배와 귤 저마다 독특한 맛 지니고 있거늘	梨橘各殊味
오로지 입맛 따라 즐기고 좋아하면 그만 아닌가!	嗜好唯其宜

— 〈노인네의 한 가지 통쾌한 일〔老人一快事〕〉에서, 1832

〈노인네의 한 가지 통쾌한 일〉은 다산이 72세 때 쓴 총 여섯 수의 시다. 다산은 이 시에서 일흔이 넘은 노인네이지만 대머리가 되어 머리가 시원한 즐거움, 이가 다 빠져 치통이 없는 즐거움, 눈이 어두워 잔글씨가 보이지 않는 즐거움, 귀가 멀어 시비 소리가 들리지 않는 즐거움, 조선인이라서 조선시를 쓰는 즐거움, 바둑을 두되 강적을 피하고 하수하고만 두는 즐거움을 노래한다.

특히 시와 관련하여 다산은, 잘 알 수도 없는 중국식 격률에 구태여 괘념할 필요 없이 조선식 시를 쓸 것이라며, 배와 귤이 제각기 맛이 다르듯 조선시와 중국시의 우열을 가르는 절대적 기준은 없으므로 앵무새처럼 중국시 흉내를 낼 필요가 없다고 한다. 중화주의는 중화 문명과 그 밖의 문명을 '우월함(중국)/열등함(오랑캐)'으로 구분하는 이분법적 사고일 뿐이기 때문이다.

다산은 조선 사람의 성정을 거짓 없이 형상화한 자신의 조선시를 비웃는 자가 있으나 이를 무시하겠다고 단언하고, 중국적인 시를 쓰려고 일부러 창자를 쥐어짜며 고심하지 않겠다고 한다.

또한 어느 시대와 장소에서 누가 썼는지를 알 수 없는 국적 불명의 시를 써서는 안 된다고 말한다. 가령 이규보·변계량·김시습이 조선 땅에 없는 '원숭이〔猿〕'를, 그리고 정유길과 기준이 조선에 없는 '계수나무〔桂〕' 어휘를 시에 사용한 것을 두고 다산은 이렇게 말한다.

"만일 중국인에게 이 시를 보인다면 장차 원숭이와 계수나무를 구해서 바치라고 할 것이니 어떻게 대응할 것인가?"《아언지하雅言指瑕》

문학사대주의자들의 몰주체성을 비판·풍자하며, 중국에 종속된 문학을 거부한 다산의 '조선시 선언'은 가히 조선문학의 '독립선언서'라고 할 만하다. 다산의 독립선언은 비단 시 분야만이 아니었다.

옛 문헌과 역사부터 공부하라

요즈음 일부 젊은이가 원나라와 명나라 교체기 때 방정맞고 망령된 문인들이 가난과 추위를 거칠고도 자잘하게 표현한 문장을 본떠 절구나 단율短律을 짓고는, 그것을 절세의 문장이라고 자부하며 은밀히 잘난 체한다. 거만하게 남의 글을 곁눈질하며 얕다고 깔보고, 예나 지금의 다른 글들은 모조리 보잘것없는 것으로 치부하며 쓸어 버리려고 한다. 내가 보기에 불쌍하기 짝이 없구나.

반드시 처음에는 경학經學(사서오경을 연구하는 학문) 공부로 밑바탕을 다진 뒤에, 옛날의 역사책을 섭렵하며, 그 정치의 득실과 치세와 난세의 근원을 알아야 한다. 또한 모름지기 실용적인 학문에 마음을 기울이며, 옛사람들이 나라를 다스리고 백성의 살림살이를 보살폈던 경제經濟에 관한 서적을 즐겨 읽어야 한단다. 이러한 마음으로 늘 만백성에게 혜택을 주어야겠다는 생각과, 만물을 자라게 하려는 뜻과 의지가 있어야 비로소 바야흐로 글 읽는 군자라 할 수 있다.

이러한 뒤에 더러 안개 낀 아침이나 달 밝은 저녁, 짙은 그늘과 가랑비를 만나면 홀연히 마음에 감흥을 얻고 표연히 영감에 젖어 제풀로 읊조리다 자연스럽게 시가 될 때 천뢰天籟(자연의 소리)가 저절로 맑아지는 법이다. 이것이 바로 시가詩家(시인)가 제 역할을 활기차고 넉넉하게 해내는 경지일 터이다. 나의 이 말이 너무 지나치다고 생각하지 말거라.

수십 년 이래로 한 가지 괴이한 논의가 있어 동방東方(조선)문학을 크게 배척하고 있구나. 여러 가지 우리나라의 옛 문헌이나 문집은 훑어보지도 않으려 하니 이것이야말로 큰 병이다. 사대부의 자제로서 국조國朝(조선의 조정)의 옛일을 알지 못하고 선배들이 의논했던 것을 공부하지 않는다면, 비록 그 학문이 고금을 꿰뚫었을망정 당연히 경솔한 것이 될 뿐이란다.

시집은 서둘러 볼 필요가 없으나, 소차疏箚(상소문)·묘문·서간문 등은 모름지기 많이 읽어서 그 안목을 넓혀야 하니라. 또 《아주잡록鵝洲雜錄》(영조 때 홍중인이 당쟁에 관해 기록한 책)·《반지만록盤池漫錄》(작가 미상의 조선시대 야사집)·《청야만집淸野謾輯》(고려 말에서 조선 인조 때까지의 야사를 기록한 책) 등의 책도 널리 찾아서 두루두루 읽지 않으면 안 된다.

— 〈두 아들에게 부치다〔寄二兒〕〉, 1802

진짜 조선 시를 써라

후세의 시율은 마땅히 두보杜甫(중국 당나라 시인)를 공자孔子(참다운 스승)로 삼아야 한다. 아마도 그의 시가 모든 시 가운데 왕관을 쓰고 있는 까닭은 《시경詩經》에 담긴 시 삼백 편의 의미를 제대로 이어받았기 때문일 게다. 《시경》 삼백 편은 모두 충신·효자·열녀·훌륭한 벗들의 진심 어리고 간절하고 충직하고 순후한 마음의 발로이다.

임금을 사랑하고 나랏일을 걱정하지 않으면 시가 아니요, 시대에 아파하고 세속에 분개하지 않으면 시가 아니다. 좋은 점을 칭찬하고 나쁜 점을 풍자하며, 선을 권장하고 악을 징계하는 뜻이 없다면 시가 아니다. 그러므로 뜻은 세워져 있지 않고, 배움은 설익고 순수하지 않으며, 인간의 진리와 삶의 큰 도를 아직 깨닫지 못한 탓에 임금님을 도와 백성에게 도움을 주려는 마음가짐을 지니지 못한 자는 모름지기 시를 지을 수가 없다. 너는 이 점을 똑똑히 알고 노력하길 바란다.

두보는 시에서 고사를 인용하되 그 흔적이 없어서 얼른 보아 모두가 스스로 만들어 낸 말인 듯하나, 자세히 살펴보면 모두가 뿌리가 있고 출처가 있으니 두보야말로 '시성詩聖'인 까닭이다.

한퇴지韓退之(한유)의 시는 글자 배열법에 모두 뿌리가 있고 출처가 있으나 시어는 스스로 창작한 게 많으므로, 그를 시의 '대현大賢'이라 하는 까닭이다.

소자첨蘇子瞻(소동파)의 시는 구절마다 역사적 사실을 인용했는데 그 흔적이 다 드러나서 언뜻 보아서는 의미를 잘 알 수가 없으나, 반드시 두루 고증하고 그 근본을 캐낸 다음에야 겨우 그 뜻에 통할 수가 있으니 그를 시의 '박사博士'라고 하는 까닭이다.

이에 소동파의 시는 우리 삼 부자의 재주로 모름지기 한평생 몰두하고 나서야 비로소 다소나마 따라할 수 있을 것이다. 하나 사람이 이 세상에 태어나 할 일도 많은데 어찌하여 그 따위 노릇이나 하고 있겠느냐?

그러나 시를 짓는 데 역사적 사실을 전혀 인용하지 않고 음풍농월이나 하고 바둑 이야기나 술타령만 하면서 겨우 운율이나 맞춘다면, 이것이야말로 서너 집 모여 사는 시골 벽지 부자夫子(선생)의 시에 불과하다. 앞으로 시를 지을 때에는 모름지기 역사적 사실을 자연스럽게 인용하는 용사

用事에 주로 힘쓰도록 하여라.

비록 우리나라 사람들은 걸핏하면 중국의 일이나 인용하는데, 이 또한 비루하고 누추한 짓거리다. 모쪼록 《삼국사기三國史記》, 《고려사高麗史》, 《국조보감國朝寶鑑》, 《여지승람輿地勝覽》, 《징비록懲毖錄》, 《연려실기술燃藜室記述》(이도보李道甫가 모은 책) 및 그 밖의 동방문자로 기록된 글 속에서 그 사실을 가려 뽑고 그 고장마다의 현실을 헤아려 시에 끌어들여야만 한다. 그런 뒤라야 비로소 세상에 이름이 나고 후세에 전할 수 있는 좋은 시가 나올 것이다.

혜풍惠風 유득공柳得恭의 《십육국회고시十六國懷古詩》는 중국 사람들도 책으로 내서 즐겨 있는 시인데, 이것이야말로 (우리나라의 사실을 인용하며 주체성을 살렸기에 세상에 널리 알려진) 그 중좌인 셈이다.

- 〈아들 학연에게 부치다[寄淵兒]〉. 1808

사실적으로 표현하라

시는 꼭 힘써야 할 일은 아니다. 하지만 성정을 읊어 사람을 교화하는 시가 전혀 무익한 것은 아니다. 그런데 예스러우면서도 굳세고 기발하고 독특하며 웅혼하고 한가하면서 뜻이 깊고 맑으면서 환하고 거리낌 없이 자유로운 기운에는 전혀 뜻을 두지 않으며, 다만 가늘고 미미하고 자질구레하고 잗달며 경박하고 다급한 소리에만 힘쓰니 역시나 개탄할 만한 일이로다.

단지 율시律詩만을 짓는 것은 바로 우리나라 사람의 비루한 습속이다.

그러므로 5언言이나 7언으로 된 고시古詩는 한 수도 찾아볼 수가 없다. 그 품은 뜻이 낮고 가벼우며, 기질이 짧고 보잘것없음을 반드시 바로잡지 않으면 안 될 것이다.

내가 요즘 다시 생각해 보아도 자신의 뜻을 사실적으로 표현하고 생각을 읊는 데에는 네 자로 된 사언시四言詩만큼 좋은 것이 없다고 본다. 훗날 시인들은 모방이 결점이라고 싫어한 탓에 마침내 네 자로 시 짓는 일을 그만두었다.

하지만 지금 나의 처지에서는 사언시 짓는 것이 좋구나. 너희도《시경》이 지닌 풍아風雅의 근본을 깊이 연구하고, 그 후에 도연명陶淵明(중국 진晉나라 때 시인)과 사영운謝靈運(중국 남송 때 시인)의 뛰어난 점을 본받아 모름지기 사언시를 짓도록 하여라.

무릇 시의 근본이란 아버지와 아들, 임금과 신하, 남편과 아내 사이의 인륜에 있으니, 더러는 그 즐거운 뜻을 선양하기도 하고 때로는 그 원망하거나 사모하는 마음을 드러내기도 한다. 그 다음으로는 세상을 걱정하고 백성을 긍휼히 여겨서 항상 힘이 없는 사람을 구제해 주려고 하고, 재산이 없는 가난한 사람을 도와주고자 방황하고 슬퍼하고 안타까워서 차마 그만두지 못하는 뜻이 있고 난 다음에야 바야흐로 시라고 할 수 있다.

만약 오로지 자기 자신의 이해득실에만 얽매인다면 그 시는 시라고 할 수 없다.

－〈두 아들에게 보이다 示兩兒〉

미묘하고 완곡하게 드러내라

뜻을 세우고 그것을 갈고 닦은 다음에는 실제로 쓸 차례이다. 47세의 다산은 〈두 아들에게 보여 주는 가계〔示二子家誡〕〉에서 저술을 후세에 전해야 하는 뜻과 저술하는 방법, 시를 짓는 의미와 효용에 대해 아버지가 아닌 스승의 입장에서 가르쳐 준다.

진부한 이야기로 종이만 허비하지 말라

나는 천성적으로 시율詩律을 좋아하지 않는다. 신유년(1801) 이전에는 대체로 마땅히 화답해야만 하는 시를 지어야 했고, 더러 저절로 흥취가 일어나거나 한가롭게 읊조린 시도 있으나 모두가 마음먹고 공들여 지은 작품은 아니다.

귀양살이를 하고부터 지은 시들은 쓰리고 괴로운 마음을 토로한 시가 없지 않으나, 나는 평소에 유자후柳子厚(당나라의 문장가 유종원)가 유배지에서 지은 여러 문장들 대개가 처량하고 구슬픈 언어로 한탄하고 있는 것을 수치스럽게 여기던 터라, 마침내 시 짓는 일을 그만두었다.

이미 귀양살이 하는 세월이 오래 지나다 보니 나락에 떨어진 처지도 평온하게 여겨져서, 더러는 산에도 오르고 물가에도 나아가 회포의 정서가 막힘이 없이 확 트이면 호탕한 뜻이 들어 있는 시가 되기도 하였다. 그러나 더할 수 없는 즐거움은 경전에 있었기 때문에, 끝내 퇴고에 마음을 두지 않아서 문집 속에 실은 여러 시들이 대부분 만족할 만한 게 없다.

나를 위하여 와력瓦礫(쓸모없고 보잘것없는 것)을 덜어 내고 씻어 내어 고갱이만 남겨 시집을 펴내 주는 사람이 있다면, 이야말로 나를 아는 지음知音이라 할 것이다. (중략)

무릇 책을 짓는 법에서는 경전에 대한 저서를 으뜸으로 삼아야 하고, 그 다음은 세상을 경륜하고 백성들에게 윤택함을 베풀어 주는 학문이다. 나라를 지키는 기구 제작과 외적의 침략과 압박을 방어하는 분야 역시 소홀히 해서는 안 된다.

그런데 자질구레하고 보잘것없는 이야기들로 구차하게 한때의 괴상한 웃음이나 자아내게 하는 책이라든지, 무릇 진부하고 새롭지 못한 이야기나 지리멸렬하고 쓸모없는 논의 따위는 한갓 종이와 먹물만 헛되이 소비할 뿐이니, 차라리 손수 소중한 과일나무를 심고 좋은 채소를 가꾸어 살아 있는 동안의 삶이나 넉넉하게 하는 것만 못하다.

1808년 한여름 여유병옹與猶病翁(다산)이 다산정사茶山精舍에서 쓰다.

— 〈두 아들에게 보여 주는 가계 示二子家誡〉, 1808

푸짐하듯 토해 버리지 말라

번옹樊翁(채제공)은 시에서 시인의 기상을 매우 중요하게 보았다. 나는 유성의劉誠意(주원장을 도와 명나라를 세운 학자 유기)의 시를 읽을 때마다 시의 기상이 자못 처량하고 슬프고 쓰라렸다. 소릉少陵(두보의 호)의 시는 변화하고 부귀한 시어가 많았지만 마침내는 뇌양耒陽에서 가난하게 살다가 생을 마감했다.

　삶과 시의 기상은 반드시 꼭 들어맞는 부험符驗(신표)이라 일컬을 수 없는 셈이다. 요즘 내가 나의 궤짝 속에 놓아두었던 옛날의 시 원고들을 점검해 보았다. 귀양살이 풍상을 당하기 전, 벼슬아치로 한창 금마옥당金馬玉堂(한림원) 사이를 훨훨 날며 지내던 때에 지은 시편들은 모두가 슬프고 괴롭고 한결같이 우울한 내용이었다. 장기에 이르러 유배를 살며 지은 시들은 더더욱 흑흑하며 낮게 흐느끼듯 처량했다. 강진으로 옮겨 온 이후의 작품들은 활달하고 확 트인 시어들이 많았다.

　생각해 보건대 재해가 앞에 닥쳐올 때에는 이미 이러한 기상을 얻을 수 없었으나, 재난을 당하고 난 뒤로는 비로소 그 우울한 근심이 없어진 게 아니겠느냐? 선배(채제공)의 말씀을 마땅히 허투루 들어서는 안 되겠다 싶구나.

　그러나 기상을 오롯이 화려하게만 하려고 해서는 도리어 시를 지을 수 없을 것이다. 무릇 시에는 정신과 기맥氣脈이 있어야 한다. 만일 쓸쓸하고 산만하기만 하여 잘 묶이고, 문에 자물쇠를 채운 듯 잘 짜인 묘미가 없으면, 그 사람의 실패와 성공 그리고 귀천은커녕 수명조차 길지 못할 것이다. 이 점은 내가 몇 차례 증험한 거란다.

　《시경》 삼백 편은 모두가 성현들이 실의에 빠져 세상일을 근심하던 무렵에 지은 것이기 때문에 감개무량해야만 했다. 그러나 모름지기 극히 미묘하고 완곡하게 그러한 뜻을 함축해서 드러내야지, 천박하게 깊이가 없도록 얄팍하게 푸념하듯 마구 토해 내서는 안 된다.

―〈또 두 아들에게 보여 주는 가계[又示二子家誡]〉, 1808

문장의 길은 곧 사람의 길

다산의 문장학 혹은 문학관의 뿌리는 다산의 집안 내력에서도 찾을 수 있다.

《서원유고西園遺稿》는 다산의 7대조 선조인 서원西園 정호선丁好善(1571~1633)이 남긴 책이다. 서원은 강원도 관찰사를 지내고 영의정에까지 추증되었다. 다산은 서원의 행실을 "도가 몸에 쌓이고 뜻이 그 기氣의 장수 노릇을 하지 않고서는, 도리어 설령 억지로 바로잡고 싶더라도 절대로 할 수 없는 것"이라고 평하며, 문장도 "도를 실어 나르는 것이고, 시는 뜻을 말하는 것"이라는 입장을 밝혔다.

좋은 문장과 시란 그 정신과 뜻이 또렷하게 살아 있어야 하는데, 이는 그 사람의 인성과 품성과 행실을 보면 알 수 있다는 것이다. "무릇 뜻은 기氣의 장수요, 기는 몸에 충만한 것"(맹자)이라는 말을 떠올리게 한다.

문장은 도道를 실어 나른다

문장은 도를 실어 나르는 것이고, 시는 뜻을 말하는 것이다.〔文所以載道, 詩言志者也〕

그러므로 그 도가 한 세상을 바로잡아 구제하기에 부족하고, 그 뜻이 텅 비어 세워진 바가 없는 자는, 비록 그 문장이 요란하고 떠들썩하고 방자하게 달려 시가 화려하여도 마치 빈 수레를 몰아서 소리를 내는 것과 같다. 이는 광대가 풍월風月(풍류)을 말하는 것과 같으니, 어찌 족히 전할 만하겠는가?

그러나 이른바 도와 뜻이란 본시 더듬어 찾으려는 모색으로 얻을 수 있는 형질이 아니다. 제 한 몸을 바로 세우고 임금님을 섬긴 자취나, 무릇 재앙과 화복의 갈라섬 그리고 이로움과 해로움의 갈림길에서 나아가고 버린 바를 살펴야 그 도와 뜻이 밝게 드러나는 법이다. 만일 옛사람의 문장을 좋아하여 두루 섭렵코자 하는 자는 진실로 성심성의껏 정성을 다해 이를 구하는 방법이 있을 터이다.

나의 선조 관동관찰사 의정공議政公(정호선)께서는 굳세고 강직하며 정직한 기운을 지니고 곧고 충성스런 절조를 닦아, 광해군 때에 상소문을 올려 이이첨을 공격하였다. 바야흐로 영창대군永昌大君의 폐출을 의논할 때였다. 공께서는 삼사三司(사헌부·사간원·홍문관)의 자리에서 다른 의견을 꼿꼿하게 세웠다.

아아, 옛사람이 이른바 말했다.

"장의·소진의 말재주로도 바꿀 수 없고, 맹분孟賁·하육夏育(전국시대 진秦나라의 용사들)의 힘으로도 빼앗지 못하며, 풍랑을 헤치고 눈과 서리에 항거해서라도 굽힐 수 없는 것이 있다."

공을 두고 이른 말이 아니겠는가?

그 도가 몸에 쌓이고 뜻이 그 기氣의 장수 노릇을 하지 않고서는, 설령 억지로 바로잡고 싶더라도 절대로 할 수 없는 것이다.

공께서는 유학으로 입신출세하였다. 스스로 문인화가라고 자처하지 않았으며, 여러 차례 위태롭고 욕된 처지를 겪으며 떠돌아다니고 곤궁하였기 때문에 저술한 시와 문장이 많이 전해지지 않는다. 집에 한 권만 소장되어 있을 뿐이다. 그러나 공의 저술은 단 한 글자라도 모조리 큰 옥처럼 귀중한 것들이니, 꼭 많아야만 하는가?

옛날에 영종英宗께서 《월헌집月軒集》(정수강丁壽崗의 문집)을 올리게 하여 몸소 읽으시고는 "4대의 문집이 세 권이나 귀중하게 여길 만하다." 하고 어필御筆로 그 내용을 써서 다시 각판하게 하였다.

지금 이 책《서원유고》도《월헌집》의 전례를 따라하였다. 위로는 도헌공都憲公(대사헌 정윤복)의 저술을 싣고, 아래로는 교리공校理公(서원의 아들 언벽)과 참의공參議公(서원의 손자 시윤)의 저술을 붙여서 또한 4대의 세 권으로 마쳤다.

다행히 때가 오면 곧 간행하기가 어찌 어렵겠는가? 용鏞(다산)이 공을 이와 같이 사사로이 사모하여 서문을 쓰고 기다린다.

― 〈서원유고서西園遺稿序〉, 1799

문장은 꽃을 피우는 것과 같으니

변지의邊知意 군이 천 리 길이 멀다 하지 않고 나를 찾아왔다.

그 뜻을 물었다.

"문장에 뜻이 있습니다."

이날 우리 집 아이 학유가 나무를 심기에 가리키면서 빗대어 말했다.

"사람에게 문장이 있는 것은 마치 풀과 나무에 꽃이 피는 것과 같을 따름이다. 나무를 심는 사람은 바야흐로 그 나무를 심을 때에 그 뿌리를 북돋워 그 줄기를 바로 세워 주어야 한다. 이윽고 그 진액이 돌아 가지와 잎이 무성해지면 꽃이 피어난다. 그러므로 나무를 잘 가꾸지도 않고 갑작스레 꽃만 보려고 서둘러서는 안 된다.

성심성의껏 바른 마음으로 그 나무뿌리를 북돋우고, 도타운 행실로 몸을 닦아 그 줄기를 바로 세우고, 경전을 궁리하고 예법을 연구하여 그 진액이 돌게 하고, 널리 듣고 예로 노닐며 그 가지와 잎을 우거지게 한다.

그리하여 그 깨달은 바를 유추하여 이를 마음속에 쌓은 다음에 그 축적된 깨달음을 표현하면 곧 글이 된다. 이를 본 사람이 문장이라 여기니, 이것을 문장이라고 일컫는다.

문장은 문장의 길만을 따로 떼어 내어 갑작스레 얻을 수가 없다. 자네는 돌아가서 이렇게 구한다면 다른 스승이 있을 것이네."

― 〈양덕 사람 변지의를 위해 주는 말(爲陽德人邊知意贈言)〉

자연스러움과 맑음이 어렵다

시에는 두 가지 어려움이 있다. 글자를 다듬고 구절을 연마하는 것을 숙련되게 하는 것은 어렵지 않다. 사물을 체감하고 정서를 표현하는 미묘함도 어렵지 않다. 오로지 자연스러움이 첫 번째 어려움이다. 해맑고 투명하면서 그 여운이 드리워지는 것이 두 번째 어려움이다.

― 〈범재집서(泛齋集序)〉

썩은 땅에서 맑은 샘물이 나오랴

시詩라는 것은 뜻을 말하는 것이다. 뜻이 본디 낮고 더러우면 억지로 높고 청아한 말을 한들 조리가 닿지 않는다. 뜻이 좁고 비루하면 비록 달통한 말을 한다손 쳐도 사정에 오롯이 들어맞지 않는다.

시를 배우는 사람이 뜻을 바르게 갖지 않으면, 마치 썩은 땅에서 맑은 샘물을 긷고, 악취 나는 가죽나무에서 기이한 향기를 구하는 것과 같아서 종신토록 갖은 애를 써도 얻지 못할 것이다.

그렇다면 어찌해야 할까? 자연과 인간 사회에서 진리를 찾아내고, 더러운 욕심과 깨끗한 양심을 똑똑히 분간하며 티끌과 찌꺼기를 깨끗하게 걸러 그 맑고 참된 마음이 솟구치도록 해야 한다.

— 〈초의선사 의순을 위해 준 말(爲草衣僧意洵贈言)〉, 1813

선을 찬미하고 악을 풍자하라

착한 일을 찬미하고 악한 일을 풍자하는 것이 시의 기본 정신이다. 찬미한 일은 백성들에게 장려하고 풍자한 일은 배격해야 하므로 나라에서 민간의 노래들을 수집하였으며, 또 그것을 음악을 통하여 널리 보급했다.

만일 찬미와 풍자를 제쳐 두고 다른 데서 시를 찾는다면 찬양과 징계의 기본 정신을 제쳐 두고 역사책을 읽는 것과 마찬가지일 것이다. 세상에는 음탕한 것을 풍자한 시는 있어도, 음탕한 것 그 자체를 노래한 시는 있을 수 없다.

— 《시경강의詩經講義》, 1791

고전을 닦으면 나머지는 따라온다

〈다산의 여러 제자에게 주는 말〔爲茶山諸生贈言〕〉에서, 다산은 과거 시험장에서 쓰는 문장인 과문科文과 아전들이 행정 실무에 쓰는 실용문인 이문吏文보다는, 삶의 지혜가 담긴 고문古文을 철저하게 익히라고 역설한다. 고문을 잘 익히면 과문과 이문이 쉽지만, 과문만을 공부하고 나서 벼슬아치가 되면 이문조차 제대로 쓸 수 없기 때문이다.

그런데도 젊은이들은 시험에 나오지 않는 고문을 공부하지 않는다. 그러하니 좋은 생각과 글이 나올 리 없다. 요즘 식으로 말하면 입시나 고시 공부에만 치중한 나머지 창의적인 글쓰기나 사고를 하지 못하는 것이다.

그래서 다산은 과거 공부를 하는 아들에게 한나라와 위나라 시기의 고시와 소동파의 시문부터 가르쳤다. 어느 정도 바탕이 서고 난 뒤 과문을 짓게 하자 아버지인 다산도 놀랄 만큼 괄목상대했다. 시험을 치는 기술과 글을 쓰는 잔재주만 익히게 했다면 그런 일취월장을 이룰 수 없었을 것이다.

다산은 이렇듯 모든 공부의 기본인 "고전을 충실히 닦으면 나머지는 고구마줄기처럼 따라 온다"고 하였다. 또한 다산은 공부 중에 으뜸은 사람 됨됨이가 될성부른 마음바탕 공부라고 하였다. 이는 고전을 익히고 몸소 실천하는 데서 이루어지는 것이니, 어찌 고전 공부와 사람 공부가 별개의 것이겠는가.

뜻을 헤아려 **이치**에 맞게 쓰라

옛날에 복암(이기양)이 대교碓橋에서 살 때에 소갈병消渴病(당뇨병)이 들어 의원도 치료하지 못하였다. 내가 가서 위로하고, 이어서 그가 복용하고 있는 여러 가지 처방을 보고 아뢰었다.

"의원에게 약초가 있다면 문장가에게는 문자가 있습니다. 옛날에 의술을 가진 사람은 약초의 뿌리 하나하나마다 그 성질을 따져서 그 병에 맞게 썼습니다. 후세에는 이미 이루어진 처방만을 고집하며 모든 병에 쓰고 있습니다. 때문에 의술이 낮아진 것입니다. 옛날에 글을 짓는 사람들은 글자마다 그 뜻을 헤아려 이치에 맞게 썼습니다. 하지만 후세에는 이루어진 글귀를 외워다가 그대로 표절합니다. 때문에 문장이 예전만 못하게 되었습니다."

복암이 베개에 기대어 신음하다가, 홀연히 몸을 일으키고 꿇어앉아 용모를 가다듬고 내 손을 잡고는 큰 소리로 말하였다.

"어찌 이다지도 이치에 맞는 말을 하오. 그대의 말을 들으니 내 가슴이 시원하여 청량산淸涼散(중국 의서《치사요략治瘝要略》에 나오는 열을 내리는 탕약) 한 첩보다 낫네그려."

마침내 서로 떠들고 농담하고 웃고 즐겼다. 이야깃거리가 여러 가지로 나오고, 시문에 관한 토론이 이리저리 끊임없이 이어지니 온 방 안이 정숙해졌다.

― 〈몽학의휘서蒙學醫彙序〉

문장은 바깥에서 구해지지 않는다

　문장학은 우리 도道의 큰 해독이다. 무릇 문장이란 것은 무슨 물건인가? 문장이 어찌 허공에 걸려 있고 땅에 깔려 있어 바라볼 수 있거나 바람결에 달려가 붙잡을 수 있는 것인가?
　옛사람은 중용과 화목과 공경으로 그 내적인 덕을 기르고, 효제孝悌와 충신忠信으로 그 외적인 행실을 도탑게 하며 시서와 예악으로 그 기본을 북돋웠다. 《춘추春秋》와 《주역》으로 그 사물의 변화하는 이치를 깨달으며, 하늘땅 사이의 참된 진리를 꿰뚫고 만물의 갖가지 정서를 두루두루 알아내었다.
　마음속에 쌓이고 쌓인 그 지식은, 만물을 짊어진 땅과 온 물을 품은 바다와 비를 머금은 구름과 번개가 서린 우레처럼 끝끝내 닫아 두고만 있을 수 없다. 그런 뒤에 어떤 사물을 만나게 되면 더러는 서로가 파고들고, 더러는 서로가 부딪히고 헤살 부리고 격동함에 따라 물길이 터지듯 해야 비로소 밖으로 발표하는 것이다.
　거대한 바닷물처럼 넘실대고, 찬란한 태양처럼 빛나고, 천둥번개처럼 번쩍거려 가까이는 사람을 감동시키고 멀리는 하늘땅을 감동시키고 귀신마저 바로잡을 수 있는 것이다. 이것을 문장이라고 일컫는다. 문장은 바깥에서 구할 수 있는 것이 아니다.
　그러므로 우주에 있는 문장 가운데 지극히 정미하고 교묘한 것은 《주역》이고, 온유하면서 솔직한 것은 《시경》이고, 전아하면서 치밀한 것은 《서경書經》이고, 자세하여 혼란시킬 수 없는 것은 《예기禮記》이고, 조리가 분명하여 뒤섞을 수 없는 것은 《주례周禮》이고, 아름답고 기이하게 들이마시고 내시어 굴복시킬 수 없는 것은 《춘추좌씨전春秋左氏傳》이고, 현명하고 사리에 밝아 아무런 잘못이 없는 것은 《논어》이고, 본성과 도의 본체를 참으로 잘 알아서 줄기와 가지를 조리 있게 분석하고 다스린 것은 《맹자孟子》이고, 엄격하게 밝혀내고도 깊고 그윽한 것은 《노자老子》이다. 그 밖에는 순수한 것이 적다.

― 〈오학론五學論〉에서

문장 공부는 결국 사람 공부

내가 한강 가에 살 때였다. 하루는 잘생기고 예쁘장한 소년 하나가 등에 무엇을 가득 지고 찾아왔다. 보아하니 책 궤짝이었다. 누구냐고 물었다.

대답했다.

"저는 이인영李仁榮입니다."

그 나이를 물었다.

"열아홉 살입니다."

그의 뜻을 물었다.

"문장에 있습니다. 비록 입신출세에 이롭지 못해 평생 내내 실의에 빠져 곤궁하게 살게 될망정 후회하지 않을 것입니다."

그가 책 꾸러미를 쏟았다. 모두 시인 재사들의 기발하고 청신한 작품들이었다. 더러는 파리 대가리처럼 가는 글도 있고, 더러는 모기 속눈썹같이 미세한 말도 있었다. 그의 뱃속에 든 지식을 기울여 쏟으니, 마치 호로병이 물을 토해 내듯 졸졸 흘러나왔다.

어쩌면 책 궤짝에 든 것보다도 수십 배나 풍부했다. 그의 눈을 보니 형형하여 번쩍이는 광채가 흘렀다. 그의 이마를 보니 마치 무소가 밖으로 튀어나오듯 툭 불거진 것이 기세가 자못 높았다.

내가 일러 주었다.

"아, 좀 앉아 보게나. 내가 자네에게 한마디 해 주겠네. 무릇 문장이란 어떠한 물건인가? 학식이 안으로 쌓여 문장이 밖으로 펼쳐지는 것이라네. 마치 기름진 음식을 창자에 가득 차도록 배불리 먹으면 윤기가 피부에 드러나는 것과 같네. 마치 술과 막걸리가 배에 흘러 들어가면 얼굴에 홍조가 도는 것과 같은 것일세. 어찌 문장만을 따로 밖에서 얻어 올 수 있겠는가?

화합과 중용의 덕으로 마음을 기르고, 효도와 우애의 행동거지로 성품을 닦아 몸가짐을 늘 공경히 하고, 성실함으로 초지일관하되 평범한 듯 변덕스럽지 말며 깨달음을 향하여 나아가는 데 힘써야 하네.

사서四書를 내 몸에 깃들게 하고 육경六經으로 내 식견을 넓히며, 역사를 공부하여 고금의 변천을 꿰뚫어 예악과 형벌과 정치의 도구와 전장典章(제도와 문물) 법도의 전례와 고사를 가슴속 한가운데에 숲처럼 빽빽하게 쌓아 두어야 하네.

그래서 바깥의 사물과 서로 만나고, 일과 서로 부딪히고, 올바름과 그릇됨이 서로 접촉하고, 이로움과 해로움을 서로 비교하게 되면, 곧바로 내 가슴속에 가득 쌓인 한결같은 우울함을 큰 바다가 가득 넘쳐 파도가 출렁이고 밀물과 썰물이 갈마들 듯 이 세상에 한바탕 쏟아 내어 천하에 영원한 장관이 되게 하고 싶은 생각과 그 기세를 도저히 막을 도리가 없게 될 것일세.

이럴 때 내가 드러내고 싶은 것을 어쩔 수 없이 쏟아 내면, 사람들이 이것을 보고 서로들 '문장이다'라고 말할 것이네. 문장이란 이런 것을 두고 문장이라고 하는 거라네. 어찌 풀을 헤집고 바람을 보려는 듯이 맹렬하게 서두르고 조급하게 달려, 이른바 문장이라는 것을 손으로 붙잡고 입으로 삼켜서 구할 수 있단 말인가?

세상 사람들이 이른바 문장학이라고 일컫는 것은 바로 성인의 도를 해치는 벌레와 같아서 틀림없이 서로 용납할 수 없을 것이네. 그러나 낮은 수준으로 내려가 설령 그것을 공부한다손 치더라도 또한 그 가운데로 들어가는 문이 있고 나오는 길이 있으며 기와 맥이 있을지니, 또한 반드시 경전을 근본으로 삼고 여러 역사서와 여러 사상가들에게 도움을 받으며, 순박하고 성실하며 겸허하고 조화로운 기운을 쌓고, 깊숙하고 영원하고 도탑고 원대한 뜻을 길러야 하네.

위로는 보불黼黻(임금의 아랫도리옷 곤상에 도끼와 아亞 자 모양으로 놓은 수)마냥 임금을 빛낼 계략을 생각하고, 아래로는 한세상을 주름잡는 진용을 짤 생각을 한 뒤에야 비로소 녹록지 않은 문장이라고 말할 수 있을 것이네.

그런데 지금까지도 그렇지 않고 있다네. 나관중을 시조로 삼고, 시내암施耐菴(《수호지》의 저자)과 김성탄金聖歎(명청기에 유행한 통속소설《서상기西廂記》의 저자)을 신주치레와 사당치레처럼 모시며, 성성이와 앵무새가 헛바닥을 왼쪽으로 뒤집었다 오른쪽으로 젖혔다 하며 재잘재잘 지껄이듯 그 음탕하고 무람없고 교묘하고 음흉한 말로 제 딴에는 문채를 내고는, 은근히 스스로 즐거워하고 스스로 좋아하는 것이 어찌 문장이라고 하기에 족하단 말인가?

슬프고 쓰라리고 흑흑거리며 낮게 흐느끼는 것과 같은 시구는 온유하고 돈후한 가르침이 아니라네. 음탕한 둥지에 마음을 깃들이고, 슬프고 부아가 치미는 곳에 눈을 팔고, 혼을 빼앗고 애간장을 녹이는 말을 마치 누에고치에서 실을 뽑듯 늘어놓으면서 뼈를 깎고 골수를 에는 구절을 벌레가 우는 것처럼 내어 놓아, 그것을 읽으면 흡사 푸른 달이 몰래 엿보는 서까래 사이에서 산 귀신이 구슬피 우는 듯도 하고, 음산한 회오리바람에 촛불이 꺼지고 원한 맺힌 여인네가 흐느껴 우는 듯도 하네.

이와 같은 것들은 단지 문장가만을 자정紫鄭(춘추시대 정鄭나라 궁전. 정나라의 외설스런 음악)으로 인도하는 게 아니라, 그 기상이 처참하게 억눌려지고 심지가 각박해져서 위로는 하늘의 끝없는 복을 받을 수 없고 아래로는 세상의 물리침을 피할 수가 없다네.

천명을 아는 사람도 크게 놀라서 재빨리 피할 겨를이 없거늘, 하물며 몸소 타고서 좇을 수야 있겠는가?

우리나라의 과거제도는 쌍기雙翼(고려 광종을 도와 과거제도를 수립한 인물)에서 시작되어 춘정春亭(조선 초기의 변계량) 때 갖추어졌네. 무릇 과거 시험 문장을 익히는 자는 정신을 갈며 녹이고 세월을 허비하는 탓에 아무 짝에도 쓸모없는 무디고 거친 폐물로 생애를 끝마치고 마네. 참으로 이단 가운데에서도 으뜸이고 세상 형편의 크나큰 근심거리라네.

그러나 국법이 변하지 아니하니 이를 고이 따를 수밖에 없네. 과거의 등용문에 오르는 길이 아니면 군신의 의리도 물을 곳이 없다네. 그리하여 정암靜菴(조광조)·퇴계退溪(이황)와 같은 여러 선생님들도 모두 이 재주를 닦아서 그 몸이 일어섰거늘, 지금 자네는 어떤 사람이기에 이 신발을 벗어

버리고 돌아보지도 않으려 하는가?

사람의 마음을 밝히는 올바른 학문이 오히려 끊어지지 않았거늘, 하물며 이같이 음탕하고 기교에만 치우친 소설 찌꺼기와 쓰라리고 차디찬 몇 마디 시구 나부랭이들에 사로잡혀 경솔하게도 이 한평생을 가볍게 포기하려 하는가?

우러러 어버이를 섬기지도 못하고, 구부려 처자식을 부양하지도 못하며, 가까이는 집안을 빛내 일족을 보호하지도 못하고, 크게는 조정을 떠받들어 백성의 삶을 윤택하게 돌볼 수도 없게 될 터인데도, 나시羅施(나관중과 시내암)의 사당 곁채에 나아가 배향되기만을 생각하고 있으니 또한 미치고 또한 어리석은 짓이 아닌가?

바라건대 자네는 오늘부터 문장학에는 뜻을 두지 말고 빨리 집으로 돌아가 늙은 어머니를 봉양하게나. 안으로는 효성과 우애를 도탑게 하는 행실을 하고, 밖으로는 경전 공부에 힘을 기울여 옛 성현들의 말씀이 늘 몸에 배이고 넘쳐흐르는 것을 어기지 않도록 하게.

곁들여 공령功令(과거 문장) 공부도 닦아 몸을 일으켜 세운 뒤 임금님을 섬기기를 바라네. 이리하여 소대昭代(태평성대)에 상서로운 인물이 되고, 후세에 이름을 전할 위인이 되도록 하게. 부디 하찮은 취미에 물들어 천금 같은 몸을 헛되이 버리지 말게나.

만일 자네가 문장에 대한 이 뜻을 바꾸지 않는다면, 곧바로 좁고 꼬불꼬불한 화류계 골목으로 몰려다니며 마조馬弔(마작)나 강패江牌(골패)와 같은 놀음도 이보다 더 나쁘지는 않을 것이네."

- 〈이인영을 위해 주는 말 爲李仁榮贈言〉, 1820

부록 다산약전茶山略傳

조선의 실천적 지성인이자 통합학문 백세사百世師

배움이 넓고 깊은 성호 선생님	博學星湖老
나는 백세사로 따르려네	吾從百世師
등림에 열매 많이 열리고	鄧林繁結子
큰 키나무에 뻗은 가지 울창하네	喬木鬱生枝

다산 정약용은 시 〈박학博學〉(1794)에서 실학자 성호 이익李瀷(1681~1763)을 백대 후까지도 사표師表(스승)로 따라야 할 '백세사百世師'라고 칭송하며 사숙하였다. 여기서 '등림鄧林'은 인재가 숲처럼 많이 모이는 곳을 빗댄 '회초薈萃'를 뜻한다. 청출어람이라던가! 다산은 반계 유형원, 성호 이익으로 이어지는 조선의 실학을 집대성하였다.

네 살부터 천자문을 배워 28세에 과거 급제하다_**수학기**修學期

다산은 1762년(영조 38) 지금의 경기도 남양주시 능내리인 마재에서 아버지 정재원의 넷째 아들로 태어났다. 네 살부터 천자문을 배운 그가 일곱 살 때 지은 시 〈산〉을 보자.

> 작은 산이 큰 산을 가리니 小山蔽大山
> 멀고 가까움이 달라서라네 遠近地不同

시로 원근법의 이치를 보여 준 문학과 과학의 통합이다. 이러한 다산의 통합학문적 재능은 훗날 크게 빛났다. 정조가 현륭원顯隆園(경기도 화성에 있는 사도세자와 혜경궁 홍씨의 묘)에 나무를 심은 기록을 간략하게 정리하라고 명하자, 다산은 종이 한 장에 식목 연표를 작성하여 현륭원 나무가 총 12,00만 9,722그루라는 걸 밝혀냈다.

다산은 총명했고 노력파였으나, 그 삶은 결코 평탄하지 않았다. 1770년 아홉 살 때 어머니 해남 윤씨를 여의었다. 큰형수가 머리에 이가 득실거리는 어린 시동생의 머리카락을 빗겨 주고 얼굴을 씻겨 주느라 세숫대야를 들고 따라다니며 키웠다. 열 살 때에는 옛 책들을 모방하여 지은 글이 키만큼 쌓였다. 이것이 《삼미자집三眉子集》으로 묶였다.

열세 살 때에는 두보의 시 수백 수를 외우고, 이를 모방하여 수백 수의 시를 지었다. 다산이 열다섯 살 되던 1776년, 영조가 운명하고 정조가 왕위에 올랐다. 이때 다산은 서울에 사는 풍산 홍씨에게 장가를 들었다. 마침 아버지도 호조좌랑이 되어 한양 남촌으로 이사 가 살았다.

이 시기에 다산은 여섯 살 위인 매부 이승훈, 큰형 정약현의 처남인 여덟 살 위의 이벽, 이승훈의 외삼촌 이가환 등과 교류하며 견문을 넓혔다.

특히 1777년 열여섯 살 때 이익의 맏손자인 이가환의 집에 자주 드나들며 《성호사설》을 읽은 것이 '경세치용經世致用의 실학자' 정약용의 탄생에 큰 영향을 미쳤다. 이때 해와 달과 별의 과학적인 운동 원리도 알게 되고, 조선이 중국의 신하가 아니라 단군이 세운 독립국이라는 것도 알게 되었다. 또한 지역과 서얼을 차별하고, 발달된 외국 문물을 받아들이지 않는 폐쇄성이 조선의 문제임을 깨달았다. 이해 가을, 다산은 전라도 화순 사또로 부임하는 아버지를 따라갔다.

1778년에 둘째형 약전과 함께 화순 동림사에서 글을 읽고 〈동림사독서기東林寺讀書記〉를 지었다. 1780년 다산이 열아홉 살 때 아버지가 경상도 예천 사또로 옮겨 가자 함께 갔다. 주위 사람들의 만류에도 불구하고, 귀신이 나온다는 반학정伴鶴亭에서 혼자 지내며 글을 읽었다. 다산은 〈반학정기伴鶴亭記〉에서 말했다. "귀신이란 오로지 사람이 부른 것이니, 내 마음에 귀신이 없으면 귀신이 어찌 스스로 올 것인가." 또, 촉석루를 유람하며 〈진주의기사기晋州義妓祠記〉를 지었다. 겨울에 아버지가 어사의 모함으로 벼슬을 그만두자, 경기도 광주로 아버지를 모시고 왔다.

1782년 21세에 서울 창동에 집을 사서 살고, 가을부터 봉은사에서 경의과문經義科文을 익혔다. 1783년 22세에 초시와 회시에 연달아 합격하고, 4월에 성균관에 들어가 공부를 하기 시작했다. 이때 선정전에 들어가니, 정조가 특별히 얼굴을 들라 하고 나이가 몇이냐고 물었다. 정조와 다산의 첫 만남이었다. 9월 12일, 맏아들 학연이 태어났다. 23세에 정조가 내린 80여 조항의 의문점을 기술한 《중용강의》를 지어 칭찬을 들었다. 25세이던 1786년, 둘째아들 학유가 태어났다.

정조의 총애를 받고 서울에서 벼슬살이하다_사환기仕宦期

다산은 1789년 28세에 전시殿試 수석으로 급제했다. 정조는 다산을 공부만 업으로 하는 규장각 초계문신으로 발탁하고, 조선에서는 한 번도 설치된 적이 없던 배다리 공사를 맡겼다. 여러 나루터의 배를 배의 크기에 따라 나란히 세우고 그 위에 널판을 깔아 임금의 거둥 행렬이 안전하게 한강을 건너도록 다리를 놓는 큰 공사였다. 다산은 배다리를 훌륭하게 설치해 토목공학자의 면모를 과시했다.

벼슬길도 탄탄대로였다. 1790년 29세 때 예문관 검열로 임명되었다가 노론의 저항에 부딪혀 열흘간 충남 해미로 유배를 가기도 했지만, 곧 사헌부 지평으로 발령이 났다. 해미 유배는 다산을 잠시 피신시키려는 정조의 배려였다. 그런데 갑자기 빗발치는 상소를 받게 되었다. 천주교 신자라는 무고였다. 마침내 1791년 30세에 큰일이 터졌다. 천주교도인 윤지충과 권상연이 조상의 신주를 불태운 사건이 전라도 진산에서 일어났는데, 윤지충은 다산을 통해 천주교를 접하게 된 다산의 외사촌이었다. 이를 빌미로 노론 세력은 다산을 천주교도로 몰아세웠다.

다산은 1784년 23세 때 고향에서 큰형수의 동생인 이벽에게 《천주실의》를 건네받고 처음 천주교를 접했다. 특히 그 평등사상이 다산의 마음에 들었다. 노비를 없애고 서얼 차별을 없애야 한다는 실학자들의 가르침과 같았기 때문이다. 또한 서양에는 망원경, 세계지도, 자명종 등 조선의 기술로는 만들 수 없는 물건들이 수두룩한 것을 알고 무척이나 놀랐다. 이로써 선비와 농민만 귀하게 여기는 게 아니라 수공업자와 상인도 천대하지 않아야 국부가 증대된다는 생각을 하게 되었다.

1787년(26세) 이후 네댓 해 동안 천주교에 자못 마음을 기울였다. 그러나 1791년 이후 천주교 금지령이 내려지자 그 생각을 끊었다. 정조는 유학이 제 몫을 하면 천주교가 저절로 사라질 것이라고 믿고 젊은 실학자들에게 쏟아지는 모함을 잠재웠다. 그리고 윤지충과 권상연을 처형하는 것으로 진산 사건을 마무리 지었다.

1792년 31세의 다산은 홍문관에서 일하였다. 4월 9일 진주 목사로 있던 아버지가 임소에서 돌아가셨다는 슬픈 소식이 날아들었다. 다산은 삼년상을 치르려고 고향 마재로 내려가 여막을 짓고 거처했다. 그해 겨울, 궁궐에서 사람이 와 정조의 서찰을 건네주었다. 수원에 새로 성을 지으려고 하니 설계도를 그려 올리라는 분부였다. 원래 상중에 있는 신하에게는 임무를 맡기지 않는 것이 원칙이었지만, 다산에 대한 정조의 신임이 그만큼 각별했다.

정조는 아버지 사도세자를 억울하게 죽게 한 노론 세력이 오랫동안 터를 잡은 한양을 떠나 새로운 곳에서 나라를 새롭게 꾸리려고 했다. 아버지의 무덤을 곁에서 지켜 주고 싶은 마음도 있었다. 다산은 정조의 속마음을 헤아리고, 비록 상중이었지만 수원성 설계도를 반년 만에 만들어 올렸다. 당시에는 나라에서 큰 토목공사를 일으키면 백성들은 농사일을 팽개치고 부역을 나가야 했다. 돈도 한 푼 못 받고 먹을 것까지 손수 싸가야만 했다. 다산은 수원성을 쌓는 백성들에게 품삯을 주자고 청했고, 정조가 이를 쾌히 윤허하였다.

성을 쌓을 때 가장 어려운 일은 무거운 돌을 들어 올리는 것이었다. 다산은 40근의 무게로 2만 5천 근의 무게를 들어 올리는 거중기舉重機를 만들었다. 중국 책인 《기기도설奇器圖說》에 나온 것보다 작고 쉽게 작동할 수 있는 기계였다. 또, 유형거遊衡車를 만들어 무거운 돌을 쉽게 날랐다. 기계공학자다운 면모였다. 결국 4만 냥의 비용을 절감하고, 10년이 걸려야 쌓을 성을 2년 6개월 만인 1796년 9월에 완공하게 되었다. 화성은 외벽은 돌로 쌓아 올리고, 내벽은 자연 형세를 이용하여 흙을 돋우고 메워 식물이 고스란히 자라게 하는 '외축내탁형外築內托型'으로 축성되었다. 환경친화적 공학의 모범이었다.

1794년 6월, 삼년상을 마쳤다. 33세의 다산에게 정조가 은밀히 마패와 겉을 봉한 봉투를 건넸다. 봉투 위에는 '동대문 밖에 나가 뜯어 보라'고 적혀 있고, 봉투 안에는 다산 정약용을 경기 암행어사로 임명한다는 글이 담겨 있었다. 11월 15일, 다산은 허름한 옷을 입고 암행어사로 출두했다. 마전에 다다랐을 때, 사람들이 멀쩡한 향교(지방학교)를 헐고 있는 모습을 보았다. 경기도 관찰사가 조상의 묘지를 세운다며 제멋대로 공공건물을 헐고 있었던 것이다. 고을마다 과중한 환곡 탓에 원성이 자자했다. 다산은 당장 포졸들을 이끌고 관아로 들어가서 관찰사를 처벌했다.

암행어사 임무를 훌륭하게 마친 34세의 다산은, 1795년 1월 동부승지(수석비서관)에 제수되었다. 그런데 정조는 다산이 군호를 잘못 정했다며 아흔아홉 번이나 개정을 명했다. 그리고 그 죄를 속량하려면 '폐하수만서陛下壽萬歲 신위이천석臣爲二天石'이라는 시제로 100운 1400언의 칠언배율 〈왕길사오사王吉射烏詞〉를 지어 올리라고 명했다. 정약용이 불과 세 시간 만에 장편시를 지어 올리자, 정조는 "이런 참된 재주는 다시 보기 어렵다"는 어비御琵를 내렸다. 다산은 《퇴계집退溪集》을 구해 매일 아침 퇴계의 편지를 한 통씩 읽고, 그 뜻을 부연하고 자신의 생각을 적어 〈도산사숙론陶山私淑錄〉을 지었다.

이 무렵, 중국인 신부 주문모가 선교 활동을 벌이다가 발각되었다. 이 사건을 구실 삼아 정약용을 처벌하라는 노론의 상소가 다시 빗발쳤다. 정조는 다산을 충청남도 청양군 금정 찰방(역참 관리)으로 좌천시켰다. 정조는 다산이 천주교도들을 유교로 돌아오게 하면 천주교인이 아니라는 것을 증명하는 셈이라고 생각했다. 다산은 5개월 동안 정조의 뜻을 헤아려 지역 유지들을 불러다 천주교 금교령을 설명하고, 천주교 신자 역리들과 성모 마리아처럼 동정을 지키겠다며 시집가지 않는 여자 신도들의 마음을 돌려세웠다.

36세이던 1797년 6월 22일, 다산은 좌부승지를 사퇴한다는 〈변방사동부승지소辨謗辭同副承旨疏〉를 올려 천주교와 연루된 누명을 벗고자 했다. 이 상소문에서 젊었을 적 천주교 책을 읽고 빠져들었다는 사실을 솔직하게 고백했다. 그러나 과거 공부를 하느라 점점 멀리하고 유학 공부가 깊어질수록 천주교 교리가 잘못되었다는 것을 깨달았으며, 마침내 외종 육촌이던 윤지충과 권상연이 제사를 지내지 않고 신주를 불태운 것을 보고 완전히 끊었다고 토로했다.

하지만 홍낙안과 이기경 등은 오히려 '마음속으로 기뻐서 사모'했다는 말만 따로 떼어 내어 다산이 아직 천주교에 물들어 있다고 참소했다. 정조는 노론의 공격을 잠시 누그러뜨리기 위해 다산을 황해도 곡산 부사로 제수했다. 38세인 1799년 4월까지 3년 동안 다산은 황해도 곡산 사또를 지내며 백성들에게 어진 원님이라는 칭송을 들었다. 4월 24일 내직으로 옮겨져 병조 참의와 형조 참의를 지냈다.

당시에는 자신이나 친척이 혐의를 받아 사간원의 고발을 당하면 스스로 벼슬에서 물러나 판결을 기다리는 게 관례였다. 노론은 다산의 천주교도 혐의가 풀리고, 공격할 마땅한 구실이 없자 화살을 다산의 둘째 형 정약전에게 돌렸다. 다산은 자신 때문에 형이 비판받는 것을 견딜 수가 없어, 6월에 형조 참의를 사직한다는 상소문 〈사형조참의소辭刑曹參議疏〉를 올렸다. 정조는 한 달이 넘도록 다산의 사직을 허락하지 않다가 다시 벼슬에 나오라는 전교를 내렸다. 하지만 다산은 병을 핑계로 조정에 나가지 않고 버티다, 1799년 7월 사직이 받아들여져 벼슬살이를 마감했다.

10월에 넷째 아들 농장이 태어났다. 〈영남인물고서嶺南人物攷序〉 등을 지었다.

39세부터 장기와 강진에 18년간 유배되다_유배기流配期

39세인 1800년(정조 24) 봄, 다산은 세상살이가 위험하다고 느껴 전원으로 돌아갈 뜻을 내비쳤다. 그런데 6월 12일 내각의 서리가 《사기영선史記英選》 열 질을 가지고 와서 임금님의 전교를 알렸다. "이 책 다섯 질을 남겨서 가전家傳의 물건으로 삼도록 하고, 다섯 질은 제목을 써서 도로 들여보내라."

또한 주자소를 새로 열어 아직 벽에 바른 흙이 덜 말랐지만, 그믐께면

들어와 공부할 수 있을 것이라고 전했다. 다산은 정조의 마음에 감동하여 다시 임금 곁으로 돌아가리라 다짐했다. 그런데 6월 28일, 정조 임금이 갑작스레 승하했다.

그해 겨울, 다산은 고향으로 돌아가 별장을 '여유당與猶堂'이라고 짓고, "마치 겨울에 개울을 건너듯 망설이고, 마치 사방의 이웃을 두려워하듯 주저한다〔豫兮若冬涉川, 猶兮若畏四隣〕"(『도덕경道德經』 15장)"는 뜻의 편액을 걸었다. 정조가 없는 세상은 다산에게 살얼음판이었다. 당시 세자이던 순조의 나이가 겨우 열한 살이었으므로 궁궐의 가장 큰 어른인 대왕대비 정순왕후 안동 김씨가 수렴청정을 했다. 다시 노론의 시대가 열렸다.

노론은 정순왕후를 등에 업고 남인을 총공격했다. 빌미는 여전히 천주교였다. 정순왕후는 천주교도를 역적으로 다스리겠다는 전교를 내린 후 '오가작통법五家作統法'을 시행했다. 오가작통법은 범죄자 수색, 세금 징수, 부역 동원 따위를 할 때 다섯 호의 민가를 한 통씩 묶어 관리하는 제도다. 죄인을 신고하지 않으면 다섯 집이 모두 피해를 보기에, 이웃들은 서로를 의심하며 감시했다.

1801년(순조 1), 다산도 어느덧 불혹의 나이가 되었다. 셋째 형 정약종이 천주교 문서를 책롱에 몰래 옮기려다 발각이 되었다. 가까이 지내던 사람들이 굴비 두름 엮이듯 줄줄이 관아에 끌려들어가 목숨을 잃거나 귀양을 갔다. 다산도 2월 9일 의금부 감옥에 갇혔다. 비록 다산과 연관이 있는 편지나 문서는 발견되지 않았지만, 다산은 조사 19일 만인 27일에 경상도 장기로 유배를 떠났다. 다산의 셋째 형 정약종은 처형당하고, 둘째 형 정약전은 전라도 신지도로 유배를 갔다. 신유사옥이다.

다산은 1801년 3월 11일부터 10월 20일까지 7개월 10일 동안 경상도 장기에서 의학서 《촌병혹치村病或治》와 〈장기농가10장長鬐農歌十章〉 등의 뛰어난 우화시 및 참여시 130수를 지었다. 국어학자로서 자학字學에 관한 《이아술爾雅述》 6권을 저술했다. 여름에는 성호가 모은 우리나라 속담을 운을 맞추어 쉽게 정리한 《백언시百諺時》를 지었다. 이를 보완한 것이 1820년에 지은 《이담속찬耳談續纂》이다. 중국의 속담과 격언을 모은 《이담耳談》을 보고, 경전이나 역사책에서 빠뜨린 것이 너무 많고 정작 우리나라 속담이 없어서 이를 보완하여 완성한 것이다.

　한편 1801년 여름에 도망을 다니던 중국인 신부 주문모가 자수를 하였다. 10월에는 제천에 숨어 있던 황사영이 잡혔다. 황사영은 정약용의 큰형인 정약현의 사위였다. 노론 세력으로서는 귀양살이 중인 다산을 제거할 좋은 꼬투리를 잡은 것이다. 다산은 다시 한양 의금부로 압송되었다. 심문 결과, 다산과 황사영이 내통했다는 증거는 나오지 않았다. 그러나 다산 죽이기에 혈안이 돼 있던 홍낙안과 이기경의 참소로 11월 5일 정약전은 전라도 흑산도로, 다산은 전라도 강진으로 유배되었다. 1801년 11월 말, 다산은 유배지 강진에 도착했다.

　1802년 41세의 다산은 강진에서 감시가 심해 거처를 옮길 수도 없었다. 강진 사람들도 처음에는 다산을 매몰차게 대했으나, 다산의 인품과 학문의 깊이에 감화되어 점차 마음을 열었다. 다산은 배움의 혜택을 누리지 못한 젊은이들을 신분을 가리지 않고 가르쳤다. 아버지의 친구인 부호 윤관택에게 큰 도움을 받고, 나중에는 그의 손자인 윤창모에게 외동딸을 시집보내어 사돈을 맺었다. 큰아들 학연이 와서 근친했다. 겨울에 넷째 아들 농장이 요절했다는 소식을 들었다.

　1803년 42세 봄, 다산은《예기》〈단궁檀弓〉편의 옛 주석 중 잘못된 것을 바로잡아《단궁잠오檀弓箴誤》여섯 권을 완성했다. 1804년 43세 봄, 처음 배움의 길에 들어선 학동들을 위해 2천자문인《아학편훈의兒學編訓義》를 지었다. 유형자 1천 자와 무형자 1천 자로 구분하여 연쇄적 방식으로 체계적인 학습을 할 수 있도록 한 아동용 한자 교과서였다. 아동 교육에 대한 실천적 대안을 제시한 교육학자다운 면모였다.

　1805년 44세 겨울에는 큰아들 학연이 강진으로 찾아와 보은산방寶恩山房에서《주역》과《예기》를 배웠다. 다산은 이때 나온 질문과 답변을 정리해 〈승암문답僧庵問答〉을 내놓았다. 1807년 45세 때에는 맏손자인 대림大林이 태어났다. 다산은《단궁잠오》을 활용해《상례사전喪禮四箋》50권을 완성해 복잡한 예론을 꼼꼼히 분석했다.

　1808년 47세에 윤씨 외가 친척의 도움으로 거처를 강진읍에서 남쪽으로 20리쯤 떨어진 만덕사萬德寺 서쪽의 다산초당으로 옮겼다. 축대를 쌓고 연못을 파고, 꽃나무를 심고 물을 끌어 폭포를 만들고, 동쪽과 서쪽에 암자를 짓고 '정석丁石'이라는 두 글자를 바위에 새겼다. 봄에 둘째 아들 학유가 찾아왔다. 가계家誡(가훈)를 쓰기 시작했다. 이 시기에《주역심전周易心箋》24권,《주역서언易學緖言》12권이 이루어졌다.

　1810년 49세 9월에는 큰아들 학연이 바라를 두드려 아버지의 억울함을 상소한 덕에 특별한 성은이 있었으나, 홍명주의 상소와 이기경의 대계臺啓로 해배되지 못하였다. 유배지에서 지은 현실 비판적인 한시〈탐진악부耽津樂府〉수십 수가 서울에까지 전해졌다. 노론 사대부들은 다산의 시를 두고, "이자는 정말로 이재異才가 있다. 이재가 있어서 상서롭지 못하니, 침 뒤기며 논할 가치도 없다."고 혹평했다.

다산은 1801년 유배된 뒤 해마다 시를 썼으나, 50세(1811)부터 해배가 된 57세(1818)까지 8년간 단 한 수의 시도 쓰지 않았다. 경세서 저술에 몰두했기 때문이다. 1811년 중국 쪽의 한반도 관련 기록과 우리 쪽의 고대사 기록을 일일이 대조하여《아방강역고我邦疆域考》를 완성했다. 자주적 역사관이 뚜렷한 이 저서에서, 다산은 김부식의《삼국사기》가 다루지 못한 고조선과 고구려의 영토를 고증했다. 마한은 고구려, 변한은 백제, 진한은 신라로 바뀌었다는 최치원의 '신라 중심적인 사관'도 극복해, 고조선은 고구려, 삼한은 백제와 신라가 되었다고 논증했다. 또한 발해를 조선사로 보고 그 영토를 고증했다.

1813년 51세 봄, 민간인에게 군사훈련을 시켜 유사시에 활용하자고 건의한《민보의民堡議》를 썼다. 딸이 윤창모에게 시집갔다. 겨울에《춘추고징春秋考徵》을 완성했다. 1813년 52세에《논어고금주論語古今注》40권을 마무리했다. 1814년 53세 때 조장한이 사헌부에 나아가 특별히 대계를 정지시켜 죄인 명부에서 이름이 삭제되었다. 이때 의금부에서 관문關文을 발송하여 다산을 석방시키려 했으나 강준흠의 상소로 막혀서 발송되지 못했다.

이해 여름에《맹자요의孟子要義》9권, 겨울에《대학공의大學公議》3권과《대동수경大東水經》2권이 이루어졌다. 다산은 비록 통사를 쓴 적은 없지만《아방강역고》와《대동수경》은 지리학, 역사학, 고고학, 민속학, 서지학, 금석학, 언어학, 신화학 등을 통합한 조선사 최초의 역사지리학 저서였다. 특히《대동수경》은 조선의 강과 하천의 본류와 지류의 역사적 유래와 더

불어 역대 왕조의 성쇠 과정을 밝혀냈다. 명나라 모원의가 지은《무비지武備志》를 보고 그 단점을 보완하고, 축성·총포·병거에 대한 지식과 기술을 습득해 쓴《아방비어고我邦備禦考》는 다산이 탁월한 군사전략가였음을 보여 준다.

1815년 55세 6월, 둘째 형 손암 정약전의 부음을 들었다. 이해 봄에〈악서고존樂書孤存〉6권을 지었다. 1817년 56세에《방례초본邦禮草本》의 저술을 시작했으나, 끝내 완성을 보지 못하고 나중에 국가 경영 전반에 관한《경세유표經世遺表》49권으로 개명되었다. 1818년 57세에 드디어《목민심서牧民心書》48권이 이루어졌다. 8월에 이태순이 상소로 해배 관문을 발송해, 마침내 다산은 강진을 떠나 14일에 고향 마재 본가로 돌아왔다.

다산은 귀양살이에 절망하지 않고 유배지를 '제2의 성균관'으로 여겼다. 저술 작업에 몰두하느라 방구들에서 엉덩이를 떼지 않아 복사뼈에 세 번이나 구멍이 나고, 이와 머리카락도 거의 다 빠질 지경에 이르렀다. 다산은 훗날 회갑을 맞아 쓴《자찬묘지명自撰墓誌銘》집중본集中本(문집에만 싣기 위해 자세하고 길게 씀)에서 귀양지에서의 삶을 스스로 정리했다.

나는 바닷가로 귀양을 갔다. 홀로 생각했다. 어린 시절에 학문에 뜻을 두었지만 스무 해 동안 속세와 벼슬길에 빠져 옛날 어진 임금들이 나라를 다스렸던 큰 도리를 다시 알지 못했더니, 이제야 겨를이 생겼구나. 마침내 흔연히 스스로 기뻐하였다. 육경과 사서를 가져다가 골똘히 궁리하는 일에 잠기고 밑바탕까지 파내었다. 무릇 한漢나라와 위魏나라 이후로부터 명나라와 청나라에 이르기까지 유가 학설 중에서 경전에 도움이 될 만한 것을 널리 모으고 꼼꼼히 살펴 그릇된 것을 바로잡고, 그중에서 취하고 버릴 것을 드러내어 '일가一家의 말言'을 마련하여 밝혀 놓았다.

다산의 현손 정규영丁奎英은 1921년《사암선생연보俟菴先生年譜》에 이렇게 썼다.

공(다산)께서 이십 년 가까이 고독하고 우울하게 지내실 때, 다산초당에서 연구와 저술에 마음을 쏟아 여름 무더위에도 쉬지 않았고, 겨울밤에는 닭 우는 소리를 들었다. …… 그러므로 저술한 책의 경지는 구름을 헤치고 햇빛을 보는 것 같지 않은 것이 없어서 조금이라도 희미하고 흐린 기운을 띤 티가 없었다.

다산은 유배지에서 쓴 저술을 천금처럼 아꼈다. 그 어떤 비방에도 전혀 흔들리지 않고 오로지 자신을 알아주는 한 사람을 기다리겠다는 넉넉함을 보였다.

궁하고 배고픈 거야 마땅히 내 본분이고 / 맑은 복은 하늘이 주신 거라네 / (중략) / 궁하게 살았기에 저술도 많고 / 낡은 빗자루마냥 보잘것없어도 천금처럼 아끼네 / 오직 한 사람이 알아주기를 바랄 뿐 / 세상 사람 모두 욕해도 걱정할 것 없네 / (중략) / 책상에는 꽃다운 향기 널려 있고 / 옷은 헤지고 추한 것이 편하네 / 잘 입고 잘 먹는 자들은 아는가? / 남 시키는 대로 하느라 피곤하고 / 자잘한 이끗 좇아 이곳저곳 돌다가 / 의젓잖은 양

차면 기뻐하는데 / 그게 어디 제 벌어 제 먹는 백성들 / 하늘을 우러러 한 치 부끄러움 없음만 같으랴 /《주역》〈이괘〉를 늘 보더라도 / 영육을 초월해야 앞길에 막힘이 없네

— 〈어느 날 매화나무 아래를 산책하다가(一日散步梅下)〉, 1809

귀양이 풀린 58세부터 고향에 돌아와 저술에 전념하다_**향거기**鄕居期

1819년 58세에 조정은 다산에게 다시 벼슬을 주어 토지 측량 직책을 맡기려고 하였으나, 반대파들의 상소로 물거품이 되었다. 다산은 목민관이 형벌을 다스리는 방법과 절차를 정리한《흠흠신서欽欽新書》30권을 완성해 법의학자다운 면모를 과시했다. 겨울에 잘못된 우리말을 바로잡으면서 동음어와 쌍생어, 지명어의 유래 등을 밝힌《아언각비雅言覺非》3권도 이루어졌다.

1821년 60세 봄에 배를 타고 북한강을 거슬러 춘천의 청평산 등을 유람했다. 중국과의 복잡한 의례와 절차를 정리한《사대고례산보事大考例刪補》를 완성했다.

62세 때인 1823년 9월 28일, 승지 후보로 낙점되었으나 취소당하였다. 1827년 10월에 윤극배가 상소로 다산을 무고했으나 실현되지 못했다. 1834년 73세 봄에《상서고훈尙書古訓》과《상서지원록尙書知遠錄》을 합해 전 21권으로 완성했다. 가을에는《상서尙書》(서경書經)의 일부분이 위작이란 것을 밝혀낸《매씨서평梅氏書平》10권도 이루어졌다.

1836년 2월 22일, 다산이 홍씨 부인과 혼인한 지 60주년이 되는 회혼일 回婚日을 맞아 친척들과 자손, 문하생들이 한자리에 모였다. 바로 이날 진시辰時(오전 7시~9시)에 다산은 향년 75세로 생을 마감했다. 제자 이강희는 서울에서 큰 집이 무너지는 꿈을 꾸었다. 4월 1일 다산은 여유당 뒤편, 지금의 경기도 남양주시 와부면 능내리 자좌子坐(정북쪽을 등지고 앉은 자리) 언덕에 묻혔다.

1910년 7월 18일, 다산은 정헌대부 규장각 제학으로 추증되고 '문도공文度公'이라는 시호를 받았다. 다산은 일찍이 《자찬묘지명》 광중본壙中本(무덤 속에 넣기 위해 짧게 씀)에서 명銘을 손수 이렇게 지었다.

> 임금님 은총 한 몸에 입어
> 궁궐 깊이 들어가 임금님 가까이서 보좌하였노라
> 참으로 심복으로 믿음을 얻어
> 아침저녁으로 정성껏 섬겼도다
> 하늘의 은총 한 몸에 받아
> 못난 속마음을 깨우쳐 주니
> 정밀하게 육경을 밝혀서
> 미묘한 이치를 풀이하고 통달했노라
> 간사하고 아첨하는 소인배가 권세 잡았지만
> 하늘은 이 몸을 써 옥처럼 곱게 다듬었도다
> 육신을 잘 거두어 땅속에 깊이 간직해야지
> 앞으로 높이 날아올라, 멀리 멀리 훨훨 날리라.

정치개혁서《경세유표》, 행정개혁서《목민심서》, 법의학서《흠흠신서》에 잘 요약된 '다산학茶山學'은 이용후생·경세치용·실사구시로 집약된다. '여유당전서'라는 이름으로 전해지는 600여 권의 저서는 다산이 모든 분과학문의 벽을 넘어 전방위적으로 방대한 정보와 지식을 수집하고, 이를 체계적으로 분류·분석·종합·통찰할 줄 아는 '통합학문 마인드맵의 소유자'였기에 가능했다. 그래서 다산학은 당시에는 '민초들 사이에서 울창했고', 후세에는 후손들의 등림에서 인재를 무수히 길러내며 '조선의 통합학문 백세사'로 길이길이 존경받고 있다.

다산 정약용 조선 사회를 고발하다
이 개만도 못한 버러지들아

2013년 9월 25일 초판 1쇄 발행

지은이 | 정약용
엮어옮긴이 | 노만수
펴낸이 | 노경인

펴낸곳 | 도서출판 앨피
출판등록 | 2004년 11월 23일 제318-3130000251002004000272호
주소 | 우)120-842 서울시 영등포구 양평동 2가 37-1 동아프라임밸리 1201-1호
전화 | 02-336-2776 팩스 | 0505-115-0525
이메일 | lpbook12@naver.com

ⓒ 노만수

ISBN 978-89-92151-51-1